“经贸汉语口语”系列教材

第4版
The Fourth Edition

BUSINESS CHINESE CONVERSATION

(Advanced)

经贸高级汉语口语

上 I

主　编：黄为之
参加编写人员：杨廷治　陈　辉　黄锡之
杨天舒　成伟武

北京语言大学出版社
BEIJING LANGUAGE AND CULTURE UNIVERSITY PRESS

图书在版编目（CIP）数据

经贸高级汉语口语．上 / 黄为之主编 ；杨廷治等编
．— 4 版．— 北京 ：北京语言大学出版社，2017.12（2019.2 重印）
ISBN 978-7-5619-5121-7

Ⅰ.①经… Ⅱ.①黄… ②杨… Ⅲ.①贸易－汉语－口语－对外汉语教学－教材 Ⅳ.① F7

中国版本图书馆 CIP 数据核字（2017）第 276585 号

经贸高级汉语口语（第 4 版）· 上

JINGMAO GAOJI HANYU KOUYU (DI 4 BAN) · SHANG

排版制作：北京创艺涵文化发展有限公司
责任印制：周 燚

出版发行：北京语言大学出版社
社 址：北京市海淀区学院路 15 号，100083
网 址：www.blcup.com
电子信箱：service@blcup.com
电 话：编辑部 8610-82303647/3592/3395
国内发行 8610-82303650/3591/3648
海外发行 8610-82303365/3080/3668
北语书店 8610-82303653
网购咨询 8610-82303908
印 刷：北京虎彩文化传播有限公司

版 次：2017 年 12 月第 4 版　印 次：2019 年 2 月第 2 次印刷
开 本：787 毫米 × 1092 毫米 1/16　印 张：18.25
字 数：349 千字
定 价：55.00 元

PRINTED IN CHINA

第四版前言

当前，中国经济已经高度融合于世界经济体系，中国倡导的合作共赢、打造全球命运共同体的理念，越来越具有世界影响，中国经济在更高层次上的新一轮改革开放格局，已经形成。“一带一路”的建设对亚欧非乃至全世界经济产生重大影响；“亚投行”作为开放包容、互联互通的成果，助力于亚洲经济圈发展；“中国制造”涌现出众多高端名牌产品，引起了全世界的关注和争购；中国企业走向世界，成为全球资本市场最活跃的投资生力军；“互联网+”的万众创新，日益改变着社会经济形态和生活方式。所有这一切，正在深刻改变世界经济和国际贸易格局。我们的经贸汉语教材，应该对这种新常态、新趋势、新情况，做出及时反映和解读，这对外国留学生了解中国的现实情况，会有很大帮助。

本次修订版保留了原书的体例和基本内容，增加了四篇新课文，修改了部分课文，增加了一些练习。

黄为之

2017年6月

Preface to the Fourth Edition

At present, China's economy has been highly integrated in the world economic system and embraces a new round of reform and opening up at a higher level, with its concept of win-win cooperation and global community of common destiny enjoying greater influence around the world. The Belt and Road initiative exerts deep influence on Asia, Europe, Africa and even the whole world. The Asian Infrastructure Investment Bank, as a result of openness, inclusiveness, and interconnection, promotes the development of the economic circle of Asia; with the emergence of many high-end brand-name products, "Made in China" attracts so much attention that people rush to buy them; Chinese enterprises reach out to the world and become the most active investment force in global capital market; the innovative "Internet +" changes social and economic patterns and lifestyles day by day. As a result, the world economy and international trade pattern undergo profound changes. Our business Chinese textbooks should reflect and interpret the new normal, new trend and new situation in a timely manner so as to help international students in understanding China's reality.

The revised edition, on the basis of the original style and basic content, modifies some texts and adds four new ones and some exercises.

Huang Weizhi

June, 2017

第三版前言

这次“经贸汉语口语”系列教材再版，主要做了四方面的修改：

一、《经贸初级汉语口语》上册，原来只有1～10课的课文配有拼音课文，现在根据外国留学生的要求，为了初学者学习口语的方便，增补了后16课的拼音课文；下册每课练习最后一题的小故事，对初学者也有一定的难度，这次修改也一并删去了。

二、世界发展很快，为能与时俱进，修改一些陈旧了的信息是必要的，如改“对外经济贸易合作部”为“商务部”，改“欧洲共同体”为“欧洲联盟”，改“关贸总协定”为“世贸组织”；欧元流通以后，法国法郎、德国马克等已不再流通，也做了相应修改；书中引用的各种数据，有许多变化，凡是能查到的，都修改征引了最新资料，等等。

三、修改了部分课文、注释和练习，以反映社会生活和经济生活的巨大变化。

四、修订了一些打字排版的错误和书写不规范之处。

这次修订一定还有不尽如人意的地方，欢迎专家、同行、外国朋友和留学生指正。

对外经济贸易大学
黄为之
2006年5月

Preface to the Third Edition

The major changes of this edition of *Business Chinese Conversation* include the following four parts:

Firstly, while only texts in the first 10 lessons of *Business Chinese Conversation (Elementary)* were supplied with *pinyin* in the previous editions, *pinyin* texts of the other 16 lessons have been added for the convenience of foreign Chinese beginners. Short stories in the last exercise of each lesson in Volume 2 are deleted to decrease the difficulty for beginners.

Secondly, changing old terms is necessary along with the development of the world. For example, "Ministry of Foreign Trade and Economic Cooperation" has been changed into "Ministry of Commerce", "European Communities" into "European Union" and "General Agreement on Tariffs and Trade" into "World Trade Organization". As francs and marks are taken out of circulation, they are replaced by euros. As the data cited in the book have changed a lot, many modifications have been made and the latest materials available are used, etc.

Thirdly, some of the texts, notes, and exercises have been revised so as to mirror the great changes in social and economic lives.

Fourthly, some typos and nonstandard writings have been corrected.

We realize that this edition is not free of errors and shortcomings, and suggestions from experts, fellow teachers, foreign friends and students are welcome.

Huang Weizhi
University of International
Business and Economics,
May, 2006

前 言

《经贸高级汉语口语》，是系列教材“经贸汉语口语”中的高级分册。《经贸初级汉语口语》和《经贸中级汉语口语》自1992年后分别出版过汉英、汉日对照两种不同的版本。这两种教材，除了我校留学生教学使用外，全国各地的大专院校和有关培训单位也陆续采用；美国、日本、韩国、新加坡、西班牙等国家的大学也纷纷引进。根据教学情况看，各方面的反应都比较好。

《经贸高级汉语口语》，遵循该系列教材的编写原则和风格，仍然以经济贸易生活为基本内容，但专业性更强。除了有关商品学知识的汉语学习外，更偏重于国情知识和经贸文化知识的学习。换句话说，这本教材教授的，不是一般意义上的经贸汉语，而是更高层次的经贸文化。从本书的目录可以看出，上册包括了经贸文化的一些宏观问题，下册是微观问题。在谈论微观问题时，我们的标题，常常是用“与”字连接起来的两部分。比如“茶与茶文化”，前一部分，谈的是“商品”本身，如“茶”的色、香、味、形、原料、制作等，是从事经贸工作的人应该了解的商品学知识；后一部分，则是与该“商品”相关的广泛的文化知识，比如它的历史源流，它的现状和未来趋势，它在政治、经济、文化、社会习俗、伦理诸方面产生的影响，等等。20世纪80年代以后，企业文化在经济发达国家日益受到重视。90年代以后，中国也出现了“文化热”，虽然“文化”一词有用得过滥的非议，但那些有价值的企业文化思想，还是在中国的企业界和理论界扎下了根，并已经在我们的生活中产生了巨大的社会效益和经济效益。中外无数雄辩的事实说明，谁想进入高层次经贸活动领域并获得成功，谁就必须认真学习经贸文化、企业文化，特别是学习市场目标国的国情和文化，具备丰富的跨国文化知识。本书就是从这个角度，为培养高级经贸人才提供的教材。

《经贸初级汉语口语》和《经贸中级汉语口语》的课文，用的是对话体。《经贸高级汉语口语》为适应内容的需要，课文则用了力求口语化的散文体，在练习的编写上充分体现口语教材的特点。这种编写方法，会便利教学，达到教学目的。

《经贸高级汉语口语》的每一课分为四个部分，即课文、生词、注释和练习。每一课的练习由三部分组成。第一部分是课文内容会话练习；第二部分是课文词语练习和一些问答及讨论题；第三部分是一篇短文，内容是商用语言文化，是现代经济生活中常用的成语、典故，大都有生动的故事。学习这些语言文化，对今天的商务交际和经营，都会有裨益。全书最后，是课文英文翻译和生词总表。

本书内容十分丰富，编写时力求意到而言不尽，给师生教与学都留下了较大空间，学生可以充分发挥自己的主观能动性，教师授课也有充分的游刃余地。

“经贸汉语口语”系列教材，是国家对外汉语教学领导小组的规划教材。对这套教材的编写和出版，国家对外汉语教学领导小组给予了具体指导和大力资助。我校副校长黄震华教授，在长达数年的时间里，坚持完成了这一套书的英文注释和翻译。本书的英文译文经英国专家 Mr. John Hilton 校阅。众多教师在使用初级、中级两册书的过程中，为我们提供了许多宝贵的实践经验，对我们编写高级本和修订初级本、中级本，教益匪浅。在此，我们对所有关心、支持、帮助我们的领导和同志们，表示深深的谢意！

对外经济贸易大学

黄为之

1999 年 3 月

PREFACE

Business Chinese Conversation (*Advanced*) is the advanced coursebook of its series, the other two being *Business Chinese Conversation* (*Elementary*) and *Business Chinese Conversation* (*Intermediate*). Since 1992, the Chinese-English and the Chinese-Japanese editions of the elementary and intermediate books have been published, which, apart from being used for international students at the University of International Business and Economics, have been used by many Chinese institutions of higher learning or some training organizations, and also introduced to universities in the USA, Japan, South Korea, Singapore and Spain. They have been well received by all judging from the teaching and learning performances.

Business Chinese Conversation (*Advanced*), following the principles and style of this series, takes business and economic life as its main content, but with a higher level of specialization. Apart from the Chinese language related to the study of commodities, it lays special emphasis on China's actual conditions and the cultural knowledge as reflected in business and economic life. In other words, what the present book teaches is not merely business Chinese in the ordinary sense, but the culture in business and economic life, which is at a more advanced level. It can be noticed from the contents of the present book that Volume 1 deals with some macro aspects of this field and Volume 2 tackles the micro aspects. In discussing the micro subjects, the titles we use normally consist of two parts which are linked together with the word "and". For instance, in "Tea and Its Culture", the first part refers to the commodity itself, the color, flavor, taste, shape, and its production, i.e., the knowledge of the commodity that anyone engaged in business and trade should know; the second part introduces broader cultural knowledge related to that commodity, such as its historical development, its present situation and future trend and its influence in such aspects as politics, economy, culture, social customs, and ethics. Since the 1980s, corporate culture has received closer attention with each passing day in developed countries. During the 1990s, China has also witnessed the "culture craze". Even though there has been a tendency to overuse the word "culture", the valuable concept of corporate culture has taken root among Chinese theorists and in China's business circles. It has produced enormous social and economic benefits in our daily life. Innumerable facts both in China and elsewhere in the world have proved eloquently that whoever wishes to enter and be successful in high-level business and economic activities must earnestly study culture as reflected in business and economic life as well as corporate culture, especially the actual situation and culture of the target country, and raise a high-level of cross-cultural awareness. The present book aims at training high-ranking business executives from the cultural perspective.

All the texts in the elementary and intermediate books were in conversation form. To cooperate with the content, the texts in *Business Chinese Conversation* (*Advanced*) are in the form of colloquial prose, with the characteristics of an oral course exemplified in the exercises. We believe that this approach will facilitate both teaching and learning and help attain the study goal.

Each lesson in *Business Chinese Conversation* (*Advanced*) is divided into four parts, i.e., the text, new words, notes, and exercises. The exercises in each lesson consist of three parts. The first part is a conversation exercise on the content of the text. The second includes exercises on the words and expressions of the text, and question-and-answer drills and discussions. The third is a short passage dealing with the culture related to business and economic life. Most of the passages contain vivid stories, with idioms and literary quotations that are frequently used in present-day business and economic activities. Learning these linguistic and cultural items will be beneficial to business communication and management. At the end of the book are the English translations of all the texts and the vocabulary list.

The present book is rich in content, and in the course of writing the book, we try to express the main ideas without exhausting every detail, thus leaving ample space for maneuver both for the teachers and the students. The students can bring into full play their own initiatives, and the teachers can do their job with high skill and great ease.

This series has been planned by the National Office for Teaching Chinese as a Foreign Language, who has given ample guidance and support to the writing and publication of the present series. Professor Huang Zhenhua, Vice-President of the University of International Business and Economics, has made painstaking effort for several years to finish the English annotations and translations of all the texts. The English version of the present book has been polished by Mr. John Hilton from Britain. Numerous teachers have provided us with their teaching experiences in using the elementary and intermediate books of this series, which are of tremendous help in the writing of the present book and for revising the previous two books. We would like to express our heartfelt thanks to all the above-mentioned leaders and colleagues who have given us their concern, support and help.

Huang Weizhi
University of International
Business and Economics,
March, 1999

使用说明

对外汉语教学有许多特点。就学习者来说，他们来自不同国家，不同民族，有不同经历和不同文化背景，在学习汉语时，会明显表现出各自的特殊性和彼此的差异性；就教师来说，每一个教师，都有自己的教学个性和教学经历，教学风格和教学方法。鉴于此，不可能有一个整齐划一的教法与学法，我们这里的“使用说明”，仅仅是一个建议，供使用这套“经贸汉语口语”的教师和学习者参考。事实上，许多问题已经在这套书各册的前言中说到了，这里就不再重复，现在只做如下几点补充说明。

这套“经贸汉语口语”虽然是从零学起，但它“采用了低起点、大容量、高密度、分阶段而又大步推进的强化训练教学法”。从上面一段话，我们知道，这套书涉及的内容很广，又有相当的难度，一个学期大致要学完一册书，因此，预习和复习，就显得特别重要，尤其是预习，学生更要多花些时间，多下些功夫。像课文中的生词和语法点，书中已有简明扼要的注释，学生可以自学习得，教师只需讲解其中的难点，做些熟巧练习；每一篇课文，应要求学生在预习时，通过学习生词和参看课文的英语翻译，能比较顺畅地阅读下来并基本理解，教师可通过师生互相问答，检验学生阅读与理解的程度，讲解其中的疑难问题；课文中有关文化知识的注释及课文后的一篇短文，也要以自学为主。有些练习，也当如是处理。不要把有限的课堂时间耗费在课文及相关材料的阅读上，要以课文和这些材料为“谈资”，开展生动活泼的谈话；“大容量”，要求许多东西在课下消化；“高密度”，则要求合理有效地利用时间，强化口语训练。总之，教师与学习者，都要有一个牢固意识，这是一部口语教材，练习口语，习得一口流利的汉语，是这套教材的终极目的。

与上述问题相关的，是在教与学的过程中，如何抓住重点。以这套书的《经贸中级汉语口语》和《经贸高级汉语口语》为例，每一课都是生词量大，内容多，篇幅也相对长，试图在一个教学单元时间里（4~6课时），把课文中出现的全部生词和全部内容都学会、都掌握，一般来说是不可能的。要善于根据课文题目的提示，找出每一课的关键词、重点句和核心内容，学会和掌握这些关键词、重点句和核心内容即可，其余的，在以后的重现中会逐渐习得和熟悉。教材在编写过程中，十分重视新知识的重现率和温故而知新的学习渐进性，老师和学习者都不需担心顾此失彼。

《经贸初级汉语口语》上、下册一共50课，每课4课时，一周6课时；《经贸中级汉语口语》上、下册一共40课，每课4~6课时，一周6课时;《经贸高级汉语口语》上、下册一共32课，每课4课时，一周4课时。如果条件允许，尽可能多安排一些课外实践活动。如《经贸初级汉语口语》，每一个话题都有“课内”和“课外”两篇课文，在学习“课外”一篇课文前，一定要学生走出去，学生在社会上会得到许多新鲜的东西，“课外”课文就变活了；学习《经贸中级汉语口语》时，可以组织去观摩正式谈判，或观看正式谈判录像，也可以到市场演练货物贸易谈判，有做生意经历的学生还可以现身说法；学习《经贸高级汉语口语》时，可围绕一个文化专题组织一些参观、访问和座谈活动。社会实践方式是多种多样的，这里只是举例而已，目的是要把死的文字材料变成活的知识，变成学生可以自由表达的口语能力。

对外经济贸易大学
黄为之
2006年10月

Users' Guide

Teaching Chinese as a foreign language has its own characteristics. The learners are from different countries of different ethnic groups with different life experience and cultural background and display their own characteristics in learning Chinese, while the teachers too have their own teaching styles, methods and experiences. Considering this diversity, we do not want to offer a standardized teaching and learning method to use this series of Chinese textbooks. However, we'd like to offer some suggestions for teachers and learners. Since some questions have been discussed in the Preface, we only address several additional points here.

Business Chinese Conversation adopts the teaching method for intensive training characterized by low threshold, large volume of content, high density, and staged and quick progressing in teaching. With a wide range of topics, the content of considerable difficulty and the curriculum requirement to finish one volume within a term, it attaches particular importance to the preview and review. Especially for preview, students should spend more time and efforts on new words and grammar points and try to learn on their own with the aid of explanations and English translation of the texts. They should read through the texts and gain basic understanding before class. Then in class the teacher can use "questions and answers" to examine their reading comprehension, and will only need to explain the difficult points. The notes on cultural knowledge and the short essays at the end of the lesson should also be learned by students themselves. Some of the exercises should also be handled this way. Don't waste class hours on reading the texts and related materials, which should instead be the "lead" to lively dialogues among the students. "Large volume of content" indicates that lots of content have to be digested after class; "high density" requires effective use of time and intensive training of speaking. All in all, teachers and learners together should be aware that this is a series of textbooks for practicing speaking with the ultimate goal to enable learners to speak fluent Chinese.

Closely related to these questions is the question of how to grasp the key points during teaching and learning. Take the *Business Chinese Conversation* (*Intermediate*) and *Business Chinese Conversation* (*Advanced*) of this series for example. In each lesson there are a large number of new words, rich content, and texts of longer length. The attempt to master all the new words and content within a teaching unit (4~6 class hours) is impossible. Therefore, students should be able to focus on keywords, important sentences and core content of each lesson according to the hint of its title. As for the rest, they will achieve the mastery of them in their later reappearance. During the compilation, we put a lot of emphasis on the reoccurring rate of new knowledge and the progressiveness of learning, so the teachers and learners can rest assured of our arrangement.

Altogether the two volumes of *Business Chinese Conversation* (*Elementary*) have 50 lessons, with four class hours for each lesson and six class hours each week. The two volumes of *Business Chinese Conversation* (*Intermediate*) have 40 lessons, with four to six class hours for each lesson and six class hours each week. And the two volumes of *Business Chinese Conversation* (*Advanced*) have 32 lessons, with four class hours for each lesson and four class hours each week. If possible, please arrange extracurricular activities as many as possible. For example, in *Business Chinese Conversation* (*Elementary*), there are usually one text for "in-class learning" and the other for "after-class learning" under each topic. Before learning the latter one, ask the students to go outside, and they can bring in lots of new ideas which will enliven the learning. While teaching *Business Chinese Conversation* (*Intermediate*), the teacher can arrange students to watch a real negotiation or one on the video; students can go to practice trade negotiation themselves; and those with experience in doing business can also talk about their own stories about negotiation. While teaching *Business Chinese Conversation*

(*Advanced*), a variety of social activities like visits and discussion are also encouraged. Our purpose is to turn the "dead" language materials into "live" knowledge, and further into the students' ability to express themselves freely in Chinese.

Huang Weizhi
University of International
Business and Economics,
October, 2006

目录

Contents

1

第一课
中国的经商热潮
Lesson 1 China's Upsurge of Going into Business

1978年，中国实行改革开放政策后不久，便流行起这样几句话，叫“无商不活”“无商不富”“十亿人民九亿商”。前两句是说没有商业贸易，国家经济就没有生机勃勃、繁荣昌盛的局面，人民生活就不能摆脱贫穷落后的状况。“十亿人民九亿商”，是对经济形势的描写，虽然有些夸张，但它展现在我们眼前的，是一幅波澜壮阔的商海热潮。中国经济，已经活起来了；搞活经济，已经成为全国人民关心的大事。

1992年，中国又开始了从计划经济向市场经济的历史性转折。在市场经济规律的驱动下，农业、工业、商业乃至学校、科研单位、文艺团体，都被推向了市场。中国经济领域，出现了更加活跃和高速发展的生动局面。

中国的巨大变化，立即引起了全世界的注意，各界客商纷纷涌入中国。中国的经商热，像一种强烈的催化剂，加速了中国政治、经济和社会生活的深刻变革，也改变了世界经济格局。

中国是一个农业大国，自古就以农业为立国之本，以工商经贸为末业。这好比一棵大树，有本（树根）有末（树的枝叶）。本固根深，才能枝繁叶茂；唯其枝繁叶茂，也才能养成本固根深。二者都是“生民之本”“食足货通，然后国实民富”。在远古时代，我们的祖先还没有重本抑末的倾向。

据史料记载，中国早在商末周初，就已经普遍存在商品交换。商品交换，促进了社会生产和经济的发展。汉代大史学家司马迁在他的《史记·货殖列传》中，高度赞扬了历史上的一些富商巨贾。孔子弟子子贡，曾在曹、鲁之间做生意。他十分善于把握行情，物贱买进，物贵卖出，资金迅速周转，很快成为巨富。他为了完成孔子的使命，常常“结驷连骑，束帛之币以聘享诸侯，所至，国君无不分庭与之抗礼”，财大气粗，实在威风得很。孔子能扬名天下，很大程度上要归功于经商致富的子贡。此外，如周人白圭，被尊为商人始祖；弃政从商、富甲天下的陶朱公范蠡，也被后世商人奉为“富好行其德者”的楷模。司马迁说：“夫用贫求富，农不如工，工不如商。”他看到了经商通财，富民强国的重要性。但这并不是司马迁一个人的认识，而是整整一代人的观念。司马迁生活的汉代，国家统一，交通便利，取缔了各种关卡，“富商大贾周流天下”，上自朝廷，下至百姓，无不言利，经济贸易活动十分活跃。事实上，以后各代，凡是国家强盛之时，无不如此。

但是，不知从什么时候起，中国社会开始轻视“末业”，视商人为贱人，统治者的种种政策和世俗偏见，对商人越来越不利，致使中国长期处于落后、封闭、自给自足的经济形态，商品经济发育十分缓慢。经历了几千年的漫长历史，中国仍然是一个贫穷落后的农业国。落后就要挨打，被人宰割、受人欺负的屈辱历史和现代物质文明的高度发展，终于使中国人睁开了眼睛。改革开放以来，整个社会观念发生了深刻变化，经济建设成了全党、全国的工作中心。发展生产，搞活经济，走共同富裕的道路，成了全社会的共同愿望和奋斗目标。

当今中国的经商潮，不是首先从城市而是首先从农村开始的。老子曾说，一个好的国家，是“甘其食，美其服，安其居，乐其俗。邻国相望，鸡犬之声相闻，民至老死不相往来”。几千年来，世世代代的中国农民，就是生活在这种分散、封闭、自给自足的社会形态中，安分守己，乐天知命。中国从计划经济向市场经济的历史性转折，像一股春风，吹遍了广大农村。沉睡了几千年的农民好像一下子觉醒了，他们终于要离开自己的小天地，去寻找外面的世界了。农民开始有了现代市场的商品意识，开始懂得怎样把农副产品转化为商品，懂得以工养农、以商促农的生财之道。农民思想观念的转变，立即使广大农村和农业经济发生了深刻变化。

山西省昔阳县有个大寨村，在五六十年代，全村男女老少都扑在黄土地上，开山造田，从石头窝里刨食，艰苦奋斗，流血流汗，吃尽了苦，结果没有改变山寨的贫穷落后面貌。天津有个大邱庄，1978 年以前，全村没有一间瓦房，一个好劳动力一天还挣不到买一个鸡蛋的钱，“喝苦水，咽菜帮，糠菜代替半年粮”，穷得出了名。1978 年后，大邱庄人乘改革开放的东风，彻底转变观念，一靠科技，二靠人才，大办工业，大搞经贸，终于创造出全国村级最高工农业总产值、最高人均收入，一跃而为“中国首富村”。2004 年，大邱庄工农业年总产值高达 153 亿元，人均纯收入近 7000 元。山西大寨在市场经济的浪潮中，也发生了深刻的变化。他们通过外引内联，不仅办起了煤窑、水泥厂、运输队，而且还与江苏蝶美集团联合，办起了羊毛衫厂，创建起一个跨地区、跨行业的省级企业集团。在全国，像这样的例子很多。有没有商品意识，搞不搞市场经济，就是大不一样。

农业经济搞活了，全国的经济也随之活了起来。农业经济的发展，不仅为工业、商业提供了坚实的经济基础，而且为城市提供了充足的剩余劳动力。涌向城市的“民工潮”，造就了一个相当庞大的“打工族”队伍。城市的建筑业、餐饮业、服务业以及其他许多行业，都活跃着他们的身影。从农村走向城市，由农民变成工人，是社会进步和经济发展的标志，是世界上所有发达国家都走过的道路。

当然，我们没有忘记，当今中国，人口多，耕地少，用占世界 7% 的耕地养活占世界 22% 的人口，这仍然是一个基本国情。农业始终是国民经济的基础，粮食始终是一种具有战略意义的特殊商品，直接关系到人民的生活和国家的安危。“本”与“末”是有区别的，不可本末倒置，更不可舍本逐末。我们完全可以这样说，没有农业的牢固基础，就不可能有中国的自立；没有农业的积累和支持，就不可能有中国工业的发展和经济贸易的繁荣；没有农村的稳定和全面进步，就不可能有整个社会的稳定和全面进步；没有农业的现代化，就不可能有整个国民经济的现代化。在经贸热高涨的今天，大力发展农业，仍然是我们的头等大事。

“三资企业”，也是当今中国经济热潮中的一支活跃力量。据统计，目前中国有相当数量的“三资企业”，而且，这些企业有着很好的发展。德国慕尼黑一家经济研究所一份调查报告表明，市场潜力和廉价劳动力是吸引外商来华投资的主要原因。有 13 亿多人口的中国，是世界上最大的消费市场，尽管中国仍然是发展中国家，消费水平还不高，但中国人每天要消费 40 多万吨粮食，10 多万吨肉，可以买下 20 万部手机，9.7 万台电脑，1.6 万辆汽车。2014 年末中国居民人民币存款余额高达 113.9 万亿元。这些消费数字，足以让中外商家心惊、眼馋。有远见的外国企业家们，不会急功近利，也不愿搞捞一把就抽身的短期行为。他们知道，中国的潜在市场和廉价劳动力，是世界上任何一个国家不可比拟的，是他们的企业可以保持长期稳定和发展的理想天地。当然，也有部分外国企业来华投资、经商，是受中国政府优惠政策的吸引。

当今中国，围绕社会主义市场经济体制的建立，正在加快改革开放的步伐。2001 年加入世界贸易组织（WTO）以来中国的对外贸易正与世界贸易全方面接轨，以上海浦东开发区为龙头，进一步开放了沿海城市，带动了长江沿岸各省经济的发展；广东、福建、海南、环渤海湾地区，正在加速建设，积极吸引和利用外资，加速发展国内经济，开拓国际市场，促进对外贸易多元化。所有这些，无论对中国人还是对外国客商，都提供了发展事业的大好机遇。当然，大好机遇也孕育着新的挑战。八仙过海，各显神通，抓住机遇，迎接挑战，中国的经济舞台，必将更加异彩纷呈。

生 词
New Words

1. 热潮	rècháo	upsurge
2. 生机勃勃	shēngjībóbó	vigorous
3. 昌盛	chāngshèng	prosperous
4. 摆脱	bǎituō	to get rid of
5. 贫穷	pínqióng	poverty
6. 描写	miáoxiě	to describe
7. 夸张	kuāzhāng	to exaggerate
8. 展现	zhǎnxiàn	to show
9. 波澜壮阔	bōlán-zhuàngkuò	surging forward with great momentum
10. 转折	zhuǎnzhé	to turn
11. 驱动	qūdòng	to drive
12. 团体	tuántǐ	organization
13. 纷纷	fēnfēn	one after another
14. 强烈	qiángliè	strong
15. 催化剂	cuīhuàjì	catalyst
16. 格局	géjú	layout
17. 本固根深	běngù-gēnshēn	roots are firm and deep
18. 枝繁叶茂	zhī fán yè mào	branches and leaves are flourishing
19. 重本抑末	zhòng běn yì mò	to attach importance only to the roots while neglecting the branches and leaves
20. 普遍	pǔbiàn	widespread
21. 存在	cúnzài	to exist
22. 赞扬	zànyáng	to praise
23. 把握	bǎwò	to grasp
24. 使命	shǐmìng	mission
25. 结驷连骑	jié sì lián qí	to take teams of four horses

26. 诸侯	zhūhóu	dukes (or princes) under an emperor
27. 分庭抗礼	fēntíng-kànglǐ	to stand up to somebody as an equal
28. 财大气粗	cáidà-qìcū	money speaks louder
29. 威风	wēifēng	awe-inspiring
30. 归功于	guīgōng yú	to be attributable to
31. 弃政从商	qì zhèng cóng shāng	to give up politics to engage in business
32. 富甲天下	fù jiǎ tiān xià	the richest under the heaven
33. 楷模	kǎimó	model
34. 观念	guānniàn	concept
35. 取缔	qǔdì	to remove
36. 关卡	guānqiǎ	checkpoint
37. 偏见	piānjiàn	prejudice
38. 封闭	fēngbì	closed
39. 自给自足	zìjǐ zìzú	self-sufficient
40. 形态	xíngtài	formation
41. 发育	fāyù	development
42. 漫长	màncháng	long
43. 宰割	zǎigē	to oppress and exploit
44. 欺负	qīfu	to bully
45. 屈辱	qūrǔ	humiliation
46. 物质	wùzhì	material, matter
47. 文明	wénmíng	civilization
48. 愿望	yuànwàng	wish
49. 目标	mùbiāo	objective
50. 安分守己	ānfèn-shǒujǐ	to be content with one's lot and act one's part
51. 乐天知命	lètiān-zhīmìng	to submit to the will of Heaven
52. 寻找	xúnzhǎo	to look for

53. 转化	zhuǎnhuà	to turn ... into
54. 产值	chǎnzhí	output value
55. 外引内联	wàiyǐn nèilián	to absorb investment from abroad and establish cooperative relations at home
56. 意识	yìshí	awareness
57. 剩余	shèngyú	surplus
58. 庞大	pángdà	big
59. 建筑	jiànzhù	building
60. 标志	biāozhì	manifestation
61. 战略	zhànlüè	strategy
62. 安危	ānwēi	safety and danger
63. 本末倒置	běnmò-dàozhì	to put the cart before the horse
64. 舍本逐末	shěběn-zhúmò	to attend to trifles and neglect essentials
65. 潜力	qiánlì	potential
66. 急功近利	jígōng-jìnlì	to seek short-term successes and quick profits
67. 捞一把	lāo yì bǎ	to gain some advantage
68. 抽身	chōushēn	to leave
69. 围绕	wéiròo	to revolve around
70. 接轨	jiēguǐ	to bring in line with
71. 多元化	duōyuánhuà	diversification
72. 孕育	yùnyù	to breed
73. 八仙过海，各显神通	bāxiān-guòhǎi, gè xiǎn shéntōng	like the Eight Immortals crossing the sea, each shows his/her special prowess
74. 舞台	wǔtái	arena
75. 异彩纷呈	yìcǎi fēnchéng	splendid

注 释
Notes

1 商、周

商、周，朝代名。商，约在公元前16世纪到前11世纪，共传17代，31王，首都亳（今属河南商丘），后经多次迁都至殷（今属河南安阳），因此又称殷商。后被周所灭。商朝经济发达，商品交换活跃，已出现规模较大的早期城市。

周，公元前11世纪至前256年，前后800多年，历34王，首都镐（今陕西西安西南），公元前770年平王东迁至洛邑（今河南洛阳）。故此前，史称西周；此后，史称东周。东周又可分为春秋和战国两个时期。公元前256年，周为秦所灭。

The Shang and Zhou dynasties

The Shang Dynasty (16th century B. C. —11th century B.C.) was handed down to 17 generations with 31 kings. Its capital was first set at Bo (present-day Shangqiu, Henan Province) and then after several changes, it was moved to Yin (present-day Anyang, Henan Province). Hence the name Yinshang. Later it was overthrown by the Zhou Dynasty. The economy was developed in the Shang Dynasty with brisk commodity exchanges, and sizable early cities had already emerged in the Shang Dynasty.

The Zhou Dynasty (11th century B.C. —256 B.C.) covered a period of over 800 years, with a total of 34 kings. Its capital was located in Hao (southwest of modern Xi'an, Shaanxi Province), and in 770 B.C, King Ping moved it to Luoyi (present-day Luoyang, Henan Province). History refers to the Zhou before the move as the Western Zhou and after the move as the Eastern Zhou. The Eastern Zhou Dynasty can be further divided into the Spring and Autumn Period and the Warring States Period. It was overthrown by Qin in 256 B.C.

2 司马迁及《史记》

司马迁，西汉夏阳（今陕西韩城）人。汉武帝时期（公元前140—前87年）是他的主要活动时期。早年遍游全国各地，考察风俗民情。元封三年（公元前108年）继父职，任太史令（朝廷掌管文书、记载史事的长官），后因事受刑入狱，发愤著《史记》。《史记》开创了中国纪传体史书形式，是中国最早的通史，对后世影响很大。

Sima Qian and the *Records of the Historian*

Sima Qian was from Xiayang of the Western Han Dynasty (present-day Hancheng, Shaanxi Province). His most active period was during the reign of Emperor Wudi (r. 140 B.C. —87 B.C.) of the Western Han Dynasty. In his early years, he traveled all over the country to investigate the customs and conditions of the people. In the third year of Yuanfeng (108 B. C.), he succeeded his father as Taishiling, or Historian of the Court (an official who handled files of the court and kept historical records). Later he was for some reason put in jail and castrated. He made a firm resolution to write the *Records of the Historian*, which initiated a new biographical style for historical records, and had a tremendous impact on later Chinese historiography.

3 孔子及其弟子

孔子（公元前551—前479年），名丘，字仲尼，鲁国陬邑（今山东曲阜）人。春秋末期思想家、政治家、教育家，儒家学派的创始人。相传他有弟子三千，贤人七十二。子贡，复姓端木，名赐，孔子弟子，卫国（包括今天河南、河北、山东的一些城市）人。

Confucius and his disciples

Confucius (551 B.C. —479 B.C.), whose personal name was Kong Qiu and courtesy name Zhongni, was born in Zouyi (present-day Qufu, Shandong Province), then a place of the State of Lu. He was a thinker, statesman and educator in the late Spring and Autumn Period. He was the founder of Confucian school. It is said that he had more than 3,000 disciples, among them 72 were considered persons of virtue. Zi Gong, born in the State of Wei (including some cities in present-day Henan, Hebei, and Shandong), whose original name was Duanmu Ci, was a disciple of Confucius.

4 范蠡

楚国人，春秋末期政治家，越国大夫（当时有卿、大夫、士三级官吏）。越为吴所败时，入吴为人质，后回越，助越灭吴。功成身退，相传偕美女西施隐于五湖（相传位于今江苏太湖），后游齐，至陶（今山东定陶西北），改名陶朱公，以经商致富，产业至数十万。

Fan Li

Born in the State of Chu, Fan Li was a statesman at the end of the Spring and Autumn Period. He was a Dafu of the State of Yue (at that time there were three ranks of officials, namely, Qing, Dafu and Shi). When Yue was defeated by Wu, he was taken to Wu as a hostage. Later he returned to Yue and helped Yue to overthrow Wu. He retired after winning merit. Legend has it that he lived in seclusion with the famous beauty Xi Shi among the five lakes (present-day Taihu Lake, Jiangsu Province). Later he traveled to the State of Qi, settled down in Tao (northwest of present-day Dingtao County, Shandong Province) and was known as Duke Zhu of Tao. He became rich by doing business, with properties worth hundreds of thousands of measures of gold.

5 老子

相传姓李名耳，字聃，人称老聃，春秋时楚国苦县（今河南境内）人。老子是道家学派的创始人，是中国古代著名的思想家、哲学家，著有《老子》。《老子》用“道”来解释宇宙万物的演变。老子所说的“道”，可以解释为客观自然规律。在物质生活上，他强调“知足”“寡欲”，甚至幻想人类社会再回到“小国寡民”的原始状态去。老子学说对中国的哲学和民族文化的发展产生过很大影响。

Laozi

Laozi, whose surname was Li, given name Er and style name Dan, was also known as Laodan. He hailed from Ku County of the State of Chu (present-day Henan Province). He was the initiator of Taoism and was a famous thinker and philosopher in ancient China, leaving behind him a book called *Laozi*. *Laozi* used Tao (way of heaven) to explain the evolution of the universe. “Tao”, as advocated by Laozi, can be understood as objective natural laws. In material life, he emphasized being content with one’s lot and having few desires. He even dreamed of human society going back to the primitive state of “small in size and sparse in population”. Laozi’s doctrine has had a tremendous impact on Chinese philosophy and the development of the nation’s culture.

练习 Exercises

一、三人谈。

高天翔：木村，你好！

木　村：高天翔，你好！我来介绍一下，这是苏姗娜。苏姗娜，高天翔是新加坡华侨。

苏姗娜：你好！我是美国留学生，很高兴认识你。

高天翔：你也是来学习经贸汉语的？

苏姗娜：是的，中国的发展前景很吸引人。

木　村：我听说，中国之前流传着一句话，叫“十亿人民九亿商”，现在经商的人应该更多了。

高天翔：听我爷爷说，中国自古就是个农业国，现在也还是。

苏姗娜：那怎么解释“十亿人民九亿商”呢？我们美国，从事农业生产的人就很少。

高天翔：我想这不是人数多与少的问题，而是一个思想观念问题。

苏姗娜：据我所知，中国近些年确实出现了"民工潮"，大批农民涌进城市，变成了"打工族"。

高天翔：这倒是真的。原来中国农民过的是男耕女织、自给自足的生活，没有商品意识，现在确实不同了。

木　村：这是一个了不起的转变！我们日本经过明治维新，商品经济发展起来了，绝大多数人都做工经商，很少人务农了。

高天翔：中国与日本的国情还不一样。农业仍然是中国国民经济的基础，十几亿人要吃饱穿暖，始终是个大问题，世界上任何一个国家都不能帮中国解决，中国只能靠自己。没有高度发达的农业，一切都谈不上。

木　村：从一个封闭的农业国转变成一个开放的商品经济充分发达的国家，必然伴随着一场深刻的社会变革。

高天翔：是啊。不过，当今中国究竟发生了什么变化，变化的深刻程度怎样，我也说不清。

苏姗娜：看来，要想在中国做生意，必须先好好学习中国国情。

二、模仿上面的例子，就课文中感兴趣的话题，开展自由交谈。

三、词语练习。

1. 找出本课的全部成语及其所在句子并熟读它们。

2. 汉语四个字的固定词组很多，但结构不一，如下列几种，你能区别它们的不同结构吗？请把挑出的词组归入你认为相同的一类。

波澜壮阔	外引内联	贫穷落后	舍本逐末
枝繁叶茂	急功近利	安分守己	异彩纷呈
乐天知命	弃政从商	本固根深	

A. 繁荣昌盛＿＿＿＿＿＿＿＿＿＿＿＿＿＿＿＿

B. 重本抑末＿＿＿＿＿＿＿＿＿＿＿＿＿＿＿＿

C. 财大气粗＿＿＿＿＿＿＿＿＿＿＿＿＿＿＿＿

D. 本末倒置＿＿＿＿＿＿＿＿＿＿＿＿＿＿＿＿

四、选词填空。

发展	建立	开拓	建设	步伐
促进	吸引和利用		开放	接轨

当今中国，围绕社会主义市场经济体制的________，正在加快改革开放的________。2001年加入世界贸易组织（WTO）以来中国的对外贸易正与世界贸易全方面________，以上海浦东开发区为龙头，进一步________了沿海城市，带动了长江沿岸各省经济的________；广东、福建、海南、环渤海湾地区，正在加速________，积极________外资，加速发展国内经济，________国际市场，________对外贸易多元化。

五、听课文录音，回答问题。

1. 中国从哪一年开始实行改革开放的？实行改革开放后中国最大的变化是什么？你对这一变化有何看法？
2. 1992年中国开始了什么样的历史性转折？
3. 农业经济搞活了，中国农民从思想观念到行动有了哪些变化？
4. 中国作为一个发展中国家，为什么对外商有吸引力？

六、复述山西省昔阳县大寨村、天津大邱庄改革开放前后的不同面貌。

七、自由讨论。

1. 谈谈改革开放后出现的“经商热”对中国传统文化、观念的影响与冲击。
2. 亚洲经济迅速崛起，是20世纪后半叶世界最大的变化之一，它对世界经济发展起到了不可估量的作用。请你谈谈未来30年亚洲和中国经济发展的前景及其在世界上的地位和影响。

八、朗读并口述下面的短文。

说“经济”

“经济”在《现代汉语词典》中的解释有六个义项，第一个义项是：经济学上指社会物质生产和再生产的活动；第四个义项是：个人生活用度。在《辞海》中有六个义项，第一个义项是：经世济民；治理国家；第二个义项是：节约。语言里的多数词语，都有多个义项，所以叫“多义词”，用在不同的语言环境里，就会表达出不同的意思。比如，“以经济建设为中心”“某人很有经济头脑”等，都用的是经济学上的概念；说“在某饭店吃饭经济实惠”“他善于用经济的笔墨写复杂的人物心理”等，用的是耗费较少而获益较大的意思；至于“明公壮年值时危，经济实藉英雄姿”（杜甫《徒步归行》）中的“经济”，就是讲的经时济世、治理国家了，古人常用“经世之才”来赞扬某人从政的才德。你能用“经济”组一些词或短语，然后再说说用的是哪一个义项吗?

2

第二课

经济与文化联姻

Lesson 2　Affinity Between Economy and Culture

经济与文化是两个不同的领域，但二者又有着难解难分的姻亲关系。经济的发达程度决定文化的发达程度；而文化的发展又推动经济的发展，甚至引起经济领域的深刻变革。自古以来就是这个道理，只是在当今世界，经济与文化的这种姻亲关系，越来越成为企业界、学术界和文化界的一个共识，一个讨论、研究的热点。

日本的经济发展，有一些让人非常感兴趣的现象。20世纪70年代，日本经济年增长率是美国的400%。为了寻找美国经济发展速度落后于日本的原因，一批美国企业家和经济学家到日本进行了深入的考察研究，发现原来并不是日本拥有更先进的技术和设备，而是日本实施了一种新的企业管理模式。这种企业管理模式，就是以人为中心，“在创造产品之前先创造人才”，再通过人才创造独特的企业精神，使企业内有凝聚力，外有竞争力，从而保证了企业的成功与发展。另一个有趣的现象是，日本是一个小国，又四面环海，自然资源贫乏，既无铁又无煤，进出货物都要依靠海运或空运，但日本竟建起了世界上最发达的钢铁工业和汽车工业。看来自然资源和自然条件也不是经济发展的决定因素，决定因素还是人。

一个国家的综合实力，包括了政治力量、经济力量、军事力量和文化力量。而一个国家，国力的强弱，经济发展驱动力的大小，越来越取决于劳动者的素质，取决于有知识的人的数量和质量。换句话说，就是取决于文化力量的大小。文化力量首先是人的智力因素，经济发展必须有智力的支持。一个文盲，不可能发明和使用计算机；一个智力低下的人，不可能理解航天技术。这是一个显而易见的道理。文化力量还包括人所体现出来的精神力量，即通过文化教育培养出来的人的理想、道德、价值观、行为规范、敬业精神，等等。这些无形的东西，往往会创造物质，会产生不可估量的经济效益。文化和经济，就是这样密不可分。

经济与文化的联姻，在许多方面都有具体表现。

首先，我们来说说企业文化。所谓企业文化，是当代企业管理学中的一个新概念，它强调企业的建设过程就是一种独特的、成功的文化建设过程。任何企业都是人组成的，企业管理者要创建和管理企业，就必须关心人、尊重人、培养人，倡导和培养科学有效的企业精神。这种精神，包括企业目标、企业道德、企业价值观、企业行为规范，等等，正是通过这些在社会上树立起独特的企业形象。为了这个目的，企业在建设经济活动的硬件设施（比如厂房、商场等）的同时，也要投入大量资金进行软件建设，即文化建设，如企业人才培训中心呀，图书馆呀，俱乐部呀，乃至灵活多样的联谊会呀，以加强劳资之间、职工之间的接触与交流，增强企业的凝聚力和向心力，使整个企业成为一个“命运共同体”。可以这样说，每一个成功的企业，都有它独特的企业文化。创建独特的企业文化，恰恰是一个企业走向成功的必由之路。

其次，我们再说说商品文化。现在，越来越多的企业家发现，企业的竞争力，不只取决于商品的质量、价格和服务工作，还取决于一种无形的经济附加值。这种附加值，正是来自商品所包含的文化因素；而且附加值的大小，与商品的文化因素含量成正比。一个商品包含的文化因素越丰富，它就可能产生越多的经济附加值。商品文化因素多种多样，小到为一种商品取名，大到产品设计的造型、款式、色彩、包装，等等。可以毫不夸张地说，一种商品从设计、生产到流通的每一个环节，都可以涉及美学、心理学、民俗学、伦理学等许多文化因素。能够说明这个问题的最好例子，莫过于时装了。不同国家、不同地区、不同民族、不同时代甚至不同季节都有风格各异、款式独特的服装。年年岁岁人相似，岁岁年年衣不同。时装的花样翻新，正是植根于不同国家、不同民族肥沃的文化土壤中。

在谈到商品文化时，我们自然会想起文化商品。应该说，文化商品是商品文化含量最高的一种特殊商品。比如工艺美术品，它既是商品，可以直接进入市场交换；更是一种艺术品，具有观赏和收藏价值。一件高品位的艺术品，可能价值连城；而一件稀世杰作，更可能是无价之宝。书籍、音带、光盘，是文化商品；文化馆、博物馆、影院、剧场，是文化场所。乐曲、小说、剧本，以至新发现的华盛顿就职演说的两页逸稿，也都可以进入拍卖市场。

在现代商业活动中，购物环境也越来越追求文化氛围。你只要漫步街头，白天可以看到琳琅满目、千姿百态的门脸橱窗，晚上可以看到五彩云霞般的霓虹灯。麦当劳、肯德基的西式风格，西单购物中心、王府井新东安市场的现代气派，琉璃厂文化街的古色古香，都给人一种特殊的文化熏陶。不少商城集购物、休闲、娱乐为一体，为顾客免费提供娱乐和休息场所。无数事实证明，良好的购物环境带给顾客的是精神的愉悦和享受，成为人们乐于流连的地方。商场也因此在经济上得到了回报。

中国实行改革开放以来，经济开始腾飞，人民生活水平有了很大提高，消费观念发生了根本变化，人们已不再只满足于一日三餐的温饱生活，而日益追求精神文化的享受。于是，文化商品和文化市场因此火爆起来。工艺品、美术作品，这些过去有钱人和高雅之士的专利品，如今也已进入普通百姓家；中国城乡的电视普及率，一跃而居世界首位；在全国各大城市，高档歌舞厅、卡拉OK厅、娱乐场，好像一夜之间都冒了出来，而且把人们的胃口越吊越高；一些在国内外享有盛誉的文艺团体，如中央乐团、中国歌剧舞剧院，也从神圣的文艺殿堂走向高级宾馆、饭店，在那里演奏莫扎特、贝多芬、约翰·施特劳斯的作品。北京的“老舍茶馆”、前门饭店的“梨园剧场”，更是这种经济与文化联姻的产物。谁能说得清楚，这些方面的消费，是文化消费还是商业消费？可以肯定，人们的物质生活越好，人们对精神文化生活的要求也就越高，把商业投资转向文化消费，必将是前途无量的。一种具有使用价值的商品，如果包含更多的文化因素，同时满足人们物质和精神的双重需求，就会身价百倍，为经营者带来意想不到的经济效益。

企业的国际化，是当今经济活动和国际贸易的必然趋势。而国际化遇到的第一个问题，便是企业所在国与目的国的文化差异。德国一位经济学教授，在对223名曾在巴西和中国工作过的德国企业领导者进行调查研究后，发现这样一个事实：“在提前结束驻外生活的人中，有1/3是由于工作原因。他们不能适应当地情况，不能适应东道国的新的文化挑战。”一位企业家则说，他花了几年时间，才看透中国谈判对手的真实想法，而只有极少数的经理们知道中国人的交流方式与西方迥然不同。美国人在这方面曾吃过不小的苦头。美国某大型电子公司，经过艰苦而漫长的讨价还价之后，终于同日本一家公司谈妥了一笔生意，但在签约仪式上，日本公司的总裁却一丝不苟地阅读起合同来。美国公司总裁看到他那严肃认真的样子，以为日方在最后关头又犹豫起来了，于是主动将各项商品的报价又降低了100美元，合同立即签字生效。殊不知，日本总裁在签约以前阅读合同，只是故作姿态，以显示自己的权威，而并不意味着别的什么东西。美国人不了解日本人的性格和习俗，一下子损失了数十万美元。美国人吸取了失败教训，变得聪明起来，各大公司，纷纷聘请跨国文化顾问，同时每年有400万以上的美国人出国做商业旅行，以便了解、熟悉异国文化，从而打通跨国公司通向国外的渠道。

随着社会的进步和高科技的发展，文化对经济的影响也越来越深刻，经济也越来越离不开文化。世界各国的经济交流，已经不只是经济领域的双向交流，而且也是文化领域的双向交流。每一个有头脑、有见识的企业家，都不会忽视这种经济与文化的联姻现象，从而顺利地开创和发展自己的事业。

生词 New Words

1. 难解难分	nánjiě-nánfēn	inseparable
2. 姻亲	yīnqīn	affinity
3. 决定	juédìng	to determine
4. 推动	tuīdòng	to give an impetus to
5. 甚至	shènzhì	even
6. 变革	biàngé	to change, to transform
7. 共识	gòngshí	common understanding
8. 现象	xiànxiàng	phenomenon
9. 考察	kǎochá	inspection
10. 创造	chuàngzào	to create
11. 凝聚力	níngjùlì	cohesion
12. 资源	zīyuán	resource
13. 贫乏	pínfá	scarce
14. 依靠	yīkào	to depend on
15. 实力	shílì	strength
16. 军事	jūnshì	military
17. 智力	zhìlì	intelligence
18. 文盲	wénmáng	illiterate
19. 航天	hángtiān	spaceflight
20. 体现	tǐxiàn	to embody
21. 培养	péiyǎng	to cultivate
22. 价值观	jiàzhíguān	conception of value
23. 规范	guīfàn	standard

24. 敬业	jìngyè	to be dedicated to work
25. 倡导	chàngdǎo	to initiate
26. 形象	xíngxiàng	image
27. 硬件	yìngjiàn	hardware
28. 软件	ruǎnjiàn	software
29. 联谊会	liányì huì	friendship association
30. 附加值	fùjiāzhí	extra value
31. 正比	zhèngbǐ	in direct proportion to
32. 造型	zàoxíng	mold, form
33. 流通	liútōng	circulation
34. 环节	huánjié	link, sector
35. 涉及	shèjí	to involve
36. 美学	měixué	aesthetics
37. 心理学	xīnlǐxué	psychology
38. 民俗学	mínsúxué	folklore
39. 伦理学	lúnlǐxué	ethics
40. 肥沃	féiwò	fertile
41. 土壤	tǔrǎng	soil
42. 观赏	guānshǎng	appreciation
43. 收藏	shōucáng	collection
44. 书籍	shūjí	book
45. 演说	yǎnshuō	speech
46. 逸稿	yìgǎo	lost script
47. 拍卖	pāimài	auction
48. 氛围	fēnwéi	atmosphere
49. 霓虹灯	níhóngdēng	neon light
50. 熏陶	xūntáo	to edify
51. 愉悦	yúyuè	delight
52. 流连	liúlián	to linger on
53. 高雅	gāoyǎ	refined

54. 普及	pǔjí	to popularize
55. 神圣	shénshèng	sacred
56. 殿堂	diàntáng	temple
57. 趋势	qūshì	trend
58. 结束	jiéshù	end
59. 迥然不同	jiǒngrán bù tóng	utterly different
60. 一丝不苟	yìsī-bùgǒu	meticulously
61. 犹豫	yóuyù	to hesitate
62. 故作姿态	gù zuò zītài	to put on airs

注释 Notes

1 年年岁岁人相似，岁岁年年衣不同

这两句话，套用了两句唐诗。唐朝人刘希夷写了一首《代悲白头翁》（一说为同时代人宋之问作），从红颜女子写到白头老翁，悲叹人生短促，红颜易老。诗中唱道："洛阳女儿惜颜色，坐见落花长叹息。今年花落颜色改，明年花开复谁在……年年岁岁花相似，岁岁年年人不同"，十分伤感动人，是一首优美的抒情诗。

Year in and year out, the people remain similar, but the garments are different every year.

This is modeled on a poem of the Tang Dynasty. Liu Xiyi of the Tang Dynasty (another source says that it was Song Zhiwen of the same period) wrote a poem *Grief for the Aged*, which, writing from a beautiful young girl to gray-haired old man, lamented the brief life and transient beauty. The poem goes: "The girl in Luoyang cherishes her beauty; she sighs for the falling flowers; the colors of the falling flowers this year change; and who will be here when flowers bloom next year; ... Year in and year out, flowers are similar, but the people are different every year." Sentimental and moving, this is a beautiful lyric poem.

2 老舍

老舍（公元 1899—1966 年），原名舒庆春，字舍予，北京人。中国著名的小说家、戏剧家、语言大师和人民艺术家。他曾在英国伦敦大学任教，在美国讲学。他的代表作品有小说《骆驼祥子》《四世同堂》，话剧《龙须沟》《茶馆》。他的作品深刻反映了北

京市民的生活，包孕着浓郁的北京地方风情；语言朴实、简洁、风趣，体现着地地道道的北京风味。《茶馆》更是经典之作，是中国现代话剧艺术的一座高峰，在国内久演不衰，在美国、欧洲各国、日本等地演出，也都产生了巨大反响。

Lao She

Lao She (1899—1966), who was originally named Shu Qingchun and styled himself Sheyu, was born in Beijing. He was a famous Chinese novelist, dramatist, master of language and people's artist. He once taught at the University of London, UK, and lectured in the US. His representative works include the novels such as *Camel Xiangzi* and *Four Generations under One Roof*, and the dramas such as *The Longxu Ditch* and *Teahouse*. His works deeply reflected the life of Beijing citizens and rich local customs of Beijing. His language was simple, concise, humorous and reflecting typical Beijing flavor. *Teahouse* was a classic and set a standard for the art of modern Chinese drama. It was repeatedly put on stage in China without decline, and has had great repercussions when staged in the US, European countries and Japan.

3 梨园

唐玄宗（公元 712—756 年在位）时训练宫廷歌舞艺人的地方。唐玄宗曾选宫廷歌舞艺人和宫女数百人，入梨园学习歌舞，有时他还去亲自教授，这些艺人被称为"皇帝梨园弟子"。后人因此称戏班（旧时戏曲演出团体）为梨园，称戏曲演员为梨园子弟。北京前门饭店，现在还有一座梨园剧场，经常为外国客人上演京剧。

Pear Garden

It was the place for training the song and dance entertainers during the reign of Emperor Xuanzong (r. 712 A. D. —756 A. D.) of the Tang Dynasty. Emperor Xuanzong selected several hundred imperial song and dance entertainers and maids of honor to train them at the Pear Garden to sing and dance. Sometimes he himself went to teach them in person. These entertainers were called "royal pupils" at the Pear Garden. Later on, people referred to traditional opera performers as pupils at the Pear Garden. In Qianmen Hotel of Beijing, there is still a Pear Garden Theater, where Beijing opera is often put on stage for foreign visitors.

练 习
Exercises

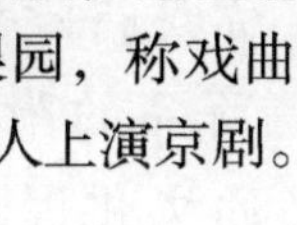

一、三人谈。

高天翔：二位，今天我想跟你们讨论一个有趣的问题。

苏姗娜：什么问题？

高天翔：经济与文化的关系。

木　村：现在，企业文化学很火，就像有很多人硬要把一对不相识的男女拉到一块儿结成夫妻似的。

高天翔：所以，我们中国现在有一句很时髦的话，叫“经济与文化联姻”，这的确是个伦理学问题。

苏姗娜：这个说法不完全准确。经济与文化，并不是一对素不相识的男女，而是本来就有着难解难分的姻亲关系。

木　村：哦？你这个解释更新鲜！

苏姗娜：难道不是吗？我知道，你几乎每天都要去卡拉OK厅，你这是文化消费还是商业消费？

木　村：嗯，这个很难说清楚。

高天翔：购买和收藏工艺美术品，也是这种情况。

苏姗娜：还有比这更深刻的联系。你们到商店转一转就会发现，商品的价格，并不完全取决于商品的质量，一种无形的附加值，往往使商品价格上涨几倍、几十倍。

木　村：你说得没错儿。

苏姗娜：商品的附加值，正是来自它所包含的文化因素；附加值的大小，也与商品的文化因素含量成正比。

高天翔：其实你们日本最会在商品的附加值上大做文章了。

苏姗娜：你们日本，曾经在企业文化建设方面处于领先地位；现在，我们美国的跨国文化研究，也正在产生巨大的经济效益。

高天翔：咱们也应该多注意中国在这方面取得的成绩。

木　村：那当然，我们就是到中国来学习经贸汉语的嘛！

二、模仿上面的例子，就课文中感兴趣的话题，开展自由交谈。

三、词语练习。

1. 用本课的生词根据要求写词组（各三个）

偏正词组：姻亲关系________________

联合词组：地大物博________________

主谓词组：文化熏陶________________

动宾词组：创造物质________________

动补词组：培养出来________________

2. 为下列各句在合适的位置填写合适的连词

（1）工艺美术品，它是商品，可以直接进入市场交换；更是一种艺术品，具有观赏和收藏价值。

（2）一种具有使用价值的商品，包含更多的文化因素，同时满足人们物质和精神的双重需求，会身价百倍，为经营者带来意想不到的经济效益。

（3）世界各国的经济交流，已经是经济领域的双向交流，也是文化领域的双向交流。

四、用你对课文的理解来解释一下下面的话。

1. 经济与文化是两个不同的领域，但二者又有着难解难分的姻亲关系。
2. 一个国家，国力的强弱，经济发展驱动力的大小，越来越取决于劳动者的素质，取决于有知识的人的数量和质量。
3. 每一个成功的企业，都有它独特的企业文化。

五、试着把下面各句的意思用不同句型或不同词序表达出来。

1. 现在，越来越多的企业家发现，企业的竞争力，不只取决于商品的质量、价格和服务工作，还取决于一种无形的经济附加值。
2. 中国实行改革开放以来，经济开始腾飞，人民生活水平有了很大提高，消费观念发生了根本变化，人们已不再只满足于一日三餐的温饱生活，而日益追求精神文化的享受。
3. 人们的物质生活越好，人们对精神文化生活的要求也就越高，把商业投资转向文化消费，必将是前途无量的。

六、听课文录音，回答问题。

1. 20 世纪 70 年代日本经济飞速增长的原因是什么？
2. 一个国家的综合实力包括哪些方面？一个国家的国力强弱，经济发展的驱动力大小由什么决定？
3. 企业的竞争力仅仅取决于商品质量吗？
4. 中国实行改革开放后，经济开始腾飞，人民的生活水平有了很大提高，他们在消费观念上有哪些变化？
5. 企业的国际化遇到的第一个问题是什么？

七、自由讨论。

1. 谈谈你所了解的国家的比较有特色的文化商品。
2. 谈谈你所了解的不同国家的文化差异，以及它们在国际商务合作中的不同风格：

中国与日本	日本与韩国
中国与美国	英国与美国

八、朗读并口述下面的短文。

说“经济与文化”

经济与文化是两个不同的领域，但它们又是双胞胎，它们共同的母亲就是社会，谁也无法割断它们的天然血缘关系。有这样一个故事：一个中国人，一个印度人，一个美国人结伴旅行。有一天，他们来到一个大瀑布前，看见那“飞流直下三千尺，疑是银河落九天”的壮观景象，都情不自禁地发出了慨叹。那个中国人惊讶地说：“多么壮观的景象呀！”，那个印度人肃然起敬说：“神的力量多么伟大呀！”，那个美国人则深深叹息说：“多么可惜的能源浪费呀！这里应该建一座大型发电站！”，面对同一事物，他们三个人的感受是多么不同啊！这种不同，与他们不同的文化背景和价值观念，是不是有某种关系呢？

在国际贸易活动中，不同国家、不同民族、不同文化教养的差异，有十分明显的表现。经济学家和企业家们，越来越清醒地认识到，正像经济不能与政治无关一样，经济也不能与文化割裂。跨国文化研究，日益成为跨国经营必不可少的前提。我们是不是可以举出很多这方面的实例呢？

3

第三课

商人与文人

Lesson 3　Businessmen and Scholars

商人与文人，是从事两种不同职业的人。“古者有四民”“士农工商，四民有业”“学以居位曰士”“通财鬻货曰商”。在中国人的传统观念里，士（文人）居“四民之首”，是有学问、有道德的君子；而商人列“四民之末”，是无德无才、只知赚钱的“贱人”，始终背负着“无商不奸”“见利忘义”的恶名。秦朝时，商人即使富得流油，也不可以穿丝绸衣物；唐朝时，商人不能入朝为官；直到明清，商人的地位才有所改变。在魏晋时期，士人不仅羞于言商，而且羞于言钱。晋人王衍自命清高，讨厌妻子三句话不离一个“钱”字，他自己更从来不说“钱”，夫妻自然话不投机。一天，妻子想气气他，趁他没起床，就用铜钱串儿把床绕了个结实。王衍醒来后，一看自己下不了床，就喊道：“举却阿堵物！”“阿堵”是当时人的口语，就是今天的“这个、那个”，他喊的那句话，翻译成现代汉语，就是“把那个东西给我拿掉！”他到底不肯说一个“钱”字。

直到 20 世纪 80 年代，在中国还不难看到这种轻贱经商和商人的遗风。在我们的小说、电视、电影里出现的商人，不是言语粗俗、一身铜臭，就是口蜜腹剑、阴险狡诈；或者如旧式老财主，把钱财沤在家里发霉发臭；或者如反面资本家，吃喝嫖赌，一掷千金。其实，历史扭曲了商人，世人也多误解了商人。

经商，和从政、从军、科学研究等其他行业一样，也需要知识；同时，经商还是一门艺术。特别是在科学技术和生产力高度发达的今天，很难设想，一个文盲能成为一个大企业家，对电脑一窍不通的人，能够成为一个出色的电脑推销商。一个生活智能化的时代，已悄然向我们走来。科学家们做过这样的假想描述：傍晚，一个人下班了，还在途中，即用遥控器开启厨房，让机器人为他煮好咖啡，烤好面包，做好美味可口的菜肴……生活智能化是建立在遥控技术、传感技术、电子计算机技术、光纤技术、模糊逻辑和模糊技术等无数高科技成果的基础上的，如果对人类的这些最伟大的文化成果一无所知，或知之甚少，是不可能成为一个成功的企业家的。一个企业家的成功，不只是投资的成功、产品的成功、营销的成功，更是人才的成功、文化的成功。具有科学家的学识，艺术家的灵感，实业家的实干精神，这才是新时代的商人形象。一个商人，多一分文化知识，在经营活动中，就会多一分成功。

法国皮尔·卡丹公司驻中国的首席代表对金钱和艺术的关系，就有一种特殊的见解。她认为，商人为赚钱而赚钱，是不可取的；把商业艺术化，是她对美的人生追求。她在北京开设的马克西姆餐厅，富丽堂皇，集中体现了法国贵族文化，在中国打开了一扇法国文化的窗口。

在日本，有成千上万的夫妻店，店里充满了家庭的温馨和人情味。一次，一位中国客人去店里谈生意。老板把客人迎进店里，立即吩咐老板娘端来热茶，然后促膝对坐，与客人神聊起来。从中国的历史到中国的山川名胜，从《三国演义》到改革开放，可谓滔滔不绝，如数家珍。他的丰富学识和文化素养，一下把他和异国客商的距离拉近了，彼此间有了亲切感和信任感，此后谈及生意，自然水到渠成。

中国有一位厂长，除了精通生意经外，还有“三绝”：气功、书法和神侃。他就任工厂厂长时，工厂已经濒临倒闭。为了激励全厂职工，他亲手挥毫，写下了古人的一副对联：

有志者事竟成，破釜沉舟，百二秦关终属楚

苦心人天不负，卧薪尝胆，三千越甲可吞吴

一年秋天，法国标致汽车公司的代表来该厂洽谈联营事宜。

这位代表对中国书法颇有研究，一到厂门口，就被这副对联深深吸引住了。于是，他同厂长神侃起了书法，并请厂长为他写了四幅条幅，说是要带回法国当珍品收藏起来。而在谈判桌上，双方未多费口舌，便达成了协议。

事情就是这样，当你的某种品格或专长赢得对方的敬佩时，商业活动就会变得十分顺利。买卖双方在谈生意前，往往都在有意追求一种氛围，谈话内容可能涉及很广，谈判中表现出来的品德、修养、风度，可能对对方产生巨大的吸引力，因此，具有较高文化修养的商人，常常自觉地运用自己的优势，去敲开对方的商业壁垒大门。反之，在这方面缺乏自觉意识，也可能导致谈判的失败和经营决策的失误。英国人向来不重视学习外语，以为谁跟他做生意都得使用英语。1995 年却发生了这样一件事：伦敦一家公司倒闭了，审计师在处理文件时，发现一封德文信函没有处理。公司里没有人懂德语，请教专家后才知道，这是该公司有史以来接到的最大的订货单。但是到弄明白时，为时已晚，如果早一点儿读懂它，公司或许不会倒闭了。还有一个例子，一位社会名流向汽车推销员买车。这位名人，一边看车，一边滔滔不绝地讲他那个上大学的儿子，那口气，那话语，充满了父爱和为有这样一个儿子的自豪。可这位汽车推销员，一心只想如何尽快做成这笔生意，只顾介绍自己的产品，对这位名人的谈话，只是心不在焉、答非所问地应付着，结果生意告吹。

在中国，越来越多的商人，现在已经意识到提高自身文化修养的重要性。进入 20 世纪 90 年代，中国商界出现了一批大款。他们中相当一部分人文化程度很低，当初铤而走险、闯荡江湖时，追求的目标很单纯，无非是挣钱。那时，他们顾不上什么兴趣、爱好、理想、尊严，也没工夫去感受什么是空虚、无聊。为了挣钱，他们往往茶饭不思，枕席不安。经过数年的商海苦斗、挣扎、沉浮，终于成了腰缠万贯的大款，可以自由出入高级饭店、豪华歌舞厅了。但是他们并没有得意和逍遥多久，便日益感到精神的脆弱和心灵的空虚。因为没有文化，作风粗俗，时时遭世人白眼，在文化人面前，也自觉抬不起头来。他们希望跻身上流社会，同那些受人尊敬的学者、名流平起平坐。于是他们中的一些人觉醒了，纷纷走上自我充实、自我完善的道路：有投资公益文化事业的；有自费办大、中学校，自任董事、校长的；有经商之余舞文弄墨、自叙发迹史的；有暂时歇业弃商，自费上大学乃至出国留学的。总之，他们在努力改变自己的形象，也在努力改变商人的形象。

随着中国商品经济的发展，一些有远大抱负的商人，发出了造就一代儒商的呼唤。在中国历史上，孔孟学说被称为“儒学”，孔子弟子子贡更被后世称为“儒商之祖”。中国明、清两代，出现过徽商，商而好儒，亦商亦儒，商儒结合，堪称“儒商”。他们的特点，一是遵循儒教，重商德，主张“君子爱财，取之有道”，恪守“货真价实，童叟无欺”“和气生财，公平守信”的经商准则；二是重视知识和文化，他们不仅重视自身的文化修养，使自己保持儒雅风范和文人气度，而且注重公益文化事业，修书院，办义学，搜集文物，刻印书籍，广泛结交儒士学者，孕育出辉煌灿烂的“徽商文化”。在徽商活动鼎盛的300年间，徽商文化对中国的经济文化生活，产生过重大而深远的影响，培育了一大批有杰出贡献的哲学家、科学家、文学家、经济学家、教育学家。当然，我们今天呼唤的“儒商”，不是旧时的“儒商”。他们在继承前代“儒商”优良传统的同时，应该具有新时代市场经济的道德修养、商品意识、经营管理意识和科学文化知识。我们看到，一个既有经济头脑、又有渊博知识，既拥有雄厚的物质力量、又拥有高尚精神文化素质的商人群体，正在中国出现，他们必将在中国的经济建设中发挥越来越大的作用。

生 词
New Words

1. 从事	cóngshì	to engage in
2. 职业	zhíyè	profession, occupation
3. 鬻	yù	to sell
4. 背负	bēifù	to bear
5. 自命清高	zìmìng qīnggāo	to profess to be above worldly considerations
6. 投机	tóujī	congenial
7. 遗风	yífēng	customs which have been handed down
8. 粗俗	cūsú	coarse, vulgar
9. 口蜜腹剑	kǒumì-fùjiàn	honey-mouthed and dagger-hearted
10. 阴险	yīnxiǎn	sinister
11. 狡诈	jiǎozhà	deceitful
12. 误解	wùjiě	to misunderstand
13. 一窍不通	yíqiào bùtōng	to be completely ignorant
14. 悄然	qiǎorán	quietly
15. 假想	jiǎxiǎng	imagination
16. 遥控	yáokòng	to remote control
17. 传感技术	chuángǎn jìshù	sensing technology
18. 光纤技术	guāngxiān jìshù	optical fiber technology
19. 模糊	móhu	fuzzy, obscure
20. 逻辑	luóji	logic
21. 灵感	línggǎn	inspiration
22. 见解	jiànjiě	understanding
23. 吩咐	fēnfù	to instruct
24. 滔滔不绝	tāotāo bù jué	to speak unceasingly
25. 如数家珍	rúshǔjiāzhēn	as if enumerating family treasures
26. 学识	xuéshí	knowledge

27. 濒临	bīnlín	on the verge of
28. 激励	jīlì	to encourage
29. 事宜	shìyí	matter
30. 敬佩	jìngpèi	admiration
31. 品德	pǐndé	moral character
32. 修养	xiūyǎng	self-cultivation
33. 风度	fēngdù	demeanor
34. 壁垒	bìlěi	barrier
35. 导致	dǎozhì	to lead to
36. 审计	shěnjì	to audit
37. 信函	xìnhán	letter
38. 心不在焉	xīnbúzàiyān	absent-minded
39. 应付	yìngfù	to do something perfunctorily
40. 铤而走险	tǐng'érzǒuxiǎn	to make a reckless move
41. 闯荡江湖	chuǎngdàng jiānghú	to make a living wandering from place to place
42. 尊严	zūnyán	dignity
43. 空虚	kōngxū	hollowness, emptiness
44. 无聊	wúliáo	boredom
45. 挣扎	zhēngzhá	to struggle
46. 腰缠万贯	yāochánwànguàn	to be very rich
47. 逍遥	xiāoyáo	free and unfettered
48. 脆弱	cuìruò	weak
49. 心灵	xīnlíng	mind
50. 白眼	báiyǎn	supercilious look
51. 跻身	jīshēn	to rank among
52. 董事	dǒngshì	director
53. 舞文弄墨	wǔwén-nòngmò	to show off literary skill
54. 发迹	fājì	to gain fame and fortune
55. 抱负	bàofù	ambition

56. 恪守	kèshǒu	to abide by
57. 搜集	sōují	to collect
58. 鼎盛	dǐngshèng	great prosperity
59. 杰出	jiéchū	outstanding
60. 哲学	zhéxué	philosophy
61. 呼唤	hūhuàn	to call for
62. 继承	jìchéng	to inherit
63. 渊博	yuānbó	broad and profound
64. 雄厚	xiónghòu	abundant
65. 高尚	gāoshàng	noble, lofty

注释 Notes

1《三国演义》

中国著名古典长篇小说，全名《三国志通俗演义》。元末明初人罗贯中作。中国东汉以后，出现了魏、蜀、吴三国鼎立的时代，三国之间，为一统天下，争战不断。从公元220年曹操之子曹丕正式取代汉献帝称帝起，到280年吴国灭亡止，共历60余年。小说《三国演义》就是根据这段时间前后的史实和大量民间传说再创作的。小说结构宏大，人物众多，情节曲折，十分动人，是中国人民最喜爱的古典小说之一。

Romance of the Three Kingdoms

It is a well-known Chinese classic novel by Luo Guanzhong who lived at the end of the Yuan Dynasty and the beginning of the Ming Dynasty. After the Eastern Han Dynasty, there was a period when the three kingdoms—Wei, Shu and Wu were in tripartite confrontation, with incessant wars among them, aiming to unify the country. The period lasted for more than 60 years from 220 AD, when Cao Pi, Cao Cao's son, proclaimed himself emperor replacing the Emperor Xian of Han, to 280 AD when the Kingdom of Wu died out. The novel *Romance of the Three Kingdoms* was written according to the history around this period and many folk legends. With a grand structure, numerous characters, complicated plots and touching stories, the novel was among the best liked classics.

2 对联

对联，又称“对子”“楹联”，是粘贴或悬挂在楹柱上、墙壁上的成对联语，一般由上联、下联和横批组成。上、下联的字数不限，但必须相等，要求对仗工整，平仄协调，是中国古典诗词形式的一种变体，相传出现于五代后蜀（公元933—966年）年间，以后逐渐成为上至帝王、下至平民都广泛采用的装饰、交际及庆吊形式。

Couplet

It is also known as antithetical couplet or couplet written on scrolls and hung on the wall or pillars of a hall. It normally consists of two successive lines and a horizontal scroll bearing an inscription. The characters of each line are not fixed in number, but they must be of the same number and meter, matching strictly both in rhyme and sense and achieving harmony in tonal patterns. It is a variation of Chinese classical poetry. Legend has it that this form started from the Later Shu of the Five Dynasties Period (933—966). Later it became a popular form for decoration, communication, celebration and condolence by the emperors and common people alike.

3 破釜沉舟

秦朝末年，诸侯并起，都想推翻秦朝统治。公元前207年，楚军将军项羽带领士卒渡漳水，与秦军战于巨鹿（今河北平乡西南）。项羽在全军渡河后，下令把渡船都沉入河底，把煮饭的锅都打破，把住的帐篷都烧毁，每人只带够吃三天的粮食。项羽这样做，是要告诉将士，为了打败秦军，哪怕都战死了，只剩最后一个人，也要战斗到底。果然，楚军个个勇猛无比，终于以少胜多大破秦军。后世就用“破釜沉舟”表示为了做成某事，不顾一切干到底的决心。

Break the cauldrons and sink the boats

Towards the end of the Qin Dynasty, all dukes and princes wanted to overthrow the rule of Qin Dynasty. In 207 B.C., General Xiang Yu of the State of Chu led soldiers to cross the Zhangshui River and fought the Qin army at Julu (southwest of present-day Pingxiang, Hebei Province). After all the troops had crossed the river, Xiang Yu ordered all the boats to be sunk, all the cauldrons broken, and all the tents burnt. Each of them only brought food that would last them for three days. The reason why Xiang Yu acted this way was to tell all officers and soldiers that in order to defeat the Qin army, they would fight to the end even though all died except one. It turned out the Chu troops were very brave, and eventually defeated the Qin army, their more numerous enemy troops. Later “break the cauldrons and sink the boats” has been used to show the determination to do something by cutting off all means of retreat.

4 卧薪尝胆

春秋末年，吴国（都吴，今江苏苏州）与越国（都会稽，今浙江绍兴）为争霸一方，长期对立，相互攻伐。公元前 494 年，吴国大军攻越，围都城会稽，迫使越王勾践投降。越王勾践携带妻、子及谋臣范蠡到吴国做人质。君臣在吴国从事劳役，恭敬顺服，赢得了吴王夫差的信任。三年后，越王君臣被释放回国。越王回国后，睡在柴草上，头枕在兵器上，屋子里挂着一只苦胆，坐卧都看着苦胆，饮食时则口尝苦胆，用这样的方法时时提醒自己不要忘记灭国之耻。越国上下，经过十年生聚，十年教训，逐渐强大起来，终于在公元前 473 年灭吴，吴王夫差自杀。

Sleep on brushwood and taste gall

Towards the end of the Spring and Autumn Period, the state of Wu (with its capital at Wu, present-day Suzhou, Jiangsu Province) and the state of Yue (with its capital at Kuaiji, present-day Shaoxing, Zhejiang Province) long opposed and fought each other, contending for domination. In 494 B.C., Wu troops attacked Yue and besieged Kuaiji, forcing Goujian, the King of Yue, to surrender. Goujian, his wife and son and imperial counselor Fan Li were forced to live in Wu as hostages. The King of Yue and his subject did forced labor and were humble and obedient, thus winning the trust of Fu Chai, the King of Wu. Three years later, the King of Yue and his official were released to go home. After coming home, the King of Yue slept on brushwood, using a weapon as the pillow. He hung a gall bladder in the room, and watched it all the time, whether sitting or lying. He reminded himself of the national humiliation by tasting the gall when he ate or drank. After ten years' accumulation of strength and learning from the lesson, the state of Yue got strong and conquered Wu in 473 B.C. Fu Chai, the King of Wu, committed suicide.

练习 Exercises

一、三人谈。

苏姗娜：木村，听说你是公司派来学汉语的？

木　村：对，所以我必须很努力。

苏姗娜：那你是个商人了！

高天翔：他现在来学习，大概又想做一个文化人了。

木　村：开什么玩笑！我学汉语是为了以后更好地为公司工作。

苏姗娜：高天翔没开玩笑。商人就不该是文化人吗？

木　村：这当然毋庸置疑。我们公司是一家高科技企业，我要不是一个有专业知识的文化人，我怎么为公司工作？

苏姗娜：当今社会，复杂如航天产品，简单如一个防伪标记，都是建立在电子技术、传感技术、遥控技术、光纤技术、模糊技术等无数高科技成果基础上的。

木　村：是啊，人类文明，首先是创造了非凡的文化人，然后才创造出供人类享用的非凡的物质。

高天翔：不过，在实际生活中，商人往往没有文化，或文化水平很低。

木　村：这不奇怪。有时候，商人行为非常简单，只要把商品从甲那儿买来卖给乙就可以了，所以不需要文化。

苏姗娜：在商品经济的低级阶段，这类商人能在商品流通中发挥一定作用。但是随着商品经济向高级发展，他们会越来越感到力不从心。

木　村：甚至会被那只无形的手逐出市场。

高天翔：你们说得很对。20 世纪 90 年代，中国实行改革开放后，出现了一些所谓的“大款”，他们中相当一部分人，文化程度很低。经过数年商海苦斗，他们深深感到文化的欠缺，纷纷走上了自我充实、自我完善的道路。

木　村：这非常可喜！苏姗娜，我们在中国遇到的，会是一批文化素质很高的竞争对手。

苏姗娜：那我们就努力学习吧，千万不要落后了！

二、模仿上面的例子，就课文中感兴趣的话题，开展自由交谈。

三、词语练习。

1. 组词或写短语

（名）____商　（动）____商　（名）____力　（动）____力

（名）____商　（动）____商　（名）____力　（动）____力

（名）____人　（名）____文化　（名）____家　（名）____精神

（名）____人　（名）____文化　（名）____家　（名）____精神

2. 填字并注音

例：舞（wǔ）文弄墨

聚______（　　）财富　　______（　　）临倒闭

口______（　　）腹剑　　心不在______（　　）

一______（　　）不通　　______（　　）而走险

腰______（　　）万贯　　卧______（　　）尝胆

四、按课文内容回答问题。

1. 在中国传统观念里，“商人”的社会地位怎样？改革开放后，随着中国商品经济的发展，商人的心态有什么变化？
2. 从课文列举的商务活动成功和失败的事例中，谈谈商人的文化修养对他进行商贸活动的影响。
3. 新时代的商人应具备哪些品质？你能谈谈贵国一两位成功的企业家的才华吗？

五、听课文录音，回答问题。

1. 一个企业家的成功是哪些方面的成功？
2. 法国皮尔·卡丹公司驻中国的首席代表在北京开设的马克西姆餐厅有什么特点？
3. 在日本有众多夫妻店，店里充满了什么样的氛围？
4. 汽车推销员向社会名流推销自己的产品为什么失败了？

六、自由讨论。

1. 参考中国自古至今商人发展的轨迹，分析贵国商品经济发展对商人的全方位要求，并谈谈你的认识与看法。
2. 谈谈东西方商人不同的风格与习惯。
3. 谈谈不同时代对商人的不同要求。

七、朗读并口述下面的短文。

说“商人与文人”

外国有一个笑话。一天，两个商人请一位名教授吃饭。席间，两个商人谈如何做生意，教授想同他们谈谈莎士比亚。于是教授问：“你们觉得莎士比亚怎么样？”一个商人脱口而出：“莎士比亚味儿不错，但我更喜欢喝威士忌。”教授听了，不禁愕然，就再也不说话了。散席后，另一位商人批评同伴说：“你太无知了！莎士比亚根本不是酒，是一种很难吃的奶酪！”

中国也有一个笑话。甲、乙两人一起神侃《三国演义》。甲说：“孔明就是诸葛亮。”乙说：“孔明是孔明，诸葛亮是诸葛亮。”两个人争执不下，就打赌，谁输谁请客。两个人到了馄饨铺，请老板当裁判。结果，馄饨铺老板说乙赢了，应该甲请客。乙吃饱了馄饨，扬长而去。甲大惑不解，责问老板："明明孔明和诸葛亮是一个人，你怎么说乙赢了？"老板说："给他一碗馄饨，让他混沌一辈子。"

这两则笑话在嘲笑谁？嘲笑什么？

4

第四课

文化商品市场

Lesson 4 The Market of Cultural Commodities

众所周知，音乐、舞蹈、戏剧、绘画、图书，都是特殊的精神文化产品，但它们是不是跟其他物质产品一样，也可以作为商品，进入市场并进行等价交换呢？可不可以利用它们来获取商品的价值和利润呢？回答当然是肯定的。

文化市场是一种具有特殊性的商品市场，它以商品的形式向人们提供精神产品和文化娱乐服务。歌舞厅、卡拉OK厅、音乐茶座、娱乐场、书市、画廊、影楼以至广告、时装表演、健美比赛、业余或专业文艺演出，都是文化商品的经营场所和经营活动。投资文化商品市场的，不只有国家、集体、个体，也有外国客商；经营单位，有国有制企业，也有承包制、租赁制、股份制、中外合资与独资企业。中国实行改革开放以来，第三产业蓬勃发展，而文化市场，是整个产业体系中最为活跃的一支。一个多门类、多层次、多种形式、多种体制的文化商品市场，已经在中国形成。

我们首先来看看中国的图书市场。20世纪80年代末，在中国到处都可以听到“出书难、卖书难、买书难”的抱怨与呼吁。但在一个多层次、多渠道的图书市场形成后，出版与发行就摆脱了市场疲软的困境，而走向空前的活跃与繁荣。出版行业竞争机制的引入以及个体书商的出现，是图书市场繁荣的原动力；抓优秀选题，抓图书质量，抓出书周期，抓发行服务，是出版社和个体书商生存的根本。出版社与个体书商之间的竞争，尤其激烈。个体书商群的成分极其复杂，其中不乏有较高文化修养的“儒商”，同时，没有文化，只想赚钱的也大有人在，但个体书商们吃透了市场，知道“上帝”需要什么，懂得时间就是金钱，不惜一切代价，雷厉风行地把图书推向市场。有这样一个书商，曾用不到 13 天时间就督印出 20 万册书，为了印制和发行，一天跑近万里，早上从北京飞到广州，下午又从广州飞到成都。一本书，以往通过新华书店征订，往往印不了多少册，可一到个体书商手里，少说也发行几万、十几万册。他们为繁荣图书市场做出了不小贡献。

歌舞厅、卡拉 OK 厅，是最刺激、最惹人注目的文化商品市场，是财源茂盛的大买卖。像北京、上海、广州、深圳等大城市，究竟有多少这样的场所，恐怕谁也说不清。这些场所，堂皇的门脸，豪华的装修，进口的音响，闪烁、旋转、斑驳陆离的五彩灯光，年轻漂亮、热情周到的服务小姐，招徕一批一批顾客。在一些歌舞厅的 KTV 包间里消遣一个晚上，少则千把元，多则几千上万，一般人不敢到此问津，但偌大一个中国，阔佬总是有的，不阔而装阔、死要面子讲排场也是有的，“因为工作需要”去“OK”一下也是有的。由于歌舞厅、卡拉 OK 厅的生意兴隆，经久不衰，出入这些场所的歌星、舞星们，也身价百倍。歌厅、舞厅的高消费，歌星、舞星的高收入，曾引起世人的极大不满，但是他们的歌舞既然作为文化商品被推向了市场，就自然要按市场经济规律进行交易。商品越是稀有，越是具有不可复制性和垄断性，越是供不应求，它的售价也就越高。市场规律，常常不以人的意志为转移。

艺术品的拍卖与收藏，也是中国文化市场活跃的标志。新中国成立后一直没有拍卖业，靠有限的工资求购和收藏艺术品的人也很少。但是，改革开放后，人们的观念变了，客观物质条件也变了。正像一位著名的未来学家曾断言的那样：“艺术在社会上的地位越来越重要，个人、公司、城市、小镇在做重大决定时，会更多地受艺术形象、艺术品格和艺术风格的影响。”于是，求购和收藏艺术品，逐渐成为一些人的客观需要。求购和收藏艺术品无异于求购和收藏历史，而历史是永恒的、无价的。一些人，可能出于对收藏的嗜好和对历史的偏爱，纯粹是为了个人的鉴赏和历史研究而求购和收藏艺术品的；但也有不少人，深知珍贵艺术品的增值能力，求购和收藏艺术品，是一种可以获取巨额利润的投资。今天求购，是奇货可居；长期收藏，是待价而沽；异日出手，是价位冲天。有这样一个例子，荷兰梵高1889年的作品《鸢尾花》，1947年卖了8万美元，1988年由拍卖行拍卖，卖得5300万美元，40年间增值近700倍。一些企业家，正是看到了这种高回报，才把巨额资金投入艺术品的拍卖与收藏。他们的目的，与艺术鉴赏和艺术品的保存毫无关系，求购艺术品，只是他们选择的一种投资方向和投资手段，同他们赌马、经营房地产没有什么两样。此外，海外华人收藏中国艺术品，还寄托着故国乡土之思。这样，在中国，艺术品的拍卖与收藏，终于成为可能。

1989年，中国政府允许在若干城市试办拍卖市场。1991年7月，深圳举办了第一次司法委托拍卖活动。1992年5月，在广州交易会大厅，举办了首届中国画拍卖会，著名画家黄胄的《群驴图》等三幅画，以22万元拍卖。10月，深圳举办了首届当代中国名家字画精品拍卖会，会上推出63位著名书画家的97幅作品，成交额达251万港元。同年在北京国际拍卖会上，中国文物首次大拍卖，拍卖品共2188件，年代最久远的是西周时期的一支铜爵，一件文物拍卖最高价是150万元；此次拍卖会上最令人瞩目的一件拍卖品是《中国京剧舞台实用脸谱集锦》，这是一个粉彩薄胎斗笠瓷碗，瓷碗直径87厘米，高37厘米，大碗内外壁手绘烧制了442幅京剧脸谱，幅幅栩栩如生，精彩传神；碗底是当代著名学者周谷城写的文章，计1046个蝇头小楷字；为大碗配置的木座上，镂刻有中国神话传说图案。因为这只巨碗集书法、绘画、木刻、制瓷为一体，具有极高的艺术价值和收藏价值，拍卖底价为100万美元。1996年《中华人民共和国拍卖法》出台，中国的拍卖业日益规范、迅猛发展，现已进入持续、稳定、健康的发展阶段。

随着中国经济的发展和对外开放的不断扩大，人们的知识产权观念日益增强，技术转让和版权贸易也随之活跃起来。有一句笑话，叫“《十五的月亮》十六圆（元）”。《十五的月亮》是中国一首很有名的歌曲，在几年里，几乎每一次演出、每一个走红歌星，都要唱这首歌，但这首歌的稿酬，只有十六元人民币。而一个歌星唱这首歌，一次就可获利上万元。李焕之的《春节序曲》就像《拉德斯基进行曲》一样，几乎是中国音乐会的必演节目，但从来没有人想到要给作者付稿酬。类似的情形也发生在书画界、出版界。严重的侵权、盗版现象，终于唤醒了作家、音乐家、艺术家的版权意识。1994年，长篇电视连续剧《三国演义》公开播出后，世界各国的电视台争相购买播映权。泰国梅地亚公司与中国中央电视台签订了购买该片的契约，其中由谷建芬等作曲作词的15首插曲、背景音乐连同画面，在6年内版权归买方所有，版权费为120万元人民币，其中60万元为画面版权费，归中央电视台所有，另外60万元为谷建芬等作家的版权费。十几首乐曲获得这样丰厚的报酬，这在中国还是首例。此后，一项技术转让费110万美元，一支《赞酒歌》被四川泸州老窖酒厂以39万元买断，类似消息，不断见诸报端。知识产权，越来越受到国家和世人的重视与保护。

中国的文化商品市场，异彩纷呈，展示着中国悠久灿烂的传统文化和充满时代风貌的当代文化，具有无与伦比和不可抵抗的吸引力，存在着经商赚钱的广阔天地。虽然，从文化市场的经营规模、繁荣程度、收益状况、有序市场发育等方面来看，中国较之经济发达国家，仍然存在不小的差距，但是不可否认，已经出现了前所未有的局面。我们可以相信，中国的文化商品市场，必将得到进一步培育和开发，呈现出更加美好的前景。

生 词
New Words

1. 戏剧	xìjù	drama
2. 绘画	huìhuà	painting
3. 肯定	kěndìng	positive
4. 健美	jiànměi	body-building; strong and handsome
5. 比赛	bǐsài	to contest
6. 业余	yèyú	amateur
7. 专业	zhuānyè	professional
8. 集体	jítǐ	collective
9. 承包制	chéngbāozhì	contract system
10. 租赁制	zūlìnzhì	leasing system
11. 产业	chǎnyè	industry
12. 蓬勃	péngbó	vigorous
13. 体系	tǐxì	system
14. 门类	ménlèi	category
15. 抱怨	bàoyuàn	to complain
16. 呼吁	hūyù	to appeal to
17. 机制	jīzhì	mechanism
18. 优秀	yōuxiù	excellent
19. 周期	zhōuqī	cycle, period
20. 雷厉风行	léilì-fēngxíng	with the power of a thunderbolt and the speed of lightning
21. 征订	zhēngdìng	to subscribe
22. 惹人注目	rě rén zhùmù	attractive
23. 堂皇	tánghuáng	grand
24. 豪华	háohuá	luxurious
25. 闪烁	shǎnshuò	to glisten
26. 旋转	xuánzhuǎn	to spin

27. 斑驳陆离	bānbó-lùlí	many-hued
28. 消遣	xiāoqiǎn	while away the time
29. 问津	wènjīn	to make inquiries
30. 偌大	ruòdà	so big
31. 阔佬	kuòlǎo	rich man
32. 经久不衰	jīngjiǔ bù shuāi	prolonged
33. 复制	fùzhì	to reproduce
34. 意志	yìzhì	will
35. 逐渐	zhújiàn	gradually
36. 永恒	yǒnghéng	eternal
37. 嗜好	shìhào	liking, addiction
38. 偏爱	piān'ài	partiality
39. 纯粹	chúncuì	purely
40. 鉴赏	jiànshǎng	appreciation
41. 增值	zēngzhí	to increase in value
42. 奇货可居	qíhuò-kějū	to hoard as a rare commodity
43. 待价而沽	dàijià'érgū	to wait for the highest bid
44. 寄托	jìtuō	to find sustenance in
45. 铜爵	tóng jué	bronze wine vessel
46. 令人瞩目	lìng rén zhǔmù	to attract people's attention
47. 脸谱	liǎnpǔ	facial make-up
48. 集锦	jíjǐn	collection of choice specimens
49. 斗笠	dǒulì	bamboo hat
50. 栩栩如生	xǔxǔ rú shēng	vivid and lifelike
51. 镂刻	lòukè	to engrave
52. 神话	shénhuà	fairy tale
53. 传说	chuánshuō	legend
54. 产权	chǎnquán	property right
55. 版权	bǎnquán	copyright
56. 稿酬	gǎochóu	author's remuneration

57. 侵权	qīnquán	tort
58. 盗版	dàobǎn	to pirate
59. 唤醒	huànxǐng	to arouse
60. 契约	qìyuē	contract
61. 插曲	chāqǔ	interlude
62. 背景	bèijǐng	background
63. 报酬	bàochóu	remuneration
64. 见诸报端	jiàn zhū bàoduān	to be reported in newspapers
65. 无与伦比	wúyǔlúnbǐ	matchless
66. 抵抗	dǐkàng	to resist
67. 否认	fǒurèn	to deny
68. 培育	péiyù	to cultivate
69. 呈现	chéngxiàn	to present

注释 Notes

1 黄胄

黄胄，当代中国画画家。他的作品多反映西北少数民族地区的风情和生活，风格简括精练、粗犷遒劲，尤其以画驴闻名于世。出版的画集有《群驴图》《黄胄作品选》等。

Huang Zhou

Huang Zhou is a contemporary painter of traditional Chinese painting, whose works mainly depict the customs and life of minority ethnic groups living in northwestern China. His style is concise and compendious, bold and powerful. He is particularly well-known for his donkeys. His albums include *Donkeys* and *Selected Works of Huang Zhou*.

2 京剧及脸谱

京剧，中国传统的戏曲剧种，有200余年的历史，流行全国各地。京剧用传统的京胡、二胡、月琴、笛箫等管弦乐器和锣、鼓等打击乐器伴奏，表演多用虚拟性的程式化动作，唱、念、做、打并重。它有成千个优秀剧目，至今仍受到中国人民的喜爱。

脸谱，是传统戏曲中演员面部化妆的一种固定化了的图案，各种人物脸谱大都有特定的花纹和色彩，借以突出人物的性格特征，表现对人物的褒贬，如红色表示忠勇，黑色表示粗直，白色表示奸诈等。京剧脸谱，是最有代表性的戏曲脸谱艺术。

Beijing opera and its types of facial make-up

Beijing opera, with a history of more than 200 years, is one of the traditional Chinese operas that are popular throughout China. Beijing opera is usually accompanied by such wind and string instruments as *jinghu* (Beijing opera fiddle), *erhu* (two-stringed bowed instrument with a lower register than *jinghu*), *yueqin* (a four-stringed plucked instrument with a full-moon-shaped sound box), and horizontal and vertical bamboo flutes, and such percussion instruments as gongs and drums. Its performance mainly uses suppositional stylized movements, paying equal attention to singing, speaking, acting and fighting. It has about a thousand excellent plays, which are still loved by the Chinese people.

Its types of facial make-up for different characters have special designs and colors so as to highlight their personalities and show praise or denunciation. For instance, red means loyal and brave, black suggests rough and straightforward, and white points to craftiness and treachery. The types of facial make-up in Beijing opera are the most typical art of facial make-up in operas.

练习 Exercises

一、三人谈。

木　村：苏姗娜，你来北京后，常逛商场吗？

苏姗娜：那当然。我最爱逛北京的文化市场。

高天翔：北京是历史悠久的文化古都，书市、书画店、古玩店、博物馆都十分有逛头。

苏姗娜：你说的这些地方，我差不多都跑遍了。中国的传统文化，确实让人陶醉。

木　村：你只是在这些地方寻求精神享受，没有买点儿什么？

苏姗娜：怎么能不买？多么精妙绝伦的艺术品啊！

高天翔：你是艺术品收藏家？

木　村：不，苏姗娜是位实业家，她是看中了珍贵艺术品的巨大增值能力。

高天翔：这么说，目前只是一种投资，等待日后的高回报。苏姗娜，是这样吗？

苏姗娜：也许吧，不过我可没有想那么远。其实，我对另一类文化商品更感兴趣。

木　村：我能猜到。

高天翔：什么？

木　村：音像制品，对不对？

苏姗娜：对！歌曲CD、电影光盘，在北京的大街小巷，很多地方都可以看到，生意十分火爆。

高天翔：这说明古都北京也充满了现代生活气息。

苏姗娜：不过，音像市场上的盗版、侵权现象也很严重。

木　村：这个现象我也注意到了，这是一个十分重要的知识产权问题。

高天翔：据我所知，中国政府非常重视这个问题，持续不断地采取措施，坚决打击非法盗版行为。

苏姗娜：这方面的情况，我可能比你们二位清楚，我很敬佩中国政府在这方面取得的成就。

二、模仿上面的例子，就课文中感兴趣的话题，开展自由交谈。

三、词语练习。

1. 注音解词

供不应求（应△）　奇货可居（居△）　令人瞩目（瞩△）　待价而沽（沽△）

2. 写短语

（动）______市场　　市场______（名）

（动）______市场　　市场______（名）

（动）______市场　　市场______（名）

3. 选词填空

投资	研究	出于	偏爱	嗜好
鉴赏	获取	增值	纯粹	无异于

求购和收藏艺术品________求购和收藏历史，而历史是永恒的、无价的。一些人，可能________对收藏的________和对历史的________，________

是为了个人的________和历史________而求购和收藏艺术品的；但也有不少人，深知珍贵艺术品的________能力，求购和收藏艺术品，是一种可以________巨额利润的________。

四、听课文录音，回答问题。

1. 投资中国文化商品市场的都是什么人？经营形式有哪些？
2. 中国实行改革开放以来，文化商品市场已经形成了怎样的局面？
3. 中国政府哪年允许在若干城市试办拍卖市场？第一次司法委托拍卖活动在何年何月何地举行？
4. 中国文化商品市场与经济发达国家相比存在哪些差距？

五、自由讨论。

1. 你去过哪些中国文化商品市场，谈谈你的印象和感受。
2. 你对中国的哪类文化商品市场感兴趣？你认为最有中国特色的文化商品市场是什么？
3. 请谈谈贵国的文化商品市场，谈谈它的特色以及与中国文化商品市场的异同。

六、举例说明下面的现象。

1. 奇货可居
2. 商品越具有不可复制性，可能售价越高。
3. 市场规律，常常不以人的意志为转移。

七、朗读并口述下面的短文。

说“奇货可居”

战国末年，卫国濮阳（今河南安阳滑县）人吕不韦，是一个大富商。一天，他做生意到了赵国都城邯郸（今属河北），遇到异人（秦国送到赵国的人质），心想，这可是一宗不可多得的“奇货”。吕不韦认为：农民种地，获利不过十倍；买卖珠玉，获利至多也不过百倍；如果帮一个人当上皇帝，能获利多少呢？那就无法计算了。吕不韦知道，异人的生母失宠，生父安国君（秦昭王太子）宠爱的华阳夫人却又无子。于是，一个囤积居奇、待价而沽的计划在吕不韦心中形成了。吕不韦把全部家产，一半给异人，让他招贤纳士，广交诸侯；一半买了珍宝奇玩，亲自带到秦国，贿赂华阳夫人，并劝说她收养异人为子。华阳夫人果然同意了。后来，异人以太子继王位，是为秦庄襄王，他任命吕不韦为相国。庄襄王的儿子就是后来的秦始皇。秦始皇继位后，尊吕不韦为“仲父”。长期的投资，终于得到了回报。史载吕不韦权倾朝野、家产无数，仅私家仆役就逾万人。

其实，从古至今，商人都懂得“奇货可居”的生意经。一个中国画家珍藏着三幅古代名画，是他祖传的绝品，一个外国商人想乘画家急于出手之机，压价全部收购。画家一怒之下，当着商人的面，烧掉了三幅中的两幅。商人在短暂惊愕之后，立即以超过原来收购三幅画的出价，买下了这仅存的一幅画。商人之所以如此，不就是因为“奇货可居”吗？

5

第五课

文化经纪人

Lesson 5　Cultural Brokers

在经济活动中，有一种从事特殊职业的人，他们既不是卖方，也不是买方；既不是商品的生产者，也不是商品的消费者，他们的名字叫“经纪人”。什么是“经纪人”呢？美国一位著名市场学家阐释说，经纪人是提供廉价代理人服务的各式中间人的总称。《中国经济大辞典》下的定义是：经纪人，是中间商人，旧时称“掮客”，处于独立地位，但自己不具有独立资本从事交易，只作为买卖双方的媒介，促成交易，从而赚取佣金的中间人。

中间商，是市场经济的产物。在资本主义市场上，有一般经纪人和交易所经纪人。前者通过为他人签订经济合同而获得报酬；后者则具有法定资格，并交纳税金，在交易所内代客进行买卖有价证券或某种商品，从而取得佣金。在旧中国，曾有过这两种经纪人，特别是所谓的“掮客”，在民间的自由市场上普遍存在，他们大多口齿伶俐，熟悉行情，善于揣摩买卖双方的心理。新中国成立后，在计划经济条件下，几乎一切商品都实行国家“统购统销”，经纪人失去了存在的必要和条件。1978 年实行改革开放以来，中国经济逐步实现从计划经济向市场经济的转轨，商业活动中的经纪人，又应运而生，并且逐渐从隐蔽走向公开，从非法走向合法。当然，今日的经纪人无论是个人素质、商业道德、活动能力，还是社会地位、个人收入，都与旧时的“掮客”不可同日而语了。

经纪人从事的业务范围很广，可以说，凡是有商品交换的地方，就有经纪人。业务量最大的，是以工业品、农副产品和日用消费品作为中介商品的经纪人。在经济发达的国家，这些人主要活动在交易所里。他们按照交易所严格的操作法规和操作程序，从事现货交易或期货交易。股票交易所也是他们活动的一个重要场所。此外，还有一种文化经纪人。什么是“文化经纪人”呢？顾名思义，就是专门为文化商品的买卖双方提供代理服务的中间商人，他们是连接精神产品的生产者和消费者的中介与桥梁。

随着中国市场经济的发展，精神产品，包括诗歌、小说等文字作品，影视作品，音乐、舞蹈、绘画等艺术作品以及工艺美术作品，都已进入市场，成为有艺术价值、审美价值和商品价值的文化商品。科研技术成果，也是一种特殊的精神文化产品，它不是供观赏用的，它只有转化成生产力，才能实现自己的价值，如果不能实现转化，精神的东西就会付诸东流，更不会自动变成物质的东西。

中国历史上出现过大批卓越的国画大师，他们的许多作品，都是我们国家的宝贵文物；中国当代画坛，也是人才济济，无论是他们的国画还是油画，都在世界上享有很高的声誉。以前中国消费水平比较低，大师们的作品难以俏销市场，海外有雄厚资本的企业家、收藏家、画廊、博物馆，看到了中国艺术市场的巨大潜力，像淘金大队一样，大规模地开进了中国。从中国的画展、画廊或拍卖行公开收购，是一条途径；而更多的是为中国画家做经销代理，甚至在一定时期全部包销画家的作品。多年压在画家手里的作品，终于走向了市场。另外，过去中国的科研成果持有者和需求者之间只能采取“一对一”的直接贸易方式，为把一项科研成果转化成生产力，科学家们亲自奔走多年而无结果。在很长的时期里，中国的科研成果转让率不足20%，科技转让急需中介。同时，文化经纪人的出现，使作家、艺术家、科学家可以潜心于精神产品的生产，而把产品的转让、出售交给经纪人去做；消费者为了获得精神文化的满足，也有了更方便、更畅通的途径。

什么人可以成为文化经纪人呢？换句话说，文化经纪人应该具备什么条件呢？市场供求规律就像万能的上帝，创造了商场中的各种人才，文化经纪人则是其中相当特殊的一种。他们要有较高的文化艺术修养，广泛的社会关系，丰富、高效的企业管理经验以及广博的法律知识。具备了这些条件，才可能取得供需双方的信任，才有资格做双方的代理人，并为他们提供满意的服务。很难想象，一个“乐盲”可以代表歌星同制片公司洽谈录制唱片的业务；同样难以想象，一个对绘画一窍不通的“色盲”，可以对一幅价值连城的油画说出个子丑寅卯，而使顾客心醉神迷，心甘情愿解囊求购。相反，中国南方某大城市的一个经纪人，凭着他敏锐的艺术嗅觉和谙熟观众心理的特长，为该市一个地方剧团和观众牵线搭桥，不断组织公开演出，在短短两年时间里，使剧团起死回生，转亏为盈。由此可见，一般商人需要文化修养，文化经纪人更需要文化修养。

事实上，中国的文化经纪人大多是文化人出身，他们最初的动机，是深感筹集文学艺术经费的困难，想兴办第三产业，为文学艺术界筹集一些资金，而文化人传统的社会责任心和自身的特点，又使他们兴办的第三产业无法脱离文化，于是，自然而然，他们就成了文化经纪人；也有的文化经纪人，是市场经济中的激烈竞争把他们“逼上梁山”的。有一个美术学院的学生，在校时，是班上名列前茅的高才生，然而因为没钱办个人画展，只能眼睁睁看着同窗学友借办个人画展向社会展示自己的才华。后来，他认识了一个女孩，这个女孩神通广大，一下给他拉到足够办两次个人画展的赞助。于是这位高才生，不鸣则已，一鸣惊人。他从自身的经历中，深深悟到金钱对艺术的巨大制约和驱动作用。此后，他成了一名画坛经纪人。

有一个出身艺术世家的影坛新星，正当他处于艺术的上升时期时，却遇到一个大转折，成为了一名文化经纪人。他说：“我不仅要会表演，还要会经商。”“文化艺术的发展日渐窘迫。商品社会的竞争告诉我，中国不仅需要执着于艺术的文化人，更需要善于驾驭商品大潮的文化企业家。我跳出影坛，介入经济活动，就是要赚取更多的钱，为文化事业服务。”经过几年的艰苦奋斗和曲折磨难，他终于创建起一家有限公司，经营宾馆、酒楼、商场、电影院，固定资产达数千万元，成为文艺界第一个大的文化企业家。他感慨于中国画坛名家辈出，却由于没有书画拍卖市场，不少书画精品被海外书画商和经纪人低价买走，以高价在海外拍卖，于是，他敲响了中国书画拍卖会的第一槌，实实在在做起文化经纪人来。

在中国文化市场上，已经出现了众多的、不同艺术门类的经纪人，什么图书出版经纪人、演出经纪人、体育比赛经纪人、广告经纪人、模特经纪人，此外还有相当一批艺术界明星、“大腕”的私人经纪人。国际间文化交流日益频繁，外国文学、艺术需要在中国开拓市场，寻求知己；不少外商更想在中国文化市场直接投资，兴办文化商品的经营实体。这样，经纪人的活动，就不再局限于为国内的供需双方提供服务，他们已开始走向国际市场。在南方某名山脚下的一个古镇上，有一个别致的小画屋。小画屋的主人，擅长风格独特的拼贴画。名山、名镇、名画引来络绎不绝的海内外宾客。他本来只卖自己的作品，后来为满足外宾的需求，专心做起了画坛经纪人，经常拿着当代大画家的作品，出入于北京、上海等大城市的高级宾馆，同外商洽谈业务，从中赚取佣金。现在，全国各地都有一些具有相当规模和实力、从事国际文化交流的中介机构和中介公司，他们的操作规范，经营活跃，参与了许多重大的文化交流项目的策划、宣传、组织和经销活动，取得了可观的社会效益和经济效益。

文化经纪人，现在几乎已经渗透到社会文化生活的一切领域，而且吸引越来越多的人选择了经纪人的职业。他们的活动结束了文化人就是文化人，商人就是商人的传统模式，使文化商品市场充满了活力，也充满了竞争和希望。

生词
New Words

1. 经纪人	jīngjìrén	broker
2. 阐释	chǎnshì	to explain
3. 掮客	qiánkè	broker
4. 资本	zīběn	capital
5. 媒介	méijiè	medium
6. 交易所	jiāoyìsuǒ	(stock) exchange
7. 资格	zīgé	qualification
8. 证券	zhèngquàn	securities
9. 口齿伶俐	kǒuchǐ línglì	to be fluent and eloquent
10. 揣摩	chuǎimó	to figure out
11. 转轨	zhuǎnguǐ	to shift
12. 隐蔽	yǐnbì	secret
13. 公开	gōngkāi	open
14. 非法	fēifǎ	illegal
15. 同日而语	tóngrì'éryǔ	to be mentioned in the same breath
16. 程序	chéngxù	procedure
17. 现货	xiànhuò	merchandise on hand
18. 中介	zhōngjiè	intermediary
19. 桥梁	qiáoliáng	bridge
20. 审美	shěnměi	aesthetic
21. 生产力	shēngchǎnlì	productivity
22. 实现	shíxiàn	to realize
23. 付诸东流	fùzhū-dōngliú	to become void
24. 卓越	zhuóyuè	outstanding
25. 人才济济	réncái jǐjǐ	abundance of capable people
26. 俏销	qiàoxiāo	to have a ready market
27. 画廊	huàláng	art gallery
28. 博物馆	bówùguǎn	museum

29. 淘金	táojīn	to wash (sand) for gold
30. 途径	tújìng	way
31. 奔走	bēnzǒu	to run about
32. 潜心	qiánxīn	to concentrate on
33. 广博	guǎngbó	wide and proficient
34. 信任	xìnrèn	to trust
35. 唱片	chàngpiàn	disc
36. 子	zǐ	*first of the twelve Earthly Branches*
37. 丑	chǒu	*second of the twelve Earthly Branches*
38. 寅	yín	*third of the twelve Earthly Branches*
39. 卯	mǎo	*fourth of the twelve Earthly Branches*
40. 心醉神迷	xīn zuì shén mí	to be overwhelmed with admiration; ecstatic
41. 心甘情愿	xīngān-qíngyuàn	willingly
42. 解囊	jiěnáng	to open one's purse
43. 敏锐	mǐnruì	sharp
44. 嗅觉	xiùjué	sense of smell
45. 谙熟	ānshú	to be proficient in
46. 动机	dòngjī	motivation
47. 筹集	chóují	to raise (money)
48. 逼上梁山	bīshàng-liángshān	to be driven to join the Liangshan rebels, to be dirven to do something
49. 名列前茅	mínglièqiánmáo	to be among the best of the successful candidates
50. 同窗	tóngchuāng	schoolmate
51. 才华	cáihuá	talent
52. 神通广大	shéntōng guǎngdà	to have great ability
53. 赞助	zànzhù	to sponsor

54. 一鸣惊人	yìmíng-jīngrén	to startle the world with a single brilliant feat
55. 制约	zhìyuē	restriction
56. 窘迫	jiǒngpò	hard-pressed (for money)
57. 执着	zhízhuó	devoted
58. 驾驭	jiàyù	to rein, to control
59. 曲折	qūzhé	zigzag
60. 磨难	mónàn	suffering
61. 感慨	gǎnkǎi	to sigh with emotion
62. 名家辈出	míngjiā bèichū	great masters abound
63. 频繁	pínfán	frequent
64. 实体	shítǐ	entity
65. 局限	júxiàn	to be confined to
66. 别致	biézhì	unique
67. 擅长	shàncháng	to be skilled in
68. 络绎不绝	luòyì bù jué	endless stream of
69. 策划	cèhuà	planning
70. 渗透	shèntòu	to permeate
71. 模式	móshì	mode

注 释
Notes

1 统购统销

新中国成立后，实行计划经济，"统购统销"是其中一项重要政策。基本内容是，国家对关系国计民生的某些重要商品，如粮食、食油、棉布等，按规定的品种、数量、价格，由国家向生产者下达生产任务，产品全部由国家统一收购；然后，再由国家指定的商业部门，对城镇居民和需用单位有计划进行统一分配和供应。"统购统销"政策，对稳定市场，保障人民生活和新中国的社会主义建设，起过重要作用。随着中国社会经济的发展和市场经济体制的建立，由国家统购统销的商品逐渐被放开，转入市场自由贸易。

State monopoly for purchase and marketing

After the founding of New China in 1949, the country practiced a planned economy, and the state monopoly for purchase and marketing was an important policy. Its major content was that, for those important commodities that had bearing on the national economy and people's livelihood such as grain, edible oil and cotton cloth, the government assigned production quotas to the producers for fixed varieties, quantities and prices, and the government would purchase all the products. Then the government, through designated commercial departments, allocated and distributed these products to city and town residents and other institutions according to a unified plan. The policy of "state monopoly for purchase and marketing" once played an important role in stabilizing the market and safeguarding people's livelihood and the socialist construction of New China. Along with the development of China's economy and the establishment of a socialist market economy, the government has loosened its control on the commodities under state monopoly, and turned them into markets for free trade.

2 子丑寅卯

中国古代用“干支”记载年、月、日。甲、乙、丙、丁、戊、己、庚、辛、壬、癸，为“天干”；子、丑、寅、卯、辰、巳、午、未、申、酉、戌、亥，为“地支”。以十“天干”与十二“地支”循环相配，可成甲子、乙丑、丙寅……60组，习惯称为“六十花甲子”。至今，中国农历仍以干支记年，如公元2008年中国农历叫“戊子年”，2017年叫“丁酉年”。人到60岁，习惯叫“花甲之年”或“人届花甲”。谚语有“寅吃卯粮”，意思是当年吃了下一年的粮食，比喻入不敷出，预先支用了以后的进项。谚语又有“说不出个子丑寅卯”，比喻心中无数，说不清楚，如数不清年、月、日一样。

Zi, Chou, Yin, Mao

In ancient China, days, months and years were kept by using the Heavenly Stems and Earthly Branches. The ten Heavenly Stems are: *Jia*, *Yi*, *Bing*, *Ding*, *Wu*, *Ji*, *Geng*, *Xin*, *Ren*, and *Gui*. The twelve Earthly Branches are: *Zi*, *Chou*, *Yin*, *Mao*, *Chen*, *Si*, *Wu*, *Wei*, *Shen*, *You*, *Xu*, and *Hai*. If we take one from each set, we can make 60 different combinations, such as *Jiazi*, *Yichou*, *Bingyin*, etc., habitually referred to as a cycle of sixty years. Up to now, the Chinese lunar calendar still uses Heavenly Stems and Earthly Branches to keep the years. For instance, 2008 is the year of *Wuzi* by the lunar calendar, and 2017 is the year of *Dingyou*. A person at the age of 60 would be in the year of a full cycle. There are also such idioms as: "Consuming the grain of the year of *Mao* in the year of *Yin* ", meaning metaphorically to eat next year's food, i.e., income falling short of expenditure, and using future entries in advance; and "unable to make clear the *Zi*, *Chou*, *Yin*, and *Mao*", meaning having no idea of how things work, failing to come out with a coherent story, just as unable to make clear the year, the month and the day.

3 逼上梁山

《水浒传》中的故事。《水浒传》是中国著名的古典长篇小说。书中描写了北宋末年以宋江为首、以一百单八将为核心的农民起义。“逼上梁山”是写林冲投奔梁山的经过；“梁山泊”（在今山东境内）是农民起义军的根据地。林冲原是东京（今河南开封）80 万禁军教头，武艺高强，尽忠尽职。后遭奸臣高俅父子陷害，家破人亡，走投无路，终于被逼上梁山，成为起义军的重要将领之一。后来，人们常用“逼上梁山”比喻因某种情形逼迫而不得不做某事。

Be driven to join the Liangshan rebels

This is a story in *Outlaws of the Marsh*, which is a famous Chinese classic novel. It describes a farmer uprising towards the end of the Song Dynasty with 108 brave men and women headed by Song Jiang as the center. “Driven to join the Liangshan rebels” was the story about how Lin Chong was driven to join the Liangshan rebels. Liangshan Mountain (in present-day Shandong Province) was the stronghold of the farmer uprising. Lin Chong used to be an imperial military instructor of the 800,000 garrison troops of the capital (now Kaifeng, Henan Province). He excelled in martial arts, was loyal and did his duty well. Later he was framed by the vicious Prime Minister Gao Qiu and his son, who ruined his family and forced him to come to a dead end, and he was driven to go up the Liangshan Mountain and become an important leader of the uprising. Later, this phrase was often used metaphorically to mean that someone was driven to take a certain action.

练习 Exercises

一、三人谈。

高天翔：木村，我有一个问题，一直想问你。

木　村：什么问题？

高天翔：上次我们在聊文化商品市场时，你怎么猜到苏姗娜对音像市场更感兴趣？

木　村：噢，苏姗娜说，她将来要做一个文化经纪人。

苏姗娜：是啊，我对文化太感兴趣了！

高天翔：我爷爷在中国的时候，就是经纪人，那时叫“掮客”，名声可不大好，新中国成立后，就没有这个职业了。

木　村：时代不同了，中国现在的交易市场上，经纪人已经十分活跃了！

苏姗娜：可不是！我在中国，参加了几次艺术品拍卖会，也去参观过石油、棉花期货交易市场，就看到许多出色的经纪人。

高天翔：哦，我爷爷肯定没有想到中国会有这种变化！

苏姗娜：不过，中国的交易所市场，发育还不够成熟，优秀的经纪人还太少，许多应该进入交易所市场的商品，还没有进入交易所市场，经纪人的作用还没有得到充分发挥。

木　村：嗬，看来你真是这方面的专家！

苏姗娜：哪儿啊，我只是比较留心就是了。

高天翔：那么，你对如何在中国做好文化经纪人，是不是有了成熟想法？

苏姗娜：是的。我想从事中美两国文化的交流工作。

高天翔：这方面确实大有可为。中国的传统书画艺术品，京剧、歌舞、杂技都是世界上独一无二的。

苏姗娜：中国人对美国的音乐、电影也有极大的兴趣。

木　村：中美双方的文化艺术品，都可以通过合法的中介机构或中介公司，进行广泛的交流。

苏姗娜：我会成为受中国人民欢迎的文化使者。

高天翔：祝你成功！

二、模仿上面的例子，就课文中感兴趣的话题，开展自由交谈。

三、词语练习。

1. 写短语

独立____（名）　揣摩____（名）　从事____（动）

独立____（动）　熟悉____（名）　赚取____（名）

（动）____频繁　（形）____解囊　（形）____竞争

2. 成语填空

人才____　名列____　顾__思__

心__情__　雷__风__　付诸____

____不绝　应运____　不鸣____，一鸣____

四、选词填空。

① 只有……才……，如果……就……
② 无论……还……
③ 既……也……；既……也……

1. 在经济活动中，有一种从事特殊职业的人，他们________不是卖方，________不是买方；________不是商品的生产者，________不是商品的消费者，他们的名字叫“经纪人”。
2. 当然，今日的经纪人________是个人素质、商业道德、活动能力，________是社会地位、个人收入，都与旧时的“掮客”不可同日而语了。
3. 科研技术成果，也是一种特殊的精神文化产品，它不是供观赏用的，它________转化成生产力，________能实现自己的价值，________不能实现转化，精神的东西________会付诸东流，更不会自动变成物质的东西。

五、听课文录音，回答问题。

1. “经纪人”是从事什么工作的人？
2. 在资本主义市场上，有哪两种经纪人？谈谈他们的业务范围？
3. 文化经纪人是干什么的？文化经济人应具备什么条件？
4. 改革开放后，在中国文化市场上出现了哪些不同门类的经纪人？他们有什么特色？

六、自由讨论。

1. 你的朋友和熟人中有经纪人吗？能否谈谈他们的工作、思想？
2. 请介绍一两位贵国的比较有名的文化经纪人，谈谈他们的工作业绩。
3. 你对经纪人工作怎么看？

七、朗读并口述下面的短文。

说“为人说项”

唐朝中期，朝廷最高学府的长官杨敬之，特别爱惜人才，得知诗人项斯，隐居山林，作了三十年的诗，仍然不被世人知晓，逢人便说项斯的好话。他还写了一首诗:“几度见诗诗总好,及观标格(品格)过于诗。平生不解藏人善,到处逢人说项斯。”后来,人们就把替人说好话叫“为人说项”。

可是有些人好像不明白这个道理。据说,某公司总裁收到一家艺术公司送来的舒伯特《未完成交响曲》演奏会入场券,他因事不能去,便让公司顾问去。事后,总裁问顾问音乐会怎么样,顾问回答说:“四位双簧管手,大部分时间无所事事,他们的工作可由别人代替;十二位小提琴手演奏的是相同音符,此种重复毫无必要,如需加大音量,可用电子扩音器;弦乐组演奏过的乐段,小号手没必要再重奏一遍,若删繁就简,音乐会可由两小时缩短到十分钟。”总裁听了,不禁大笑,说:“人家请我们公司去听音乐会,是要我们为他们宣传,要是照你这么去做广告,不仅没人去听,恐怕连音乐会也开不成了!”

你听了上面的故事,有什么感想呢?

6

第六课

文化搭台 经济唱戏

Lesson 6 Culture Puts up the Stage and Economy Sings the Opera

“文化搭台，经济唱戏”，是20世纪90年代后期流行起来的一句时髦话，也是为了发展经济，而扯起文化的旗帜，寓商于文，以文招商。所谓“文化搭台”，就是利用开展各种文化活动，提供一个表演舞台，招徕八方观众；所谓“经济唱戏”，即是让“经济”这个“演员”登台亮相，以博得观众（八方客商）的青睐。“文化搭台，经济唱戏”，只是一个生动的比喻，其实就是利用文化活动吸引游客和商人，以便开展经济贸易活动。它是一种集文化、旅游、经贸为一体的以文促商形式。

这种形式，虽然是在20世纪八九十年代才变得特别时髦，但它的历史其实是源远流长。在中国，自古就有大大小小的庙会。庙会，本是为了祭祀祖先、拜神礼佛而举办的，是朝圣者的盛典，也是平民百姓的节日。一到会期，人流从四面八方涌向一乡一地。于是，在庙会祭祀活动之外，又有了两大活动。一是举办丰富多彩的文艺表演，什么杂耍、皮影、高跷、旱船、逗狮子、扭秧歌，可以说一个地方有一个地方的民间艺术；同时有买有卖，地方小吃、农副土特产品、外地新鲜百货，应有尽有。大的庙会，更是商贾云集，生意兴隆。人们逛庙会，总是看、玩、吃、买卖兼而有之。旧时的庙会，虽然都是群众自发的，处于相沿成习的自然状态，不过，因为有上述特点，庙会也确实是一种有浓厚民风、民俗特色和大众心理基础的社会文化现象，同时又是广大群众乐于参与的社会经济活动。在旧时，庙会对活跃一地一乡的文化和经济生活，起过不少的积极作用。随着中国经济的飞速发展，人们的观念变了，视野开阔了，发现辉煌灿烂、博大精深的华夏文化对世界各国人民具有无限的魔力。用自己的传统文化优势去吸引外商，比那种简单地就贸易谈贸易，就投资谈投资，更容易，也更有效益，更有成果。人们看到了庙会活动中经济与文化相结合、相促进的积极效应，创造出一种崭新的活动方式。“文化搭台，经济唱戏”，就这样产生了，并逐渐成了全国各地发展经济的一个重要措施和手段。由于中国历史悠久，地域广阔，民族众多，各地都有自己独特的文化优势，于是各种名目、各具特色的“节”“会”，此起彼伏，层出不穷。

闻名全国的“中国艺术节”，是由中国文化部等政府有关部门和地方联合组织的。每一届艺术节，都经过精心策划，周密组织，规模宏大，前往的中外旅游者和客商达数十万乃至上百万。节会期间，一面举行各种文化活动和大型文艺演出，一面举行各种商务洽谈。第三届艺术节在云南昆明举行。中国有56个民族，在云南居住着彝、苗、壮、白、傣、哈尼等20多个少数民族，占全省人口的1/3，是中国少数民族最多的省。艺术节充分展示了中国各少数民族绚丽多彩的民族风情和民族文化。第四届艺术节在甘肃兰州举行，甘肃有辉煌灿烂的敦煌文化。一台《敦煌古乐》演出，再现了1000年前盛唐世俗歌舞音乐的魅力。这台音乐，是迄今发现的世界上最古老的歌舞音乐。《敦煌古乐》的成功演出，震惊了中外，也为甘肃艺术节增添了光彩。各届“中国艺术节”，都有独具特色的艺术杰作和文化精品，各地充分利用这种文化优势，大做经济文章，商务活动异常活跃，经济效益十分可观。

此外，地方性的文化节也办得有声有色。从全国来看，影响大、效果好、最引人注目的地方性“节”“会”，恐怕要首推一年一度的“国际孔子文化节”。一批批中华儿女及国际友人慕名而来，宾朋云集曲阜，小城热闹非凡。曲阜人把孔子的名言“有朋自远方来，不亦乐乎！”写成巨型横幅，悬挂在各处；孔府、孔庙、孔林、孔府文物档案馆以及诸多圣迹，也敞开大门，迎接宾客；大成殿前松柏青翠，古乐悠悠，孔子当年一闻而“三月不知肉味”的《韶》乐，仿古“祭孔”的乐舞，把人们带进了遥远的年代和古老的艺术天地；在孔子、儒学学术讨论会上，海内外专家学者贯穿古今，融通中外，盛赞孔子、儒学的历史作用，展望孔子、儒学将对现代文明产生的巨大影响；中美合资兴建的“孔子六艺城”，是一座大型游乐场，现代游乐设施和古老游艺项目巧妙结合，令人乐而忘返；当年孔府后门外的“作坊街”，现在也整饰一新，经营饮食、地方工艺品、文房四宝的店铺，令人驻足流连。曲阜人借助曲阜浓郁的儒学文化特色，在“国际孔子文化节”期间，积极开展旅游、经贸活动，组织孔子故里游，举办地方产品展销会，项目投资洽谈会，技术改革项目论证会，每年给曲阜人民带来高达数十亿元的经济效益。此外，北京地坛庙会、白云观庙会、国际少林武术节、泰山国际登山节、黄山国际旅游节、哈尔滨冰雪节、潍坊国际风筝节，都是蜚声中外的文化与经贸结合的大型“节”“会”。

这些地方性“节”“会”，之所以越办越红火，主要是发挥了它们各自的独特优势。首先是地理和人文优势，如曲阜、黄山、泰山、嵩山、武当山，都是旅游胜地，不仅有优美的自然景观，而且有丰富的人文景观；有些景点，不只是山川风物之美，还是宗教文化胜地。“节”“会”活动与凭吊历史名人相结合，与宗教文化相结合，集朝圣、观光、经贸于一体，对各路客商具有特殊的吸引力。在武当文化节上，一家商店买进工厂积压的汗衫，在上面印上武当历代道教名人或武林高手的肖像，游客争相抢购，积压产品很快销售一空，就是一个利用地理和人文优势，巧做经济文章的例子。

其次是物产优势，拿出独具特色的地方名、优、土特产品，以物招商。如河北国际药材节、新疆吐鲁番葡萄节、浙江绍兴黄酒节、北京大兴西瓜节，都是以当地的特产吸引八方客人。我们再说到“国际孔子文化节”，节上的“孔”字牌产品如曲阜“三宝”：孔子诞生地尼山的石砚、孔林中的楷木木雕和孔庙石碑碑帖，都是当地所有、异地所无的绝好纪念品。“孔府家酒”，曾两度获国际金奖，出口额超过全国十大名酒，据说它并不完全是因孔家名气，它还得利于“水”。曲阜人世代传说，孔子从小就喝尼山“圣水”，所以大脑特别发达，终于成了圣人。“孔府家酒”就是用尼山“圣水”酿造的。传说虽是传说，而今天的科学化验证明，尼山水确实含有丰富的微量元素，有益大脑发育和身体健康。在湖州丝绸文化节上，接待员、服务员、导游、演员，个个穿着华贵艳丽、款式新颖的丝绸服装，全市成了丝绸时装表演大舞台；他们生产的各种丝绸面料和丝绸时装，既有民族特色，又不乏时代感，一时成为抢手货，订货合同源源不断。

“文化搭台，经济唱戏”需要条件。从那些办得成功的“节”“会”来看，虽然各地有不同的优势，但无一例外地具备了三个条件：即文化、产品、配套设施与服务。如果“文化节”徒有虚名而无文化，便失去了吸引人的魔力，是招不来客人的；反过来，虽有文化，要是没有过硬的地方拳头产品，就好像舞台上没有演员，戏也唱不起来，须知中外客商的最终目的是要做生意的；此外，如果交通、通讯、金融设施落后，社会治安、环境卫生、生活服务跟不上，也会吓跑客人。不能看见别人“以文促商”搞得红红火火，就不顾自己是否有条件，也去挖空心思搞一个什么“节”“会”。否则，不仅没有效益，反而劳民伤财，造成重大经济损失。

中国是一个具有悠久传统文化的古国，也是一个经济还不太发达的发展中国家，挖掘、整理、弘扬传统文化，创造优越的现代化设施，促进国内经济和对外贸易的发展，还有许多事可做。当然，这需要大量资金、人力、物力。一些熟悉中国文化、又有远见卓识的外国企业家，已经看到“文化搭台，经济唱戏”的广阔天地和辉煌前景，纷纷进入中国市场，开发旅游文化项目。合资建设深圳华夏微缩景观——锦绣中华，合资开发黄山旅游区等，就是其例。这些合资项目的开发，借助强劲的文化拉力，给中外双方都带来了可观的经济效益。可以相信，中外企业家联手，凭借中国文化的大舞台，一定会导演出异彩纷呈、美妙动人的连台好戏。

生 词
New Words

1. 搭台	dātái	to put up the stage
2. 唱戏	chàngxì	to sing the opera
3. 旗帜	qízhì	banner
4. 登台	dēngtái	to go on stage
5. 亮相	liàngxiàng	to appear on the stage, to make one’s appearance
6. 博得	bódé	to win
7. 青睐	qīnglài	favor
8. 源远流长	yuányuǎn-liúcháng	to have a distant source and a long course
9. 祭祀	jìsì	to offer sacrifices to
10. 朝圣	cháoshèng	pilgrimage
11. 盛典	shèngdiǎn	grand ceremony
12. 高跷	gāoqiāo	stilt walking
13. 自发	zìfā	spontaneous
14. 相沿成习	xiāngyán chéng xí	to become common practice through long usage
15. 浓厚	nónghòu	strong
16. 参与	cānyù	participation
17. 视野	shìyě	horizon
18. 开阔	kāikuò	to broaden
19. 博大精深	bódà-jīngshēn	brilliant and profound

20. 无限	wúxiàn	boundless
21. 魔力	mólì	magic power
22. 效应	xiàoyìng	effect
23. 崭新	zhǎnxīn	completely new
24. 措施	cuòshī	measure
25. 名目	míngmù	items
26. 此起彼伏	cǐqǐ-bǐfú	to rise one after another
27. 层出不穷	céngchū-bùqióng	to emerge in an endless stream
28. 精心	jīngxīn	elaborate
29. 周密	zhōumì	careful, thorough
30. 绚丽	xuànlì	bright and colorful
31. 世俗	shìsú	secular, worldly
32. 迄今	qìjīn	up to now
33. 震惊	zhènjīng	to amaze
34. 增添	zēngtiān	to add
35. 光彩	guāngcǎi	splendor
36. 杰作	jiézuò	masterpiece
37. 异常	yìcháng	extremely
38. 有声有色	yǒushēng-yǒusè	full of sound and color
39. 慕名	mùmíng	out of admiration for a famous person (or place)
40. 悬挂	xuánguà	to hang
41. 档案	dàng'àn	archives
42. 圣迹	shèng jì	sacred relics
43. 敞开	chǎngkāi	to open
44. 遥远	yáoyuǎn	faraway
45. 贯穿	guànchuān	to run through
46. 融通	róngtōng	to circulate
47. 展望	zhǎnwàng	to forecast
48. 乐而忘返	lè ér wàng fǎn	to enjoy oneself so much as to forget to go home

49. 作坊	zuōfang	workshop
50. 整饰	zhěngshì	to renovate and decorate
51. 驻足	zhùzú	to stop one's steps
52. 浓郁	nóngyù	(of fragrance) rich
53. 论证	lùnzhèng	to expound, to prove
54. 蜚声中外	fēishēng zhōngwài	to become famous both at home and abroad
55. 凭吊	píngdiào	to visit (a historical site, etc.) and ponder on the past
56. 积压	jīyā	to overstock
57. 道教	Dàojiào	Taoism
58. 武林高手	wǔlín gāoshǒu	master of the martial art circles
59. 肖像	xiàoxiàng	portrait
60. 诞生	dànshēng	to be born
61. 石碑	shí bēi	stele
62. 碑帖	bēitiè	rubbings from a stone inscription
63. 名气	míngqì	fame
64. 酿造	niàngzào	to make, to brew
65. 化验	huàyàn	test
66. 微量	wēiliàng	micro-
67. 元素	yuánsù	element
68. 华贵	huáguì	luxurious
69. 源源不断	yuányuán bú duàn	continuous flow
70. 徒有虚名	túyǒu-xūmíng	to have a false reputation
71. 通讯	tōngxùn	communication
72. 治安	zhì'ān	security
73. 挖空心思	wākōng-xīnsī	to rack one's brains
74. 劳民伤财	láomín-shāngcái	waste of money and manpower
75. 挖掘	wājué	to excavate
76. 整理	zhěnglǐ	to sort out
77. 弘扬	hóngyáng	to carry forward

78. 远见卓识	yuǎnjiàn zhuóshí	to have foresight and sagacity
79. 微缩	wēisuō	miniature
80. 锦绣	jǐnxiù	as beautiful as brocade
81. 强劲	qiángjìng	strong

注 释 Notes

1 华夏

华夏，古代汉族的自称，或称“诸夏”，或单称“华”，或单称“夏”，其源起和释义，有多种不同的说法。有的说，起于公元前 21 世纪至前 16 世纪的夏代。汉族何以自称“华夏”，一个共同的解释是地域辽阔（“夏”的本义是“大”）、文化发达（“华”的本义是“花”，是“繁荣”）的中原地区，与“华夏”相对而言的边远地区，古称“夷”或“外夷”。经过漫长的历史岁月，中原各族和边疆各民族逐渐融合，形成一个多民族的大家庭，“华夏”也就成了整个中华民族的代称。侨居国外的中国人，就称为“华侨”“华裔”。

Huaxia

Huaxia was how the ancient Han people referred to themselves, other names being Zhuxia, Hua, or Xia. There are different versions for its origination and explanation. Some said that it dates back to the Xia Dynasty from the 21st century to the 16th century B.C. A common explanation for the Hans to call themselves “Huaxia” is the Central Plains which were vast in territory (the original meaning of “Xia” was “big”), with a highly developed culture (the original meaning of “Hua” was “flower” and “flourish”), contrasted with the remote area which was called in ancient times Yi or Waiyi (foreign barbarian tribe). After a long history, the tribes of the Central Plains and the tribes of the frontier area gradually mixed, merging into a big family of multi-ethnic groups. Huaxia thus became the synonym of the entire Chinese people. The Chinese who live abroad are called Huaqiao (overseas Chinese), or Huayi (foreign citizen of Chinese origin).

2 敦煌

敦煌，属今甘肃省。古敦煌，是“丝绸之路”通往中亚和欧洲的交通要地。城东南 25 公里处有举世闻名的莫高窟。莫高窟凿于鸣沙山断崖上，上下 1—4 层不等，高低错落，窟洞外原有殿宇，并有木构走廊和栈道相勾连。莫高窟始凿于前秦建元二年（公元 366 年），武则天（唐高宗皇后，武周皇帝，公元 690—705 年在位）时已有窟室千余间，至今还保存有北魏至隋、唐、宋、元各代的洞窟 735 个，壁画 45000 多平方米，彩塑 2400 余尊。清朝末年，在莫高窟 17 洞发现了藏经室，内藏大量佛经、道经、儒家经典、史籍、诗歌、小说、民间文学、地方志等各种文献；此外，还有绢本绘画、刺绣数百件，包括了从公元 4 世纪到公元 14 世纪近十个朝代的珍贵文物。莫高窟是中国现存规模最大、内涵最丰富的艺术宝库。近年来，在敦煌艺术研究基础上创作的音乐、舞蹈，完美地再现了唐代艺术风貌，一时成为艺坛盛事。

Dunhuang

Dunhuang is situated in Gansu Province. The ancient Dunhuang was an important place on the "Silk Road" leading to Central Asia and Europe. Twenty-five kilometers to the southeast of the town is the world-famous Mogao Grottoes, which were cut on the cliff of Singing Sand Mountain. It has 1-4 levels in disorderly profusion. Outside the caves, there used to be temples, with wooden corridors connecting the plank road built along perpendicular rock faces by means of wooden brackets fixed into cliffs. The Mogao Grottoes were first cut in the second year of the reign of Jianyuan of the former Qin (366 AD). During the reign of Empress Wu Zetian (queen of Emperor Gaozong of the Tang Dynasty, and the empress of Wu Zhou, ruling from 690 to 705), there were already more than one thousand cave rooms. What remains today includes over 735 holes of the Northern Wei, Sui, Tang, Song and Yuan dynasties, the murals totalling more than 45,000 square meters, and over 2,400 colored sculptures. Towards the end of the Qing Dynasty, a depository of Buddhist scriptures was found in Hole 17 of the Mogao Grottoes, which contained various documents including Buddhist scriptures, Taoist scriptures, Confucian works, historical books, poetry, novels, folk literature, and local chronicles, as well as several hundred paintings on silk and embroideries, comprising precious cultural relics of nearly ten dynasties from the 4th century to the 14th century. The Mogao Grottoes are the artistic treasure house which is the largest in scale, and richest in content that has ever existed in China. In recent years, the music and dances that have been created on the basis of study and research into the art of Dunhuang have perfectly reproduced the style of the Tang Dynasty art, thus becoming a great event in the literary world.

3 六艺

课文中所说的"六艺"，是古代学校的教学内容，即礼、乐、射、御、书、数。礼，指祭祀、丧葬、朝见、交际、宴饮等各种礼制；乐，指音乐舞蹈；射，指射猎技巧；御，指驾驭车马；书，指学童习字教材；数，即数学。习"礼、乐"目的在修养和处世，以维护社会等级秩序；"射、御"是军事课程；"书、数"属文化知识。这些都是古代学童必须学习的内容。

The six arts

The six arts mentioned in the text were subjects for learning in ancient schools, namely, *Li*, *Yue*, *She*, *Yu*, *Shu*, and *Shu*. *Li* referred to rites that were observed in worshipping, funeral, meeting a king, hunting, socializing and dining. *Yue* referred to music and dance. *She* was archery; *Yu*, charioteering; *Shu*, reading and writing; and *Shu*, arithmetic. The mastery of all the six arts was required of ancient schoolchildren.

练 习
Exercises

一、三人谈。

苏姗娜：木村，你最近好几天没来上课，去哪儿了？

木　村：去山东曲阜参加“国际孔子文化节”了。

苏姗娜：你怎么不告诉我？

高天翔：你也想去？

苏姗娜：是啊！木村，快讲讲在文化节的见闻。

木　村：真是宾客云集，热闹非凡！

苏姗娜：我听说，这些年来，中国各处都在搞“文化搭台，经济唱戏”活动，可惜还没有机会去看看。

木　村：曲阜是孔老夫子的故乡，曲阜人充分发挥了当地儒学文化的优势。

高天翔：孔府、孔庙、孔林，都是世界著名的旅游胜地。

木　村：曲阜人就是在这些地方，举行大型祭孔乐舞表演，举办儒学文化展览和儒学文化国际研讨会。文化色彩十分浓厚。

高天翔：看来，曲阜的这个文化舞台搭得不错。

木　村：经济大戏唱得也很好。

苏姗娜：这恐怕才是你关心的。

木　村：是啊。我们公司也派了人来，参加了文化节上的项目洽谈。

高天翔：孔府家酒，孔府宴酒，都是山东的名牌产品……

木　村：不只这些，孔字牌的名、优、土特产品很多，所以文化节上商品交易和经贸洽谈十分活跃。

苏姗娜：听你这么说，“文化搭台，经济唱戏”确实是一种招商引资、促进地方经济发展的好形式。

木　村：没错。当然，文化节必须名副其实，必须要有地方文化和地方经济的双重优势才行。

苏姗娜：可惜，我没有身临其境，还没有你这样的体会。

木　村：别遗憾，告诉你一个好消息，由文化部和陕西省等联合举办的“第十一届中国艺术节”马上就要开幕了，这回规模更大，到时候你就可以大饱眼福啦！

苏姗娜：真的？那太好了，这次我一定不会错过良机！

二、模仿上面的例子，就课文中感兴趣的话题，开展自由交谈。

三、词语练习。

1. 写短语

____青睐	规模____	贯穿____	____积压	____纷呈
____组织	精心____	巧妙____	____中外	____艳丽

2. 成语填空

有__有__	博大____	__见__识	__有__有
徒有____	__民__财	相映____	此__彼__

四、选词填空。

1. “文化搭台，经济唱戏”，是20世纪90年代后期______起来的一句时髦话，也是为了发展经济，而______起文化的旗帜，寓商于文，以文招商。（流传、流通、流行；扯、拉、搞）
2. 每一届艺术节，都经过精心______，______组织，规模宏大，前往的中外旅游者和客商达数十万乃至上百万。（计划、规划、策划；周密、周到、仔细）
3. 艺术节充分______了我国各少数民族绚丽多彩的民族风情和民族文化。（展现、展示、展出）
4. 这些地方性“节”“会”，之所以越办越红火，主要是______了它们各自的优势。（发扬、发挥、发展）

五、听课文录音，回答问题。

1. “文化搭台，经济唱戏”是什么意思？
2. 第三届、第四届“中国艺术节”分别在什么地方召开？各自有什么特色？

3. 引人注目、办得红红火火的地方性文化节，你知道哪些？
4. “文化搭台，经济唱戏”需要哪些条件？为什么？

六、自由讨论。

1. 改革开放后，中国的经济有了很大的发展，民风民俗也随之变化。你能谈谈你的亲身感受吗？
2. 你或你的朋友参加过什么文化节吗？请谈谈你在文化节上的见闻。

七、朗读并口述下面的短文。

说“老少骑驴”

从前，有一个笑话，说的是一老一少牵了一头驴出门，开始的时候，老人骑在驴上，小的牵着驴走在前头，有人看见了就说：“老的不爱小的！”老人听了就下来，让小的骑，自己在前面牵驴，这时又有人说：“小的不懂敬老！”于是，老少都骑上驴背，不料又有人说：“这一老一小，怎么就不知爱惜牲口呢？”他们索性都下了驴，跟在驴后走，谁知招来更大的嘲笑：“牵着驴不骑，真是天大的傻瓜！”这下，这一老一小，可就不知该怎么办了。

“文化搭台，经济唱戏”对地方经济的发展，的确起过十分重要的作用。但戏法人人会变，巧妙各有不同。有的地方运用得好，有的地方则运用得不好，甚至弄巧成拙，或只有经济而无文化，或只有文化而无经济，或经济、文化都没有，只是劳民伤财赶时髦。于是，不少人对“文化搭台，经济唱戏”的口号提出了疑问：到底谁该是唱戏的主角呢？是经济还是文化？众说纷纭，莫衷一是。你能为“骑驴人”出个主意吗？

7

第七课

经济腾飞与民风渐移

Lesson 7 Rapid Economic Development and Gradual Changes in Folkways

古人说："仓廪实则知礼节，衣食足则知荣辱。"这句话的意思是说，人首先要求温饱，在实现温饱之后，才知道礼义廉耻，才会有时间，有情绪，有各种条件，去进行自我道德修养，去建造良好的人际关系。没有衣食温饱，一切精神追求都是空话；反之，衣食温饱，也必然带来精神生活的深刻变化，文化品味高了，精神追求多了，社会也会变得更加文明。高度文明的社会，是治世，是物质的极大丰富和社会进步的表现。当然，良好的社会道德和精神文明，不是自发的，是要通过"礼乐""教化"来培养的。这就是我们常说的"两手抓，两手都要硬"的道理。这种物质与精神的相互影响，虽是政治家和哲学家关心的命题，但对一个企业家来说，也是一个非常有趣而又非常重要的现象。

中国改革开放以来，国民经济飞速发展，广大人民的生活水平迅速提高，绝大多数中国人的生活，已由温饱型过渡到小康型。物质生活的变化，带来精神生活的深刻变化。人们的观念变了，情趣变了，生活习惯和方式变了，甚至连谈吐风度也变了。这些变化，伴随着经济的发展，还在每时每刻地发生着。民情风俗的变化，孕育出新的消费心理和消费方式，从而以无形的、强大的力量，改造旧有产业，呼唤新生产业，推动经济向更高层次发展。

中国是礼仪之邦，自古以来，就讲究礼尚往来，投桃报李。现在，人民生活好了，人情之风更盛，"礼尚往来"更不可少。无论婚丧嫁娶，探亲访友，还是提职升级，移居乔迁，都忘不了略备薄礼，以表心意。甚至外国人过的节，什么圣诞节、感恩节、情人节、愚人节，不少中国人也都借节传情，改善或增进人际之间的情谊。与此同时，送的礼物也在悄悄发生变化。三十年前，大家生活都不富裕，送的礼品多是糖果烟酒、被面床单、暖壶茶具、锅碗瓢盆一类的生活必需品，不值几个钱，却很实用。现在，谁家还缺这些？再送这些，收礼人瞧不上眼，嫌累赘傻气；送礼人也自觉穷酸寒碜，没有情调。于是，精巧高雅的工艺品、供人观赏的鲜花成了时髦的馈赠物，高档营养滋补品也是探亲访友的最佳礼品。现代礼品业因此悄然兴起。

我们的时代，是经济高速发展的时代，是信息化、智能化的时代，人们的生活节奏大大加快了，民风民情也随之发生了多方面的变化。快节奏、高效率的工作方式，曾经使很多人感到不适应；"出工不出力""一杯茶、一支烟、一张报纸过一天"的人生态度，再也维持不下去了；故步自封、循规蹈矩、平和中庸的处世哲学和人格惰性，受到了无情的冲击；时间就是金钱，就是效益，就是生命，一时成了最时髦的口号和信条；紧迫感、危机感似乎在困扰着每一个人。人与人之间的交往，再也看不到没完没了的"神侃"，而倒像是一次简单交易，交易目的——获得感情上的愉悦和满足，交易成本——金钱、精力和最有效的时间；过去，可以长夜促膝谈心的朋友，现在成了快餐式的朋友，甚至只剩下名片册里的头衔与通讯地址。交友需要花时间，可是似乎大家都觉得花不起太多的时间，打个电话问声好，聊上几句，就算有情有义了。这一切变化，为现代通讯业在中国的大发展提供了机遇。美国摩托罗拉公司因此在中国大展宏图，该公司的移动电话系统，曾一度在中国市场占据了最大份额；中国家庭电话普及率，也在以惊人的速度发展，像北京、上海、广州这样的大城市，自不必说，一些比较富裕的农村，家庭电话普及率也可达90%以上。现代通讯业的发展，是市场经济健康发展的助长剂，也适应了现代社会人际关系的变化和需求。

中国改革开放后，一部分人先富了起来，特别是在大城市里，造就了相当大一批“大款”。其中一些人，有优越的职业，丰厚的收入，高层次的学历；而另一些人，虽然没有令人羡慕的文凭，却有的是钱。这些“大款”们，衣着必名牌，饮食必精美，出门有小车，场面上讲派头，追求的是舒适的享受、现代化的娱乐和异国洋派风情。上万元一条的皮带，十几万一套的西装，几十万一块的劳力士手表，都是他们的必备货；人头马、轩尼诗、马爹利，在他们眼里，不比北京人餐桌上的“二锅头”贵；五星级饭店、豪华歌舞厅、国际高尔夫球场，是他们经常出入聚会的地方。他们随时随地可以一掷千金而不眨眼，仿佛在比阔斗富。据北京市一项调查资料统计，这类“富豪型”消费者，虽然只占总人口的 1% 左右，但北京市的“富裕型”和“小康型”消费者，已经占总人口的 90% 以上。“富豪型”的高消费，诱发了“名牌效应”，刺激了高档饮食业、服装业、文化娱乐业的发展。他们的消费观念和消费方式，逐渐波及到“富裕型”和“小康型”消费者群体，甚至影响到他们的子女，他们全身从上到下都是名牌服装，手机都是最新款式……这部分人的生活，折射出全社会生活水平的提高，说明中国的经济建设确实取得了很大的成就。但是，他们中的一些人由于在商战中拼搏，在金钱的大海里沉浮，渐渐丢掉了中国人民节俭朴实的传统美德，甚至有的人部分地或全部地丧失了做人的道德、良知、亲情、友情，这些也给社会风气带来了深刻的负面影响。

中国是一个非常重视家庭传统的国家。一家之内，长幼有序，父慈子孝，兄友弟悌，同胞手足，血肉亲情，比什么都重要；一家之外，中国人则十分重视邻里情，“远亲不如近邻”“邻里好，赛金宝”“守望相帮助，疾病相扶持”，是邻里之间在世代交往中形成的共同情感。但是，这种传统的人际关系和邻里情是在“四合院”“小村落”的环境中形成的，是分散、落后、自给自足的自然经济的产物。中国经济的迅速现代化，给这种传统的邻里关系，带来了巨大的冲击。20世纪80年代以后，城市住房条件大大改善，一处处造型别致的住宅小区，一幢幢装修各异的高层塔楼，如雨后春笋般拔地而起。这些住宅小区、高层塔楼，为每家每户提供了一个完全属于自己的天地，可以不受外界干扰，可以藏匿各自的隐私，可以凭借优裕的物质条件享受家庭的温馨和现代生活的舒适。这是人们盼望多年的了，人们一时间真的有了“躲进小楼成一统，管他冬夏与春秋”的喜悦与宁静。但是，慢慢地，人们觉得有些失落。邻里之间，门户相对，一墙相隔，桌椅碰撞之声相闻，却咫尺天涯，老死不相往来；人们感到自己的天地太小了，太压抑、太寂寞了，他们盼望走出这封闭的环境，寻找充满邻里情的新天地。于是，许多公众交际娱乐场所出现了，比如茶馆、酒吧、文化宫、游乐场、街头公园和立交桥边自发的露天舞会，等等。人们从简陋的“四合院”搬进了现代化楼群，也从一种封闭走进了另一种封闭。这种民风民情的变化，因房地产开发而引起，也为房地产开发提出了新的课题。住宅建设，不只要为人们提供自成格局的小天地，而且也要为人们创造一个返回街坊邻里感情世界的良好环境。

经济在发展，民风民俗在随之变化；而变化了的民风民俗，又为经济发展注入新的活力。这个循环，永无休止。企业家要想在事业上获得成功，就不能不密切关注它。

生词
New Words

1. 腾飞	téngfēi	to soar
2. 仓廪	cānglǐn	granary
3. 荣辱	róngrǔ	honor and shame
4. 廉耻	liánchǐ	honesty and shame
5. 情绪	qíngxù	morale, mood

6. 治世	zhì shì	times of peace and prosperity
7. 礼乐	lǐyuè	rites and music
8. 教化	jiàohuà	enlightenment by education
9. 命题	mìngtí	proposition
10. 过渡	guòdù	to transfer
11. 伴随	bànsuí	to accompany
12. 礼仪	lǐyí	ceremony and propriety
13. 邦	bāng	state
14. 礼尚往来	lǐshàngwǎnglái	courtesy demands reciprocity
15. 投桃报李	tóutáo-bàolǐ	to give a plum in return for a peach — to return a favor with a favor
16. 乔迁	qiáoqiān	to move to a better place
17. 心意	xīnyì	kindly feelings
18. 感恩节	Gǎn'ēn Jié	Thanksgiving Day
19. 情人节	Qíngrén Jié	Valentine's Day
20. 愚人节	Yúrén Jié	April Fool's Day
21. 累赘	léizhui	cumbersome
22. 傻气	shǎqì	foolish
23. 穷酸	qióngsuān	poor and pedantic
24. 情调	qíngdiào	taste, sentiment
25. 馈赠	kuìzèng	to present a gift
26. 节奏	jiézòu	tempo
27. 维持	wéichí	to maintain
28. 故步自封	gùbù-zìfēng	to stand still and refuse to make progress
29. 循规蹈矩	xúnguī-dǎojǔ	to observe rules and obey orders
30. 中庸	zhōngyōng	golden mean
31. 处世	chǔshì	to conduct oneself in society
32. 人格	réngé	personality
33. 惰性	duòxìng	inert
34. 冲击	chōngjī	to impact

35. 信条	xìntiáo	creed
36. 头衔	tóuxián	title
37. 大展宏图	dà zhǎn hóngtú	to ride on the crest of success
38. 优越	yōuyuè	superior
39. 学历	xuélì	academic background
40. 羡慕	xiànmù	admiration
41. 文凭	wénpíng	diploma
42. 派头	pàitóu	style, manner
43. 聚会	jùhuì	to get together
44. 诱发	yòufā	to bring out
45. 折射	zhéshè	to reflect
46. 拼搏	pīnbó	to struggle hard
47. 沉浮	chénfú	ups and downs
48. 节俭	jiéjiǎn	frugality
49. 丧失	sàngshī	to lose
50. 良知	liángzhī	conscience
51. 负面	fùmiàn	negative
52. 慈	cí	(of a senior person) to affectionately love (a junior person)
53. 孝	xiào	filial
54. 友	yǒu	fraternal
55. 悌	tì	to love and respect one's elder brother
56. 邻里	línlǐ	neighbor
57. 雨后春笋	yǔhòu-chūnsǔn	bamboo shoots after a spring rain
58. 藏匿	cángnì	to hide
59. 隐私	yǐnsī	privacy
60. 优裕	yōuyù	affluent
61. 盼望	pànwàng	to expect
62. 失落	shīluò	to feel lost

63. 咫尺天涯	zhǐchǐ-tiānyá	so near and yet so far
64. 压抑	yāyì	to depress
65. 简陋	jiǎnlòu	simple and crude
66. 住宅	zhùzhái	residence
67. 街坊	jiēfang	neighborhood
68. 循环	xúnhuán	circulation

注释

Notes

1 两手抓，两手都要硬

改革开放以后，中国经济发展很快，物质文明空前提高，但相对而言，精神文明建设滞后，在一部分人中间，中国人民美好的传统道德淡化了、丧失了，一些腐朽思想开始蔓延，新中国早已杜绝了的种种丑恶社会现象又开始泛滥起来。鉴于这种情况，邓小平同志提出要“两手抓”，即一手抓物质文明建设，一手抓精神文明建设；而且“两手都要硬”，即物质文明建设和精神文明建设不可偏废，二者都必须抓好。

Grasping with both hands and both hands should be equally tough

Since China's reform and opening up, Chinese economy has been developing fast, and there has been unprecedented improvement in material civilization. However, relatively speaking, ethical progress has lagged behind. The fine traditional morality has faded or been lost by some people, and some decadent thoughts have begun to spread. All kinds of vile social phenomena which have been eliminated in the early period of New China have started to appear again. In view of this, Mr. Deng Xiaoping advocated "grasping with both hands", that is to say, attention must be paid to both material progress and ethical progress, and both hands should be equally tough, meaning that we should put equal emphasis on material progress and ethical progress without any letup.

2 小康

小康，指经济比较宽裕可以平平安安度日的生活状况。旧时，常把处于这种状况的人家叫作“小康之家”。中国曾经是一个贫穷落后的农业大国，新中国成立前且不用说，新中国成立后，中国人民的政治地位空前提高，但在经济上长期不能摆脱贫穷落后的地位，直到 20 世纪 90 年代初，中国仍有 500 万人口吃不饱、穿不暖，没有解决温饱问题。实现“小康”，是中国人民普遍的愿望。十一届三中全会后，中国制定了现代化建设分三步走的战略部署。第一步目标，1981 年到 1990 年实现国民生产总值比 1980 年翻一番，解决人民的温饱问题；第二步目标，1991 年到二十世纪末国民生产总值再增长一倍，人民生活达到小康水平；第三步目标，到二十一世纪中叶，基本实现现代化，人均国民生产总值达到中等发达国家水平，人民过上比较富裕的生活。中国已在 2000 年如期完成了第二步发展战略，目前正在为实现第三步发展战略而奋斗。所谓“小康”，是指生活资料更加丰富，消费结构趋于合理，居住条件明显改善，文化生活进一步丰富，健康水平继续提高，社会服务设施不断完善。

Xiaokang (a well-off life)

Xiaokang refers to a well-off living condition. In the past, people talked about the families living in such a condition well-to-do families. China used to be a large, poor and developing agricultural country. There is no need to talk about the situation before the founding of New China. After the founding of New China, the political status of the Chinese people has been unprecedentedly raised, but, for a long time, they have not been able to shake off the situation of economic poverty and backwardness. By the beginning of 1990s, there were still 5 million people in China who did not have enough food and clothing. To be well-off has been the common desire of the Chinese people. After the Third Plenary Session of the 11th Central Committee, China laid down the strategic plan to realize China's modernization in three stages. The first goal is that the GDP from 1981 to 1990 doubles compared with that in 1980 and the problems of food and clothing are solved; the second goal is that the GDP doubles again from 1991 to the end of the 20th century and people live a fairly comfortable life; the third goal is the basic realization of modernization by the middle of the 21st century with the per capita GDP reaching the level of moderately developed countries and people living a more affluent life. China has achieved the second goal of the development strategy in 2000 as planned and is now striving to realize the third development strategy. “Xiaokang” implies a higher level of abundance in terms of livelihood, a more rational consumption structure, marked improvement in living conditions, a more plentiful cultural life, continuous improvement of the health conditions, and continuous perfection of the facilities of social services.

练 习
Exercises

一、三人谈。

木　村：高天翔，你这个老华侨的儿子，回到中国后，有什么感受？

高天翔：我是觉得既熟悉又陌生，真是一言难尽！

苏姗娜：这很有趣！你先说说熟悉的是什么？

高天翔：木村可能知道，中国是一个重亲情、重传统的国家。我到了中国，处处都感到回到家里一般的亲切和温暖。

木　村：是这样，人与人之间，充满了亲情和友情。

苏姗娜：不过，一些中国朋友也在抱怨，现在经济发展了，有些人有了钱，好像也丢掉了亲情和友情。

木　村：这个不奇怪，在我们日本和你们美国也有这种现象。

苏姗娜：是啊，只认钱不认人，做事不择手段，经济的发展，必然会带来人的思想观念的变化。

木　村：社会的风俗习惯，也会随之发生变化。

高天翔：是这样，这也正是我感到有些陌生的地方。不过我更多的是感觉自己总处于兴奋之中！

木　村：哦，你能给我仔细说一说么？

高天翔：你知道，中国人有一条古训，叫“知足常乐”。

木　村：这条古训不错呀，可以让人高高兴兴地生活。

高天翔：是有好的一面，但也有不好的一面，就是让人安于现状，不思进取。

苏姗娜：那么，现在中国人丢掉这不好的一面了？

高天翔：现在，中国人有强烈的紧迫感、危机感，工作高效率、快节奏，与几千年来养成的循规蹈矩、中庸平和的处世态度大不相同了。

木　村：这是好事，快速实现经济腾飞嘛！

二、模仿上面的例子，就课文中感兴趣的话题，开展自由交谈。

三、词语练习。

1. 组词和成语填空

故步____	促膝____	投__报__	循规____
大展____	婚__嫁__	雨后____	____廉耻
__酸__矽	咫尺____	____往来	____千金

2. 选词填空

过渡	提高	变化	发展	改造
推动	方式	力量	发生	呼唤

中国改革开放以来，国民经济飞速________，广大人民的生活水平迅速

________，绝大多数中国人的生活，已从温饱型________到小康型。物质生活的变化，带来精神生活的深刻________。人们的观念变了，情趣变了，生活习惯和方式变了，甚至连谈吐风度也变了。这些变化，伴随着经济的发展，还在每时每刻地________着。民情风俗的变化，孕育出新的消费心理和消费________，从而以无形的、强大的________，________旧有产业，________新生产业，________经济向更高层次发展。

四、听课文录音，回答问题。

1. 衣食温饱与礼义廉耻之间有什么关系？
2. 中国是礼仪之邦表现在哪些方面？
3. 改革开放后，中国人的生活节奏大大加快了，在民风民情方面有哪些变化？

五、自由讨论。

1. 改革开放后，一部分人先富了起来，你对他们的消费观念和消费方式有何看法？
2. 中国是个非常重视家庭传统的国家，你对此有何看法？中国人重亲情、邻里情和友情，与贵国风俗民情有无不同？
3. 你的中国朋友中有没有高消费的“大款”，请谈谈你对“大款”朋友的认识。

六、请举几个例子说明下面的现象。

1. 礼尚往来
2. “富豪型”消费
3. 远亲不如近邻
4. 时间就是金钱

七、朗读并口述下面的短文。

说“钱”

钱，是什么？经济学上的解释：钱是商品的一般等价物。再通俗一点儿，钱就是货币。中国有一句俗话：“一分钱一分货”，讲的就是钱和商品的等价关系。如此说来，社会离不开钱，每一个人也离不开钱，因为社会需要商品交换，每一个人都需要商品才能生活。

可是，钱，又是人们既爱又恨的东西。当人们缺衣少食的时候，就要想方设法弄钱，以至于成天“钻钱眼儿”“爱财如命”“认钱不认人”。等到钱多了，又变着法子花钱，生出许多不公平的、丑恶污秽的现象。虽说“钱不是万能的”，但那些相信“有钱能使鬼推磨”、甚至“有钱能使磨推鬼”的人，却也不少。我们有过羞于言钱的时代，不说“钱”，只说“阿堵物”；也痛心疾首地诅咒过钱，莎士比亚的诗剧《雅典的泰门》里就有这样几句：金子“可以使黑的变成白的，丑的变成美的，错的变成对的，卑贱变成尊贵，老人变成少年，懦夫变成勇士”；有人成了金钱的奴隶，“终朝只恨聚无多，及到多时眼闭了”；也有人视金钱如浮云、似粪土，安贫乐道；在今天，人们知道钱的真正意义，于是一心搞经济，走发家致富、共同富裕的道路，“君子爱财，取之有道”是我们应该永远牢记的。

8

第八课

入境问禁 居乡随俗

Lesson 8　When in Rome, Do as the Romans Do

“入境而问禁，入国而问俗，入门而问讳”，出自中国一部古书，意思是说，一个国家有一个国家的法律禁令，一个地方有一个地方的民情风俗，甚至一个家庭也有一个家庭的避讳禁忌。人在交往中如果不注意这些，就会触讳犯禁，闹笑话，或者让双方都很难堪。

旧时，有回避父祖、长辈及皇帝名字的习俗，若直呼其名，则为大不敬。司马迁的父亲名“谈”，所以《史记》中忌用“谈”字；范晔的父亲名“泰”，他所著的《汉书》中均以“太”代“泰”；唐太宗名李世民，当时无论是口头上还是书面上，都不能用“民”字，该用“民”的地方都用“人”。东晋人桓玄，从湖北江陵进京做官，泊船江边，一个叫王大的人去看望他，他让家人拿酒来招待王大，王大刚吃了一种药，不能喝冷酒，就不停地叫“温酒来！温酒来！”桓玄一听见王大的叫喊，就放声大哭起来。王大莫名其妙，十分尴尬，只好起身告辞。桓玄一面擦眼泪一面说：“犯我家讳了，让我想起了过世的父亲（父名温），因此伤心，这与你没有关系。”唐朝诗人李贺，年轻时进京考“进士”，有人向主考官告他不应该报考，因为李贺父名“晋肃”，而“晋”“进”同音，考“进士”便是犯了家讳。李贺因此被断送了一生的前程。大文学家韩愈为此大为不平，曾写《讳辩》，愤怒地质问：“父名晋肃，子不得举进士；若父名仁，子不得为人乎？”意思是：父亲的名字叫“晋肃”，儿子就不得考进士；那么，如果父亲的名字叫“仁”，儿子是不是连人都不能做了？

但是，避讳的礼俗，并没有因为有韩愈这样一些人的反对而有所改变，直到现在，我们还会感受到它的遗风。直呼其名，仍然是不恭敬、不礼貌的行为。我们曾经见到管什么人都叫“同志”，见姓王的叫“王同志”，见姓张的叫“张同志”，见老人叫“老同志”，见小孩也要叫“小同志”；改革开放后，“老板”“先生”“小姐”一类称呼又时兴起来。也不知从什么时候开始，如何称呼当官的，显得特别重要。直呼其名，自然是万万不可的；呼一声“老钱”“老牛”，也似乎抬高了自己的身份；于是，“赵部长”“陈主任”一类姓加官衔的称呼，就显得十分得体了。如果被称呼的人还是副职，你称呼他（她）时，去掉那个“副”字，听的人脸上会马上绽开一朵花，反之，你就等着看好脸色吧。

避讳，是为了求“吉”。相信好事成双与“黄道吉日”也是这样。2017年6月10日，这天是双日，星期六，双休日，阴历五月十六，都是双日子；翻开这年的皇历，这一天写着：宜祭祀，出行，纳彩，嫁娶，开市。于是从南到北，在这个“黄道吉日”结婚的特别多，上海绝大多数餐馆包席爆满，新亚大酒店这天的100多桌婚宴，早在春节前就已预订一空；天津、广州也有类似情况；在北京，本来车辆较少的双休日早晨，这天因为迎亲彩车太多，一些交通路口出现了严重的堵车现象。改革开放后，国家实施了富民政策，人们盼发财心切，对偶数的崇拜几乎到了狂热的程度。上海一辆私人汽车，因为牌照号是Z90518，与“这就令吾要发（财）”谐音，竟然拍出了天价；而一个包含908888的手机号码，拍卖价也高得惊人。商家看准了人们的这种心理，给商品标价也大都用双数，什么168元，188元，666元，918元，随处可见。你买的时候，服务员还会说一句：“你看这价多吉利！”也不管标签上的这个价格是否与商品的真正价值相符，卖的人高兴，买的人也高兴，花钱图个吉利嘛！

中国是个统一的多民族国家，历来十分重视“天时、地利、人和”。改革开放以后，上下齐心抓经济、搞建设，整个社会出现了安定、团结、祥和的大好局面。社会关系、人际关系，都空前协调、和谐。但是，商品经济的等价交换原则，金钱的诱惑力，对正常的人际关系也存在着很大的腐蚀作用。出门靠朋友，办事靠关系，没有朋友、没有关系就办不成事；老同事、老部下、同学会、同乡会，三亲六故，七拉八扯，关系网越织越密，越织越大，渐渐成了我们社会难以挣脱的罗网。请客、送礼、托朋友、找关系、打通关节，成为办事的必由之路。金钱交易，钱权交易，使一些人丧失了人格、国格，败坏了社会风气，严重阻碍了经济的发展。

当然，我们并不否认妥善处理人际关系的重要性。社会是由人组成的，人际关系是一种复杂的客观存在，不学会妥善处理不同的人际关系，也不可能把事情办好。

山东济南康地涂料有限公司，是一家中外合资企业，由美方米勒先生出任总经理。58 岁的米勒先生，工作认真，具有 18 年管理涂料生产企业的经验，在日本、荷兰都曾主持和成功地管理过涂料工厂。但是，他这次在中国却失败了，被济南康地涂料有限公司“炒了鱿鱼”。原因是他完全按照美国企业的模式设置公司机构和制定管理制度，“要让康地公司变成一个纯美国式企业”，而不肯根据中国国情处理好公司内外的各种关系。比如，上下级的关系，他规定，除副总经理外，其他员工不得进入他的办公室；又比如平等关系，多年来，中国工人心目中的厂长形象，必是身先士卒、无私奉献的人：职工住上新房了，厂长一家还挤在破旧的平房里；大家的奖金、工资成倍增长，厂长一让再让，或把自己的奖金无偿送给困难职工。可这位洋经理不是这样，他的年薪是职工工资的 70 倍还多，于是职工心里失去了平衡，对他也就特别疏远和苛求，坐看这位洋经理究竟有多大能耐。米勒先生到中国后学会的第一个中文词就是“关系”，但他最终还是因为搞不好关系而离开了中国。

人们常说，世界变得越来越小，那是说因为有先进的现代交通通讯手段，缩短了空间和时间的距离。事实上，世界地域辽阔，异国异地，可以相距十万八千里。不同的国家，不同的民族，文化与风俗习惯的差异十分明显。就以谈判风格来说，美国人谈生意时，精力充沛，兴致勃勃，轻松幽默；英国人在谈判中矜持严肃，不苟言笑；法国人酷爱艺术，善于交际，谈判前他们总是谈笑风生，但当谈判切入正题后，却又是一副咄咄逼人的架势，绝不可再随意开玩笑。中国人的谈判风格，又迥然不同，重礼、重情、重含蓄，尽管唇枪舌剑，仍不失温良恭俭让的君子之风。不同的民族文化，哺育出不同的民族性格和行为风度。根据对方特点，注意礼节、穿着、谈话方式，这些可能都是小事，但小事不得体或微不足道的刺激，都可能成为彼此之间的障碍，导致谈判失败。

一个国家的风俗，是那个国家社会生活和文化的历史积淀。中国是一个有几千年历史的文明古国，习俗的积淀尤其丰富，可以说，有独特内涵和表现方式的中国习俗，无时不在，无处不有，已经渗透在社会生活的方方面面。我们在本文只能举例说明。一种习俗，一经形成，就有相对的稳定性。但习俗也不是一成不变的，随着社会的进步，经济的发展，习俗也会发生变化。就以中国人的好客来说，在电话没有普及的年代，客人的不期而至，往往令主人惊喜雀跃，“什么风把你给吹来啦！”“昨夜灯花爆，今早喜鹊叫，原来是有贵客到！”但现在，在中国探友，如果不事前电话相约，很有可能就会被认为不懂礼貌，让你这“不速之客”吃闭门羹。市场经济体系的建立正在对中国传统的文化和习俗产生广泛和深层的影响。一些有见识的外国企业家，出于经济目的，都在竭力搜集和研究中国各地的风土人情资料，以求在东西方文化的交流与碰撞中，能够顺应中国的文化与习俗，成为中国人民的朋友，在中国市场上站稳脚跟，求得发展与成功。

生词 New Words

1. 禁令	jìnlìng	prohibition
2. 避讳	bìhuì	taboo
3. 禁忌	jìnjì	taboo
4. 触讳	chù huì	to violate a taboo
5. 犯禁	fànjìn	to violate a ban
6. 难堪	nánkān	embarrassment
7. 回避	huíbì	to avoid
8. 莫名其妙	mòmíngqímiào	to be unable to make head or tail of something
9. 尴尬	gāngà	awkward
10. 进士	jìnshì	successful candidate in the highest imperial examination
11. 断送	duànsòng	to ruin
12. 愤怒	fènnù	outraged
13. 质问	zhìwèn	to question
14. 恭敬	gōngjìng	respectful
15. 身份	shēnfèn	status
16. 官衔	guānxián	official title
17. 绽开	zhànkāi	to burst
18. 黄道吉日	huángdào-jírì	auspicious days
19. 双休日	shuāngxiūrì	two-day weekend
20. 皇历	huángli	almanac
21. 纳彩	nàcǎi	to present betrothal gifts to the girl's family
22. 类似	lèisì	similar
23. 迎亲	yíngqīn	to go to meet the bride
24. 发财	fācái	to become wealthy
25. 心切	xīnqiè	anxious
26. 偶数	ǒushù	even number

27. 狂热	kuángrè	feverish
28. 谐音	xiéyīn	homophonic
29. 吉利	jílì	lucky
30. 标签	biāoqiān	label, tag
31. 祥和	xiánghé	peaceful
32. 协调	xiétiáo	coordination
33. 和谐	héxié	harmony
34. 腐蚀	fǔshí	corrosive
35. 罗网	luówǎng	trap, net
36. 关节	guānjié	key link
37. 败坏	bàihuài	to corrupt
38. 风气	fēngqì	general mood
39. 严重	yánzhòng	severely
40. 阻碍	zǔ'ài	to hinder
41. 妥善	tuǒshàn	correctly, properly
42. 涂料	túliào	paint, coating
43. 主持	zhǔchí	to take charge of
44. 身先士卒	shēnxiānshìzú	to lead one's men in a charge
45. 奉献	fèngxiàn	devotion
46. 无偿	wúcháng	gratis
47. 平衡	pínghéng	balance
48. 疏远	shūyuǎn	to drift apart
49. 苛求	kēqiú	demanding
50. 能耐	néngnai	ability
51. 精力	jīnglì	energy
52. 充沛	chōngpèi	plentiful
53. 兴致勃勃	xìngzhì bóbó	zestful
54. 矜持	jīnchí	reserved
55. 不苟言笑	bùgǒu yánxiào	reticent
56. 酷爱	kù'ài	to love ardently

57. 咄咄逼人	duōduō-bīrén	overbearing
58. 架势	jiàshi	manner, posture
59. 含蓄	hánxù	reserved
60. 唇枪舌剑	chúnqiāng-shéjiàn	battle of words
61. 哺育	bǔyù	to nurture
62. 微不足道	wēibùzúdào	trivial
63. 障碍	zhàng'ài	barrier
64. 积淀	jīdiàn	accumulation
65. 内涵	nèihán	connotation
66. 不期而至	bùqī'érzhì	unexpected arrival
67. 雀跃	quèyuè	to jump for joy
68. 不速之客	búsùzhīkè	uninvited guest
69. 闭门羹	bìméngēng	cold-shoulder treatment
70. 竭力	jiélì	to try hard
71. 顺应	shùnyìng	to go with, to acclimate

注 释

Notes

1 韩愈

韩愈（公元 768—824 年），字退之，河南河阳（今河南孟州）人，唐代大文学家。曾在朝廷中供职，因尊崇儒家，排斥佛家，触犯了皇上，被贬为地方官。他的散文成就最高，是“唐宋散文八大家”（唐代韩愈、柳宗元，宋代苏洵、苏轼、苏辙、王安石、欧阳修、曾巩）之一。他的诗，对宋代诗歌的影响也很大。他对青年诗人李贺的赞扬与支持，是唐代文学史上很有名的故事。

Han Yu

Han Yu (768 AD—824 AD), who styled himself Tuizhi and was born in Heyang of Henan (south of present-day Mengzhou, Henan Province), was a great writer of the Tang Dynasty. He once held office at the imperial court, but was demoted to become a local official because he offended the emperor by venerating Confucianism and rejecting Buddhism. He had the highest accomplishment in essay writing and was one of the eight great prose writers in the Tang-Song period (Han Yu and Liu Zongyuan of the Tang Dynasty, Su Xun, Su Shi, Su Zhe, Wang Anshi, Ouyang Xiu and Zeng Gong of the Song Dynasty). His poetry also exercised great influence on the poetry of the Song Dynasty. His praise and support to the young poet Li He was a famous story in the literary history of the Tang Dynasty.

2 皇历

皇历，又称“黄历”，是在中国农历基础上产生的历法书，相传是由轩辕黄帝创制。中国传统的历法，用“干支”记年、月、日，其中记载着二十四节气，又有“吉日”“忌日”一类说明。二十四节气，是中国历法的特殊贡献。早在春秋时代，中国古人就根据日影，确定了一年中最重要的四个节气，即春分、夏至、秋分、冬至。到秦汉年间，二十四节气就已经完全确立。在旧时，没有天气预报，中国农民就是根据历书上记载的“节气”，安排和从事农事活动的。如春分在每年 3 月 21 日前后，春分这天，白天和夜晚时间等长，中国大部分地区农作物进入生长阶段。又如秋分在每年 9 月 23 日前后，秋分这天，也是白天夜晚等长，从这天起，白天逐日变短，农民开始秋收秋种，然后准备过冬了。所谓“吉日”“忌日”，是说某日是吉日，宜祭祖、宜婚嫁、宜开业等；又说某日是忌日，不宜出行、不宜动土、不宜建房等。多数日子，宜做某事，不宜做某事，只有“黄道吉日”这一天，做什么事都吉祥，不必有所忌讳。皇历上记载的这些“吉日”“忌日”，其实只是一种迷信，没有任何科学根据。

Chinese almanac

Chinese almanac is a calendar book based on the Chinese lunar calendar and said to be created by Xuanyuan, the Yellow Emperor. The traditional Chinese calendric system uses the “Heavenly Stems” and the “Earthly Branches” to keep the day, month and year, which include the 24 solar terms, and note about auspicious days and unlucky days. The 24 solar terms were special contributions of the Chinese calendric system. As early as the Spring and Autumn Period, the four most important solar terms were already fixed according to the sun shadows, namely, the Spring Equinox, the Summer Solstice, the Autumn Equinox and the Winter Solstice. By the Qin-Han period, all the 24 solar terms were already fixed. In ancient times as there were no weather forecasts, Chinese farmers arranged their agricultural activities according to the solar terms set in the calendar. For instance, the Spring Equinox begins around March 21 each year, when the daytime and nighttime are equal, which marks in most parts of China plants entering the growing period. On the day of the Autumn Equinox which is around September 23 each year, the daytime and the nighttime are once again equal, and the daytime gets shorter each day thereafter. In the countryside of our country, farmers would be busy with autumn planting and harvesting, getting ready for winter. As for "auspicious" and "unlucky" days, it is to say that a certain day is auspicious, good for worshipping ancestors, for wedding, or for starting business, etc., and a certain day is unlucky, unsuitable for travel, for breaking ground, for building a house, etc. For most days, they are suitable for certain things and unsuitable for some other things. Only the auspicious day of the ecliptic is lucky for anything with no need to worry. Actually, the "auspicious" and "unlucky" days in the almanac are only a kind of superstition without any scientific ground.

3 天时、地利、人和

这话出自《孟子》。孟子（大约公元前372—前289年），名轲，邹（今山东邹城）人，战国时期思想家、政治家、教育家。他是孔子之孙子思的学生。孟子继承了孔子的儒家学说，后人以孔孟并称。他的学说，见于《孟子》。孟子曾说："天时不如地利，地利不如人和。""天时"指气候、阴晴、寒暑等自然条件对自己有利；"地利"指战略上的地形优势；"人和"指人心的向背，做的事情是否得到绝大多数人的赞成、拥护和支持。孟子讲"天时、地利、人和"，是讲如何才能打胜仗；后来，人们把这句话广泛用于社会生活中。

Good timing; geographical convenience and harmonious human relations

This is quoted from *Mencius*. Mencius (about 372 B.C.—289 B.C.), named Ke, was born in Zou (southeast of present-day Zoucheng, Shandong Province). He was a thinker, statesman and educator of the Warring States Period. He was a student of Zi Si, grandchild of Confucius. Mencius inherited Confucianism, and later generations referred to them together as Kong-Meng. His doctrine was collected in *Mencius*. Mencius once said: "Good timing is less important than geographical convenience, and geographical convenience is less important than harmonious human relations." Good timing referred to the natural climatic conditions, sunshine or overcast, hot or cold, etc., whether or not they are favorable to oneself. Geographical convenience refers to the topographical advantages in strategy. Harmonious human relations refers to popular sentiment, whether the things being done have won the agreement, endorsement and support of the absolute majority. When Mencius talked about "good timing, geographical convenience and harmonious human relations", he was discussing the ways to win battles. Later, it was broadly applied to social life.

练 习
Exercises

一、三人谈。

高天翔：苏姗娜，你好像不太高兴？

苏姗娜：是啊，我不知道，我的中国朋友为什么对我那么不礼貌。

木　村：你究竟遇到了什么事，快说来听听！

苏姗娜：今天朋友结婚，我给她送了礼物，她只是接连说了几声谢谢，看也没看，就让人收起来了。

高天翔：哈，我当什么事儿呢！她不是已经连声道谢了吗？

苏姗娜：可我们美国人，得到朋友送的礼物时，一定要当面打开看看的。

高天翔：这就是中国人和美国人的不同了！中国人认为当着送礼物的人拆开礼物看才是不礼貌的。

木　村：我想起了中国的一句古话，叫"入境问禁，入乡随俗"。

高天翔：你那天没有触犯人家的忌讳，破坏了人家的新婚大喜，就算不错了。

苏姗娜：我知道。哪个国家都有自己的风俗习惯，触讳犯禁，会使双方都很难堪。所以，我平日同中国朋友往来，总是很小心的。

木　村：其实，日常交往时触讳犯禁，还不伤大雅。在正式的交际场合，在利害攸关的生意场上触讳犯禁，问题可能就严重了。

苏姗娜：所以，我们美国特别注重跨国文化的学习和研究。

高天翔：这很不容易。一个国家的风俗习惯，是历史的积淀，虽然有相对的稳定性，但随着社会的发展，也在不断发生变化。

木　村：一些旧习惯可能被抛弃，一些新的习惯又可能产生，并逐渐风靡全社会。

苏姗娜：对，所以我们要好好学习，入乡随俗，争取在东西方文化的交流与碰撞中，能成为中国人民的好朋友。

二、模仿上面的例子，就课文中感兴趣的话题，开展自由交谈。

三、组词和成语填空。

避__禁__	莫名____	____而至（遇）
微不____	__讳__禁	____风声
____之客	一成____	____逼人
__枪__剑	____不同	

四、选择正确的解释。

1. 人在交往中如果不注意这些（此指民情风俗），就会触讳犯禁，闹笑话，或者让双方都很难堪。

①一个人在同别人交往中如果不注意各地不同的民族风情，就会触犯禁忌，闹出笑话，让双方都不愿继续待在一起。

②人们在交往中如果不注意各地不同的民风民俗，说不定会触犯禁忌，或者闹出笑话，或者使双方陷入不可忍受、难以应付的处境。

③人与人在交往中如果不注意各地的民风民俗，说不定会触犯禁忌，因此闹出笑话，让双方都陷入困难的处境。

2. 请客、送礼、托朋友、找关系、打通关节，成为办事的必由之路。

①请客、送礼、托朋友帮忙、找关系户、打通关卡，成为办事必须经过的路。

②请客、送礼、托朋友帮个忙、找有关系的人、打通关键处，成了办成事的手段。

③请客、送礼、托朋友帮忙、寻找关系户、买通管事的官员，成了办事必走的过程。

3. 现在，在中国探友，如果不事前电话相约，很有可能就会被认为不懂礼貌，让你这“不速之客”吃闭门羹。

①现在，在中国探望朋友，如果不事先电话预约，很有可能认为你不懂礼貌，让你这不迅速赶到的客人关在门外喝汤。

②现在，在中国探望亲友，如果你事先不打电话约好，很有可能被认为不懂礼貌，把你这不受欢迎的客人关在门外。

③现在，在中国探望亲友，如果你事先不电话预约，很有可能会被认为不懂礼貌，把你这个不请自来的客人关在门外。

五、听课文录音，回答问题。

1. “入境而问禁，入国而问俗，入门而问讳”这几句话是什么意思？
2. 美国人、英国人、法国人、中国人各有怎样迥然不同的谈判风格？
3. 习俗有相对的稳定性，但也不是一成不变的，试以朋友来访为例，谈谈中国人古今不同的习俗。

六、自由讨论。

1. 在与中国朋友接触中，哪些风俗习惯你感到最不能接受？
2. 请举几个例子说明人际关系在中国的重要性。

七、朗读并口述下面的短文。

说“毛遂自荐”

战国末年，赵国贵族平原君家中养有三千门客（有各种技能的人，可备急用）。公元前257年秦国军队围困赵国都城邯郸（今河北邯郸），赵王命平原君到楚国求救。平原君决定从门客中挑选20个文武兼备的人随同前往，挑来挑去只挑出来19人。这时，门客毛遂站出来自我推荐说：“我可以去。”平原君一见，不认识，就问：“你来门下几年了？”毛遂说：“三年。”平原君说：“一个有才能的人立身社会，就像一把锥子放在布袋里，锥尖立即就会露出来，你来三年了，我也没听说你有什么才能。”毛遂说：“那么，现在就请您把我放在布袋里吧。如果早把我放在布袋中，我会脱颖而出，岂止是露出锥尖？”后来，果然得毛遂之力，说服了楚王出兵，解救了赵国都城之危。

美国人在求职时常常会说：“sell yourself”，直译成汉语就是“卖掉你自己”，这颇有点儿出卖灵魂的味道，不大好听，好听一点儿，可译成“推销自己”。中国的古代，虽然出过勇于自我推荐的毛遂，但中华民族崇尚的还是谦虚、含蓄，不善于锋芒毕露地自我表现。不过，时代在前进，当代青年在改革开放的经济大潮中，也开始学会“推销自己”了。

9

第九课

企业文化与企业形象

Lesson 9　Corporate Culture and Corporate Image

企业文化，是一种现代企业管理和建设理论。经济学界认为，企业管理和建设理论的发展，已经经过了四个阶段。19世纪末到20世纪初，形成了“古典管理理论”，它的特点是重视工作定额，把工具和作业环境标准化，强调计件工资的作用，这是第一阶段。第二阶段，是从20世纪20年代开始的“行为科学理论”，它注重对工人在生产中的行为以及这些行为产生的原因进行分析研究，以便调节企业中的人际关系，提高生产效率。日本企业曾经是这种理论最成功的实践者。第三阶段，有代表性的是二战以后出现的一些西方管理理论学派，如社会系统学派、决策理论学派，等等。到20世纪80年代进入了第四阶段，出现了企业文化理论，美国在这方面走在了前列，并取得了最大的成功。

什么是企业文化呢？这是个很复杂的问题，很难用三言两语说明白。简单地说，企业文化包括企业的目标、信念、价值观、思维方式、行为准则与规范，乃至习惯与感情，等等。换言之，就是要用一种独特的思想文化来培育一种独特的企业精神。有一种“CIS”（Company Image System）理论，即企业形象设计系统，就是专门研究企业文化和为企业设计形象的理论。它包括三个方面的内容：经营理念，即经营原则和信条；行为规范，从接电话的态度到公关策略；视觉识别，从企业标志、商标文字图案到信纸、商品袋。企业从这三方面，通过自身和各种媒介的努力，就会在社会公众面前，树立起一个统一、深刻、系统的企业形象。企业形象，是一个企业的道德精神和文化品质的外在表现。良好的企业形象，为企业赢得了顾客和经济效益。但从深层意义上说，一个企业成功的奥秘，正是这个企业成功地创造了它自己的、独一无二的企业文化。可以这样说，哪个企业在创建企业文化方面处于优先地位，哪个企业就可能欣欣向荣、长盛不衰；反之，则会在激烈的竞争中倒闭、破产。

中国人常说，商人唯利是图。这是说，赚钱是商人追求的最高的、也是唯一的目标，是商人一切行为的出发点和归宿。但是，美国哈佛大学特伦斯·迪尔教授和爱伦·肯尼迪先生合著的《企业文化》一书，介绍了他们所调查的 80 家美国大公司，有近 30 家公司，不是以获取利润、而是以建立崇高的信念为最高目的。书中特别介绍了 IBM 公司（国际商业机器公司）。“IBM 就意味着最佳服务”，这是该公司的最高信条。该公司规定，凡是公司销售的计算机出了故障，在接到用户报告后的 24 小时内，必须派人赶到用户所在地进行维修。一次，亚特兰大一家用户的计算机出了故障，公司接到报告，在 8 个小时后，就从美国、加拿大和德国等地请来八位专家进行会诊和抢修，给客户留下了难忘的印象和永恒的信任。IBM 公司不仅树立了“最佳服务”的最高信条，而且矢志不渝地恪守和实践这一信条，他们因而成为世界上最有竞争力的大公司之一。

日本企业家的管理风格，与美国人大不相同。我们就拿丰田汽车公司来说，该公司的“丰田精神”，可谓有口皆碑。所谓“丰田精神”，就是劳资间、职工间的“命运共同体”意识和“从干毛巾里拧出水来”的工作精神。换句话说，他们把降低产品成本和价格作为公司追求的最高目标。公司要求每一个成员，都要有高度的责任感、自豪感和荣誉感，全体人员都要为不断降低成本、提高质量而献身。他们的这种追求，使丰田公司成为世界上最卓越的公司之一。

在中国，鞍钢出现过“孟泰精神”，大庆出现过“铁人精神”，北京王府井百货大楼出现过“张秉贵精神”，这些企业灵魂的塑造，不仅对这些企业本身，而且对全国都曾产生过巨大的精神影响和经济效益。改革开放以来，特别是企业文化思想在得到广泛宣传以后，不少企业在创建企业文化方面，已经取得了突出的成绩。古井酒厂创建了"以人为本，天人合一"的企业文化，所谓"天"，就是企业的事业，只有"天人合一"，把企业的命运和古井人的命运紧紧联系在一起，企业才能兴旺发达；企业发展了，企业职工的切身利益也才能得到保障和提高。在这种"天人合一"的整体企业文化的引导下，他们把追求"完美"而不是追求利润作为自己的最高奋斗目标。他们说："企业永远是完美的追求者，我们不能放弃每一个细节的完美，我们奉献给消费者的应该是一件注入我们心灵对美的追求的礼品。"

北京的蓝岛大厦，1993年至1995年导入CIS，创造了36字经营战略思想："商品以质取胜，经营以特取胜，服务以情取胜，购物以便取胜，功能以全取胜，环境以雅取胜。"大厦那直落到底的蓝色玻璃，会使你在匆忙喧嚣的大都市中找到一片宁静，消解一点儿烦躁。你走进大厦，会立即感到一种浓浓的文化氛围。每一种商品陈列区，都有一个满含情义和文化味的名字。卖童装的，是"爱心世界"；卖家居用品的，是"温馨之家"；卖照相器材的，是"美好瞬间"。"一箱一包都是情，天涯海角伴君行"，这是卖箱包售货员的心愿；"千里情谊，丝丝相系"，这是卖丝绸售货员的祝福。你在蓝岛购物，如果赶巧遇雨，不用着急，蓝岛人为你准备了一件蓝色雨衣，上面还印着"雨中温情"四个红字。你不必付钱，也不要任何抵押，方便时再还回去就是了。这种做法，据说在国外早就有了，但在中国，蓝岛还是第一家。1996年6月1日起北京40家大商厦联合组成"文明伞——大家用"连锁服务网，蓝岛是其中一家。蓝岛等40家商厦这样做，不是为了招徕顾客，而是为了让市民通过乐于接受、自觉参与、自我约束的方式，逐步形成自己方便、他人方便的社会公德和文明习惯。蓝岛大厦正是凭借"以文兴商"的经营理念和"亲和一致，超越创新"的企业精神赢得了社会各界的认可与好评，在京城乃至全国商界站稳了脚跟。

事实上，世界上每一个成功的企业，都有自己独特的企业文化，那是民族精神和民族文化的结晶。因此，你看见奔驰汽车、西门子电器，你就看到了德国工业的形象；提起丰田、松下，就想起日本人民的性格和日本战后的经济奇迹；而一位美国作家说："可口可乐和自由女神一样象征着美国。"蓝岛企业文化，培育了蓝岛人，树立起蓝岛形象，也在影响着我们社会的生活方式和人际关系。一个企业不以获取利润为目的，但它可能获得最大的利润，就因为它创建了自己独特的企业文化，并通过它的优良产品和优质服务，在广大顾客心目中牢固树立起了自己的企业形象。顾客与企业的关系，可能远远超出了商品与经济的范畴，这里往往是民族感情的认同与向往。

在中国经济发展进程中，曾经有过很陈旧的东西，如"守株待兔"式的坐店经营，"皇帝的女儿不愁嫁"的卖方观念，"以貌取人"的势利眼光，"利润第一""一切向钱看"的功利目的，等等。但是，在建立社会主义市场经济的今天，商店和企业都被推向了激烈竞争的市场，它的管理思想、管理观念和管理模式，都不得不随之转变、更新和优化，逐步建立起符合中国国情、具有中国特色的企业文化。建设企业文化，已经成了企业界、管理学界关注的热点。1997 年，中国企业文化交流协会在国家文化部与中宣部的支持下，经国家民政局批准注册成立。企业文化的理论探讨和建设实践，正在中国蓬勃发展。可以肯定，在深厚的独具魅力的中国文化土壤里培育出的企业文化，必将对中国的经济建设与发展，产生不可估量的作用。

生 词
New Words

1. 理论　　lǐlùn　　theory
2. 古典　　gǔdiǎn　　classic

3. 重视	zhòngshì	to lay emphasis on
4. 定额	dìng'é	quota
5. 工具	gōngjù	tool
6. 作业	zuòyè	working, operating
7. 标准	biāozhǔn	standard
8. 调节	tiáojié	to adjust
9. 效率	xiàolǜ	efficiency
10. 曾经	céngjīng	once
11. 实践	shíjiàn	practice
12. 学派	xuépài	school
13. 决策	juécè	decision
14. 信念	xìnniàn	faith
15. 思维	sīwéi	thinking
16. 准则	zhǔnzé	norm
17. 理念	lǐniàn	concept
18. 视觉	shìjué	visual
19. 外在	wàizài	external
20. 奥秘	àomì	secret
21. 欣欣向荣	xīnxīn-xiàngróng	prosperous
22. 破产	pòchǎn	to go bankrupt
23. 唯利是图	wéilìshìtú	to be bent solely on profit
24. 唯一	wéiyī	only
25. 归宿	guīsù	destination
26. 崇高	chónggāo	noble
27. 意味着	yìwèizhe	to mean, to imply
28. 故障	gùzhàng	breakdown, failure
29. 维修	wéixiū	to repair
30. 会诊	huìzhěn	consultation of doctors
31. 矢志不渝	shǐ zhì bù yú	consistent
32. 有口皆碑	yǒukǒu-jiēbēi	to be universally acclaimed

33. 命运	mìngyùn	destiny
34. 自豪	zìháo	to have a proper sense of pride (or dignity)
35. 荣誉	róngyù	honor
36. 灵魂	línghún	soul
37. 塑造	sùzào	to develop, to shape
38. 引导	yǐndǎo	to guide
39. 细节	xìjié	detail
40. 匆忙	cōngmáng	hasty
41. 喧嚣	xuānxiāo	bustling
42. 宁静	níngjìng	tranquility
43. 烦躁	fánzào	irritation
44. 器材	qìcái	equipment
45. 瞬间	shùnjiān	in the twinkling of an eye
46. 天涯海角	tiānyá-hǎijiǎo	remotest corner of the earth
47. 祝福	zhùfú	blessing
48. 抵押	dǐyā	to mortgage
49. 连锁	liánsuǒ	chain
50. 自觉	zìjué	voluntary, on one's own initiative
51. 约束	yuēshù	to restrain
52. 结晶	jiéjīng	crystallization
53. 奇迹	qíjì	miracle
54. 象征	xiàngzhēng	to symbolize
55. 范畴	fànchóu	category
56. 认同	rèntóng	recognition
57. 向往	xiàngwǎng	to yearn for
58. 守株待兔	shǒuzhū-dàitù	to stand by a tree stump waiting for more hares to come and dash themselves against it
59. 势利	shìlì	snobbish
60. 功利	gōnglì	utilitarian

61. 更新	gēngxīn	to rejuvenate
62. 优化	yōuhuà	to optimize
63. 关注	guānzhù	concern, attention
64. 协会	xiéhuì	association
65. 探讨	tàntǎo	to probe into
66. 估量	gūliáng	to estimate

注 释
Notes

1 孟泰精神

孟泰，中国著名钢铁基地鞍山钢铁厂工人，全国劳动模范。新中国成立初期，国家急需大量钢铁，但鞍钢遭到严重破坏，生产资料又极缺。为了支援国家建设，尽快修复鞍钢，发展新中国的钢铁工业，孟泰努力搜集各种废旧物资，建立了闻名全国的孟泰仓库。孟泰"收旧利废、勤俭节约"的精神，为全国人民做出了表率。中国各大报刊及时宣传了孟泰精神，对新中国的工业建设和经济发展起了重大作用。

Meng Tai spirit

Working in China's famous iron and steel production base—Anshan Iron and Steel Works, Meng Tai was a national model worker. Shortly after the founding of New China, the state was badly in need of iron and steel, but Anshan Iron and Steel Works was severely damaged and there was a lack of production materials. In order to support national construction and revive Anshan Iron and Steel Works as soon as possible so as to develop New China's iron and steel industry, Meng Tai did his best to collect old and waste materials and set up the Meng Tai warehouse which was famous all over the country. Meng Tai's spirit of "reusing waste products, and being hardworking and thrifty" set a good example for the whole nation. All major newspapers at the time publicized Meng Tai spirit, which played an important role in New China's industrial construction and economic development.

2 铁人精神

铁人，即王进喜。20 世纪 60 年代以前，西方一直认为中国没有大的油田，是个"贫油国家"。50 年代末 60 年代初，中国又出现了国民经济三年困难时期。恰在这时，中国科学工作者在黑龙江发现了储量丰富的大庆油田。1960 年 2 月，在千里冰封的大草原，在物质条件极端困难的情况下，开始了石油大会战。石油工人王进喜（公元1923—1970年）在会战中，发扬一不怕苦、二不怕死、独立自主、自力更生的革命精神，为大庆油田的开采做出了特殊的贡献，被群众誉为"铁人"。中国共产党党中央曾号召全国人民学习"铁人精神"。

The Iron Man spirit

The Iron Man refers to Wang Jinxi. Before the 1960s, the West was convinced that China did not have any large oil fields, and was an "oil-poor country". At the end of the 1950s and the beginning of the 1960s, China experienced a difficult time for economy for three years. It was just that time when our scientists discovered Daqing Oilfield which was rich in oil reserves. In February, 1960, the great battle for oil started on the vast grasslands locked in ice and under extremely difficult material conditions. Wang Jinxi (1923—1970) carried forward in the battle the spirit of fearing neither hardship nor death, maintaining independence, keeping the initiative and rebuilding the homeland through self-reliance. He made special contributions to the exploitation of petroleum and was praised as an "Iron Man". The Central Committee of the Chinese Communist Party called on the whole nation to learn from the "Iron Man spirit".

3 张秉贵精神

张秉贵，北京人，北京王府井百货大楼售货员。他几十年如一日，服务周到、热情。他的服务精神，被誉为"一团火精神"；他为了提高服务质量和售货水平，练就拿糖"一抓准"、算账"一口清"的本领。所谓"一抓准"，是说无论顾客买多少，他抓一把就能足斤足两，不用反复加或减；所谓算账"一口清"，是说无论顾客买几种价格不一样的东西，他都能张口说出总价钱。他的"一抓准""一口清"本领，大大加快了售货速度，这在没有计算机售货的年代，是很不容易的。他的服务精神，成了全国服务行业学习的榜样。现在，王府井百货大楼前，建有一座张秉贵铜像，以表彰他的业绩和精神。

Zhang Binggui spirit

Zhang Binggui, born in Beijing, was a shop assistant at the Wangfujing Department Store. Persevering for decades as if it were one day, he provided warm and considerate service to his customers. His service spirit was praised as "the spirit of a fire". In order to improve the quality of service and the ability of selling goods, he cultivated a skilled hand in accurate measurement of candies by a single grab, and a skilled mouth in accurate calculation of prices. That is, when he was selling, no matter how much is required by the customer, he could take up the exact amount by a single grab with no need to add or take away any; and no matter how many kinds of goods the customer was buying, he could give the total price immediately. His skills quickened the speed of selling to a great extent. That was not easy at a time before computers were used for selling. His service spirit set an example to the entire service trade throughout the country. Now there is a statue of Zhang Binggui in front of the Wangfujing Department Store in praise of his deeds and spirit.

练 习
Exercises

一、三人谈。

苏姗娜：哎呀，跟你们逛了一天商场，累死我了！

木　村：我看你逛商场的时候，劲头十足，挺高兴的嘛。

苏姗娜：那倒是。逛这些商场，感觉真好！

高天翔：我知道，你一边逛，一边不停地说，这儿真有情调！这儿真有品味！

苏姗娜：我是很吃惊，没想到中国的大商厦会这么漂亮，这么有文化氛围。

高天翔：这的确很不容易。中国以前是一个穷国，商业经营观念也很落后，像守株待兔呀，以貌取人呀，等等。

木　村：我们今天感受到的就完全不同了，完全是现代大企业的做派。

高天翔：他们有了崭新的经营观念和经营方式。

苏姗娜：我觉得，他们是在根据现代企业管理理论，努力创造自己的企业文化，树立企业形象。

木　村：这很重要。在我们日本，“丰田精神”可谓有口皆碑。各大企业，也都有自己独特的企业文化。

高天翔：事实上，世界上每个成功的企业，都有自己的企业文化，那是民族精神和民族文化的结晶。

木　村：你说得很对。今天我们在各大商场，真正感到了中国民族文化的深厚和魅力。

苏姗娜：不过，企业文化的理论探讨和建设实践，在中国还刚刚开始，许多企业好像还没有这个意识。

高天翔：这些企业会觉醒的，我们也可以为中国的企业文化建设出点儿力啊！

苏姗娜：怎么出力？

高天翔：我们可以开一家企业形象设计公司！
苏姗娜：同他们一起探讨企业的经营观念、视觉识别和企业行为规范？
木　村：好主意，可得等到我们学习完了以后！

二、模仿上面的例子，就课文中感兴趣的话题，开展自由交谈。

三、组词和成语填空。

唯利____	欣欣____	有口____	天__海__
长盛____	始终____	____待免	独__无__

四、选词填空。

1. 企业形象，是一个企业的道德精神和文化品质的______表现。（外表、外在、外面）
2. 从深层意义上说，一个企业成功的______，正是这个企业成功地创造了它自己的、独一无二的企业文化。（秘密、绝密、奥秘）
3. 事实上，世界上每一个成功的企业，都有自己______的企业文化，那是民族精神和民族文化的______。（特别、独特、特殊；结合、结晶、结果）
4. 顾客与企业的关系，可能远远超出了商品与经济的______，这里往往是民族感情的______与向往。（范围、范畴；认同、承认）
5. 建立企业文化，已经成了企业界、管理学界______的热点。（关怀、注意、关注）
6. 企业文化的理论______和建设实践，正在中国蓬勃______。（探索、探讨；发起、发展）
7. 可以肯定，在深厚的独具魅力的中国文化土壤里______出的企业文化，必将对中国的经济建设与发展，产生不可______的作用。（培养、培育；估量、估计）

五、听课文录音，回答问题。

1. 企业文化指的是什么？它经历了哪四个阶段？
2. 企业文化包括哪些内容？
3. 企业文化与企业形象、企业的成功有什么关系？

六、自由讨论。

1. 请谈谈贵国成功企业的企业形象和企业文化。
2. 现在企业形象、企业文化越来越受到重视，你认为企业形象的核心是什么？怎么才能树立企业形象？企业形象有国界吗？
3. 商人“唯利是图”，这句话对吗？为什么？
4. 在充分发达的市场经济中，“皇帝的女儿不愁嫁”的观念对不对？为什么？

七、朗读并口述下面的短文。

说“朝三暮四”

《庄子》里有一个流传很广的故事：从前有一个耍猴儿的民间艺人，一天，他想用山栗子喂猴子，就同猴子商量，早上给每个猴子三颗，晚上给四颗。猴子们一听，都愤怒地大叫起来。艺人马上改口说，好吧，那就早上给你们四颗，晚上给三颗。众猴子立即高兴得欢呼起来。庄子讲完这个故事后说：“数量和质量都没有改变，而猴子们的喜怒却不同，这完全是猴子们的心理因素在起作用，而艺人不过是顺应了猴子的心理罢了。所以，聪明人从不把精力用于是非、名实的争论，而只注意如何保持事理的自然均衡。”

后世的人们，听了这个故事，只赞扬艺人聪明、嘲笑猴子愚蠢，而忽略了庄子讲的那一番话。其实，“朝三暮四”和“朝四暮三”，并不是一回事。这里甚至有本质的区别，有管理学原理。管理对象的心理因素，是应该考虑的一方面；如何使用有限的资源，选择最佳时机、实现最合理的资源配置，是又一方面。在我们这个瞬息万变的信息时代，在当今高速发展的商品经济社会，庄子提示的管理学原理，是不是显得尤其重要呢？

10

第十课

“老字号”文化

Lesson 10 Culture of Time-Honored Shops

所谓“老字号”，是指一批历史悠久、享有盛誉的商店。这类商店，一般都有几十年、上百年的历史，所以说它“老”；“字号”，则是商店的名称。“老字号”从创始到发展、繁荣以至衰落，它的历程，是一个特定历史时期和社会生活的镜子；从企业本身来说，它的起落沉浮、盛衰荣枯，有许多成功与失败的经验教训。由此看来，“老字号”包含着丰富的社会文化和企业文化，值得我们研究和借鉴。

全国现存的“老字号”，到底有多少，恐怕没人说得清，单是北京，就有上百家。北京“老字号”，是北京作为历史名城的重要标志和组成部分。从某种意义上说，它的发展与兴衰，反映了北京的发展与兴衰；它的风貌，也是北京的古都风貌一景。

在明清两代，古都北京最繁华的商业区，要数前门的大栅栏和王府井大街的东安市场。

大栅栏东西长约三百米，宽不过几米至十几米，在这并不算宽也不算长的街巷中，汇集了药店、鞋帽店、绸布店乃至戏园子等近百家店铺，其中不少是闻名遐迩的“老字号”。这众多的店铺，门脸儿挨着门脸儿，飞檐翘角，古朴典雅；匾额对联，翰墨飘香；店员服务，彬彬有礼；八方特产，中外奇珍，琳琅满目。一到开市，从早到晚，人流如潮，熙熙攘攘；锦衣华服的达官显贵，破衣烂衫的平头百姓，三教九流，各色人等，杂沓其间；店家生意兴隆，顾客满意而归。

王府井的东安市场，呈现出另一种格局，它是在清朝末年一个废弃了的八旗练兵场的地面上发展起来的。开始，商贩们随地撂摊儿，支搭布棚，日出开张，日入收市，并非当局有意要在这里造就一个大市场，商贩们也无远志宏图。但这儿却是一块宝地。那时的北京，官僚、豪门、富商聚居东城，未成型的东安市场成了他们挥霍奢侈、醉生梦死的去处；市场不远的东交民巷、东单牌楼，洋人越来越多，特别是20世纪初，北京饭店开业，外来的物质、精神以至作风，又成为东安市场发展的催化剂。优越的地理位置和便利的交通，使东安市场在数年之间就兴旺起来，逐渐建成正街、东街、西街和与这三条街相交叉的头、二、三道街，形成街巷纵横、店铺林立、星罗棋布的大型市场格局。论吃，这里有北京平民在路边街头长凳上喝的豆汁、吃的油条，也有政府要员、社会名流在酒楼饭庄包房雅座中享用的西式大餐。论穿，当年北京流传着这样一句话："只有穿佳美丽的鞋、簪祥瑞的花、戴亚美丽的首饰才算阔。"佳美丽鞋店、祥瑞花店和亚美丽首饰店，都是当时的时髦货商店，刚从国外进口的男式皮鞋和女式高跟鞋，都是这些地方的俏货。论用，这里从昂贵的英、美、法、日、俄等外来的时鲜洋货，到几分钱就可以买到的针头线脑、暖瓶塞、茶杯盖，要什么有什么，顾客无不称便。论玩，逛东安市场可是老北京人的一大乐趣。"逛街"不一定有什么目的，有时候"踏破铁鞋无觅处，得来全不费工夫"，不期而遇一件心爱之物，那欣喜之情，常常是不可言喻的。逛书市，更是文人学子的赏心乐事，一条西街几十家书摊比肩排开，连成一道旧书长廊，全部开架，读者可以随意取阅，在细雨蒙蒙、瑞雪霏霏之中，也会看到读书人的身影。内城第一家大戏院吉祥戏院，曾有著名京剧艺术家梅兰芳登台表演。众多茶座，或清谈，或议事，或听说书，或会"票友"，总是座无虚席。市场内那千余平方米的空地，是民间艺人撂地献艺的场所，武术、气功、杂耍、变戏法、耍猴子，各种绝活，吸引着无数看客。东安市场，集购物、娱乐于一体，是老少咸宜，雅俗共赏，既古老又时髦的奇特市场。

大栅栏和东安市场，曾经是北京人的骄傲，是中外游人向往的繁华胜地；同仁堂、瑞蚨祥、内联升、东来顺、稻香村、六必居等一批著名的“老字号”商店，就是在这里创始、发展起来的。兵匪劫难，商场争斗，曾使大栅栏和东安市场几经荣衰、历经沧桑；新中国成立后，经过多次改建，大栅栏虽然繁华依旧，却只可依稀辨得旧时模样；昔日的东安市场则已荡然无存，难寻踪迹，现在矗立在那里的是豪华的现代化商厦。古都北京正在发展成现代化国际大都市，就市政建设而言，多了几分欣喜，几分遗憾！

在漫长的历史进程中，“老字号”商店，不仅描绘出了多彩的社会风俗画，而且创造了辉煌的企业文化。

“老字号”商店，能长盛不衰，金字招牌不倒，首先是因为它们始终坚持商品质量第一的原则。

同仁堂药店有一条世代相传的规矩，就是“炮制虽繁，必不敢省人力；品味虽贵，必不敢减物力”。中药的加工、制作工艺十分复杂，“炮”“制”都是复杂工艺中的一种。这条规矩是说，不管工艺多么繁杂，他们都要一丝不苟地去做，绝不肯为了省人力而马虎从事；就以最简单的“炒”来说，“火候不及，功效难求，火候太过，气味反失”，甚至会起反作用。虽然都是以天然的动植物为原料，有些药物很贱，有些药物却十分名贵，天然牛黄比黄金还贵，同仁堂配方制药，“必依古法购料，不惜重资”。同是一种药材，虽然同名，但因产地不同，栽培的方法、土壤和气候不同，药性和药效也会大不相同。因此，同仁堂坚持按配方选用原产药材，如陈皮必用广东新会的，当归必用甘肃岷县的，白菊必用杭白菊，16 头大人参绝不用 32 头小人参代替，等等。产非其地、采非其时的药材，宁缺毋滥，绝不以次充好。这种严格“按古方如法炮制”、绝不偷工减料的规矩，是同仁堂能够在创业 300 多年中始终保持成药质量和疗效的关键，也是同仁堂享誉中外的根本所在。

“老字号”的经营与服务，也十分有特色。

在旧时的东安市场，有一家夫妻开的杂货店，专卖小商品。店虽小，货色却很齐全。卖拉链，从一二寸到二三尺，长短不等，应有尽有；卖婴儿奶嘴，有粗细长短不同型号，适合不同婴儿的口型。顾客来买东西，如果店里没有，他们从来不对顾客说“没有”二字，总是回答“我帮你找找”，说着就拿出一个“添货本”，请顾客留下姓名地址，不用多久，他们就会给顾客送货上门。内联升当年有“不量尺寸也做出称心靴子”的美誉。原来，他们有一本《履中备载》，为每一个来店做过鞋的人都建立了一个“档案”，什么式样，多大尺寸，喜欢的面料花色，都记得清清楚楚，以后再要做鞋，只需来人说一声就可以了。这些“老字号”待客，可谓热情周到，体贴入微。

“老字号”商店，经营中坚持以诚待客，讲究商业道德。在旧时商界，流传着一句老话，叫“三年不开张，开张吃三年”。这是说，一些“老字号”的商品，一般人不识货，或虽识货，却因价钱昂贵而买不起，因此这类“老字号”难得做成一笔买卖，兴许“三年不开张”，但只要开张，利润也颇丰厚，保管能“吃三年”。那他们是不是坐等顾客上门，然后狠狠宰顾客一刀呢？不，他们是靠信誉和商品质量制胜的。他们的商品，价格虽贵，甚至言不二价，但货真价实，顾客拿到手的东西绝不会是假货或赝品。旧时的商界，还有一句老话，叫“童叟无欺”。杭州胡庆余堂药店，在大厅里高悬着一块匾额“戒欺”，这是它的创始人胡雪岩亲笔题写的。胡雪岩认为，药的真假，体现出卖药人心的真假，只有心诚无欺，才能赢得信誉，生意才能越做越火。

“老字号”企业的内部管理，也多姿多彩。

有近500年历史的老店北京六必居酱菜园，有两条很特别的店规。一是不用“三爷”，就是企业不用店主的少爷、姑爷和舅爷，这避免了血缘、裙带关系和任人唯亲的弊病，企业运转灵活，不拘一格用人才，始终保持了经营活力和生机。二是天天要喝“栏柜酒”，就是每天晚上停止营业后，掌柜的要和采购员、推销员、营业员、会计一起坐在栏柜边吃晚饭，边吃边饮边聊，聊的话题，不外乎是当天的经营情况，如遇问题，当场解决；这种“栏柜酒”，既增进了店主与员工的感情，又及时研究了经营业务。

四川陈麻婆豆腐，风味独特，麻、辣、烫、香、酥、嫩、鲜、活，倾倒了无数中外食客。陈麻婆豆腐，原料和配料都很简单，陈麻婆豆腐成名后，人们纷纷效仿，到处都有麻婆豆腐卖，但谁的也不及真正的陈麻婆豆腐味美。原来，陈麻婆有一套秘不外传的秘方。在新中国成立前的近百年中，豆腐店经历了四代。陈麻婆没有儿子，除了有 23 年是她外孙经营以外，都是女店主当家。女承母业，绝技绝不外传，即使店主在大堂做菜，食客可以观看烹调的整个过程，但也是看者多，会者少。有一句老话，“教会徒弟，饿死师傅”，这是旧时许多传统绝技为独家所有、一些“老字号”能保持独特产品的原因之一。这是一种封闭式、宗法式的经营管理方式，是许多“老字号”作为一种私人企业与生俱来的。这种经营方式，有其合理性，也有许多弊端。

改革开放后，中国出现了波澜壮阔的商业大潮，众多“老字号”因为产品单一、生产工艺落后、传统绝活后继乏人、经营管理观念陈旧，面临着日益严峻的挑战。内联升的千层底布鞋，只是怀旧者的纪念物；六必居的酱菜疙瘩，再也不会被今天的年轻人视为上品；当年大姑娘、小媳妇离不开的王麻子剪刀，现在还有多少女性迷恋？“老字号”需要发展，需要实现企业的科学化、现代化。

生词 New Words

1. 创始	chuàngshǐ	to found
2. 衰落	shuāiluò	to decline

3. 历程	lìchéng	course
4. 荣枯	róng kū	flourishing and withering
5. 教训	jiàoxùn	lesson
6. 借鉴	jièjiàn	to draw lessons from
7. 组成	zǔchéng	to compose
8. 反映	fǎnyìng	to reflect
9. 风貌	fēngmào	style and features
10. 汇集	huìjí	to gather
11. 闻名遐迩	wénmíng xiá'ěr	famous far and wide
12. 古朴	gǔpǔ	of primitive simplicity
13. 典雅	diǎnyǎ	elegant
14. 匾额	biǎn'é	horizontal inscribed board
15. 翰墨	hànmò	brush and ink, writing, painting, or calligraphy
16. 彬彬有礼	bīnbīn yǒulǐ	refined and courteous
17. 熙熙攘攘	xīxī-rǎngrǎng	bustling with activity
18. 达官显贵	dáguān xiǎnguì	high officials and noble lords
19. 三教九流	sānjiào-jiǔliú	people in various trades
20. 杂沓	zátà	numerous and disorderly
21. 撂摊儿	liào tānr	to put up stands
22. 造就	zàojiù	to bring up
23. 官僚	guānliáo	bureaucrat
24. 豪门	háomén	rich and powerful families
25. 聚居	jùjū	to inhabit (a region), to live in a compact community
26. 挥霍	huīhuò	to squander
27. 奢侈	shēchǐ	extravagant
28. 醉生梦死	zuìshēng-mèngsǐ	to live as if drunk or dreaming
29. 作风	zuòfēng	style
30. 星罗棋布	xīngluó-qíbù	to spread all over like stars in the sky or pieces on a chessboard

31. 昂贵	ángguì	expensive
32. 欣喜	xīnxǐ	happiness
33. 赏心乐事	shǎng xīn lè shì	pleasurable thing
34. 细雨蒙蒙	xìyǔ méngméng	continuous drizzling
35. 瑞雪霏霏	ruìxuě fēifēi	falling snow
36. 老少咸宜	lǎoshào-xiányí	to suit the taste of both the old and the young
37. 骄傲	jiāo'ào	pride
38. 匪	fěi	bandit
39. 劫难	jiénàn	disaster
40. 沧桑	cāngsāng	vicissitude
41. 模样	múyàng	appearance
42. 荡然无存	dàngrán wú cún	all gone
43. 踪迹	zōngjì	trace
44. 矗立	chùlì	to stand tall and upright
45. 炮制	páozhì	to prepare (Chinese medicine)
46. 规矩	guīju	rule
47. 栽培	zāipéi	cultivation
48. 配方	pèifāng	prescription
49. 宁缺毋滥	nìngquē-wúlàn	would rather go without than have something shoddy
50. 如法炮制	rúfǎ-páozhì	to prepare herbal medicine by the prescribed method
51. 履	lǚ	shoes
52. 体贴入微	tǐtiē rùwēi	to look after with great care
53. 赝品	yànpǐn	sham
54. 童叟无欺	tóng sǒu wú qī	to cheat neither the old nor the young
55. 血缘	xuèyuán	ties of blood
56. 裙带关系	qúndài guānxì	petticoat influence
57. 任人唯亲	rènrén-wéiqīn	to appoint people by favoritism
58. 弊病	bìbìng	malpractice

59. 掌柜	zhǎngguì	manager
60. 倾倒	qīngdǎo	to overwhelm
61. 烹调	pēngtiáo	to cook
62. 宗法	zōngfǎ	patriarchal
63. 与生俱来	yǔshēng-jùlái	to come with birth
64. 弊端	bìduān	drawback
65. 陈旧	chénjiù	outdated
66. 怀旧	huáijiù	to remember past times
67. 纪念	jìniàn	to commemorate
68. 疙瘩	gēda	lump
69. 迷恋	míliàn	to be infatuated with

注释
Notes

1 梅兰芳

梅兰芳（公元 1894—1961 年），原籍江苏，出生于北京。中国著名的京剧表演艺术家。八岁学戏，十一岁登台演出。梅兰芳虽然是男性，但扮演的是京剧中的青衣，兼演刀马旦。青衣和刀马旦，都是中国传统戏曲中的角色名称。戏中的青年或中年女性，都是青衣扮演的，表演上着重唱功，服饰多穿青色或黑色。刀马旦则扮演武艺高强的青壮年女性，表演上兼重唱做和舞蹈。梅兰芳在长期的京剧舞台实践中，在京剧旦角的唱腔、念白、舞蹈、音乐、服装、化妆各方面，对传统京剧都有所创造和发展，形成了自己独特的艺术风格，影响十分深远，世称“梅派”，至今仍然是中国京剧艺术中一支重要的艺术流派。他曾先后到日本、美国、前苏联等国家访问演出。他的代表剧目有《贵妃醉酒》《霸王别姬》《宇宙锋》《游园惊梦》等。

Mei Lanfang

Born in Beijing, Mei Lanfang (1894—1961) was originally from Jiangsu Province. He was a famous Beijing opera artist in China. He started to learn Beijing opera at the age of 8, and made his debut at 11. He was male, but played the roles of *qingyi* (a female role in traditional opera portraying faithful wives, chaste women, and maidens in distress or poverty but noble in character) and sword-and-horse *dan* (portraying horsewomen and female warriors, who wear tight-fitting clothes, use twirling weapons, and perform acrobatic feats). *Qingyi* and sword-and-horse *dan* are both roles in traditional Chinese operas. The young and middle-aged women in the operas were played by *qingyi*, whose performance emphasizes singing, and who usually wear black clothes. Sword-and-horse *dan* plays female roles excelling in martial arts who are still young or in the prime of life. Their performance attaches equal importance to singing, acting and dancing. In his long practice on the Beijing opera stage, Mei Lanfang made innovations and developments in traditional Beijing opera in such aspects as *dan*'s vocal music, spoken parts, dancing, music, costume and make-up, thus forming a unique artistic style of his own, which was referred to as the "Mei Style" and had a far-reaching influence. It is still an important artistic school in China's Beijing opera art. He visited and gave performances in Japan, the United States, and the former Soviet Union. His representative operas included *Drunken Concubine*, *The Overlord Parts with His Concubine*, *Cosmic Sword*, *A Garden Stroll and a Dream Interrupted*, etc.

2 胡庆余堂

“北有同仁堂，南有庆余堂”是对胡庆余堂最准确的定位。“江南药王”胡庆余堂，系清末“红顶商人”胡雪岩于 1874 年创建，地处杭州历史文化街区清河坊，是国内保存最完好的晚清工商型古建筑群，整个建筑形制宛如一只仙鹤，栖居于吴山脚下，寓示“长寿”。胡庆余堂始终秉承“戒欺”祖训、“真不二价”的经营方针，已成为保护、继承、发展、传播中国五千年中药文化精粹的重要场所，是杭州人文历史文化不可或缺的重要组成部分。

Huqingyutang

"Tongrentang in the North, and Qingyutang in the South" is the most accurate description of the position of Huqingyutang. Huqingyutang, known as the "King of Medicine in south of the Yangtze River", was established in 1874 by Hu Xueyan, a "red top official merchant" at the end of the Qing Dynasty, and located at Qinghe Lane in a historical and cultural block in Hangzhou. As the best-preserved ancient industrial and commercial building complex of the late Qing Dynasty, it is shaped like a crane dwelling at the foot of Wu Hill and symbolizing longevity. Huqingyutang, adhering to the ancestral teaching of "No cheating" and the management principle of "No second price", has become an important place for the protection, inheritance, development, and dissemination of the culture of traditional Chinese medicine with over five thousand years, and serves as an integral part in the history of humanity and culture of Hangzhou.

练 习 Exercises

一、三人谈。

苏姗娜：木村，你去过王府井和前门大栅栏吗？

木 村：当然，这两个地方不去，还算到过北京？

高天翔：我还没有去，我来北京以后首先去的是琉璃厂。

木 村：哈，咱们三个真是志同道合！

苏姗娜：不过你感兴趣的是这三个地方繁荣的市场，我和高天翔感兴趣的是这三个地方的文化。

木 村：我也不是只对市场感兴趣，我注意到这三个地方，有一大批历史悠久、享有盛誉的老字号商店。

高天翔：不错，像同仁堂呀，内联升呀，稻香村呀，荣宝斋呀……

苏姗娜：你还知道这些！

高天翔：正是从这数不清的老字号商店，我们才看到了古都北京的风貌。

苏姗娜：你看，那些老字号的门脸儿，飞檐翘角，多有特色；还有那些匾额对联，都是精美的艺术品！这在国外可看不到。

木 村：你们只看到了表面的东西，这些老字号商店的经营方式也与众不同。

高天翔：这倒是。进到这些商店里，是有一种特别的感觉。

苏姗娜：服务员特别热情、周到、体贴，真正有宾至如归的亲切与温暖。

木 村：更重要的是他们重质量，讲信誉，有绝活。比如同仁堂……

高天翔：啊，我知道，你想说同仁堂那句名言，“炮制虽繁，必不敢省人力；品味虽贵，必不敢减物力”，对吧？

木 村：这就是一种独特的企业文化！其实，每一个老字号商店，都有自己的文化和精神，不然，它们不可能历尽沧桑、长盛不衰！

高天翔：我真希望这些老字号能够在保持传统的基础上创新，在现代商业的激烈竞争中，更加兴旺发达！

二、模仿上面的例子，就课文中感兴趣的话题，开展自由交谈。

三、组词和成语填空。

闻名____	熙熙____	醉__梦__	不拘____
____有礼	三__九__	星__棋__	____入微

如法____　　偷__减__　　多__多__　　宁缺____

__真__实　　老少____　　雅俗____

四、选择正确的解释。

1. 东安市场，集购物、娱乐于一体，是老少咸宜，雅俗共赏，既古老又时髦的奇特市场。

① 东安市场，集中了购物和娱乐，是个老的少的都觉得便宜，雅的俗的都能欣赏，古老又时髦、奇怪而特别的市场。

② 东安市场，把购物和娱乐集中起来，是个老人小孩都觉得合适，文化高的人和文化低的人都能欣赏，又古老又时髦、既稀奇又独特的市场。

③ 东安市场把购物、娱乐集中起来，成了老人、小孩都适宜，趣味不同的人都欣赏的古老、时髦、奇怪、特别的市场。

2. 他们的商品，价格虽贵，甚至言不二价，但货真价实，顾客拿到手的东西绝不会是假货或赝品。

① 他们的商品，价格虽然贵些，甚至他们只说一个价格，不说第二个价格，但货是真的，价格也实在，顾客拿到手的东西绝对不会是假货或者伪造的。

② 他们的商品，价格贵，有时甚至报了价后，不会改口报出第二个价，但货是真的，价格也公道，顾客拿到手的货物绝对不会是假货或者冒牌品。

③ 他们的商品，价格虽然贵，甚至不许讨价还价，但货是真实的，价格也是真实的，因为顾客拿到手的货物绝对不会是假的或冒牌的。

3. 只有心诚无欺，才能赢得信誉，生意才能越做越火。

① 只有内心诚实不欺骗顾客，才能得到老板的信任和称赞，生意才能越做越好。

② 只有内心诚实不欺骗顾客，才能得到顾客的信任和称赞，生意才能越做越上火。

③ 只有内心诚实不欺骗顾客，才能得到顾客的信任和称赞，生意才能越做越红火。

五、听课文录音，回答问题。

1. 何谓“老字号”？

2.“老字号”的兴衰与成败给我们什么启迪？
3. 简述3家课文中谈到的“老字号”。
4.“老字号”面临着怎样的挑战？

六、自由讨论。

1. 谈谈贵国、世界上你熟悉的“老字号”以及它们的特色、兴衰。
2. 贵国对有特色的“老字号”有什么保护政策吗？你对中国一些“老字号”跟不上时代潮流，面临淘汰持什么态度？

七、朗读并口述下面的短文。

说“谋事在人，成事在天”

三国时，魏、蜀长期交战，司马懿和诸葛亮是老对头，彼此十分熟悉，虽互有胜败，但总体上讲，诸葛亮往往技高一筹。《三国演义》中写道，公元234年，诸葛亮再次率军攻魏，双方在五丈原（今陕西岐山县南）相遇。诸葛亮设计把司马懿率领的魏国军队引入山谷，企图用大火，使魏军全军覆没。战事进展，一切如意，正当司马懿父子被引入谷中，四周大火冲天，无路可逃时，突然天降暴雨，把一场大火扑灭，司马懿父子乘机死里逃生。诸葛亮不禁悲叹说：“谋事在人，成事在天，这是勉强不得的啊！”不久，诸葛亮就病死在了五丈原。

诸葛亮叹息“天”，有一种无法抗拒天意的悲哀。如果按照老子、庄子的思想，“天”是客观自然规律的话，“成事在天”的话，似乎也有一定的道理，人不应因此而消极。我们现在的科技够发达的了，但农业生产，在很大程度上仍然摆脱不了天灾的困扰。市场经济中也有一只“看不见的手”，无论多么伟大的经济学家、企业家，都只能顺应它、抓住它、利用它，而不能根本改变它（可能局部改善）。所以，不能因为“无力回天”而放弃了人的努力；而应该掌握客观规律努力尽人事。老企业的新生，小企业的发展，是不是都可以从“谋事在人，成事在天”的古训中吸取一点儿正确的东西呢？

11

第十一课

广告与广告文化（一）

Lesson 11　Advertising and the Culture Therein (1)

读报、看电视、听广播，走路、坐车、逛商店，你眼里看的，耳中听的，无时无处没有广告。广告铺天盖地，广告无孔不入，广告无时不在。广告由橱窗、招贴、标语布满大街小巷，随广播、电视、报纸进入千家万户。广告是一种经济手段，但又是一种文化，造成了一种现代商业社会特有的文化氛围，当今社会的每一个人，不论男女老幼，无不受它的影响，受它熏陶和支配。

那么，广告究竟是什么？它怎么会如此广泛存在，具有如此巨大的力量？

广告，在汉语中有“广而告之”的意思，即把某事通过一定方式告诉公众。这个词在拉丁文里有“引起注意”和“诱导”的意思，即通过一定传播媒介，唤起公众注意某种事物，并把这种注意力诱导到一定的方向上去。了解广告的这种特性，我们就不难理解广告的存在和作用了。

广告有广义和狭义之分。狭义的广告，是指经济广告，又叫商业广告，这种广告专门传播商品和劳务信息；广义的广告，还包括非经济广告，或叫社会公益广告，指除了经济广告以外的各种广告，如政府公告，文化、市政、社会团体的启事，个人的寻人、征婚启事和遗失声明，等等。商业广告是我们本课要学习的内容。

商业广告，是为商品经济市场服务的，它的作用，概括起来有五个方面：

一、传播信息，这是广告最基本的功能。广告把有关商品的质量、价格、性能、特点、用途、使用、保养、维修等各种信息介绍给消费者，帮助他们及时找到自己需要购买的商品和能够为他们提供服务的地方。

二、促成销售，加速流通。西方人把商业广告叫作“印在纸上的销售术”。促成销售的根本原因当然是社会的需要，不能满足和适应社会需要的商品，广告做得再好也没用；新飞冰箱的广告词“广告做得好，不如新飞冰箱好”，用的就是这个意思。但是，生产的产品不被社会了解，即使是社会急需的商品，也会成为嫁不出去的女儿。

三、利于竞争。在商品经济市场上，竞争日益激烈。商场大战，往往以广告大战为前奏。企业总是不惜花巨额广告费，大造声势，宣传自己的新工艺、新技术、新产品，树立产品信誉和企业形象，使本企业在竞争中获得有利地位。广告是企业在竞争中求生存、求发展的重要手段。

四、指导消费。随着科学技术的进步和物质产品的丰富，新产品层出不穷，商品种类名目繁多，人们的社会需求也呈现多样化。这样，无论是厂商还是消费者，都需要“消费指导”。消费者需要从广告中及时了解商品和服务信息，而厂商也要利用广告指导消费者去正确判断和选择商品。从某种意义上说，市场是创造出来的，消费者也是创造出来的。这种创造力，就是来源于“消费指导”。

五、教化作用。商品买卖的自由，决定了广告宣传的方式既不能用理论说教去教训人家该买什么、不该买什么，更不能用行政命令去强迫人家能买什么、不能买什么，而只能采取诉求的方式向消费者倾诉出售商品的愿望，请求光临惠顾，这就只能通过晓之以理、动之以情，才能达到目的。广告的这种诉求方式，恰恰与寓理于情的艺术感化方式有某些共同之处。这就是说，广告总是要借助一定的艺术手段和形式，或是娓娓动听地诉说，或是优美动人的画面，给人以愉悦和感染，从而引发诉求对象的购买兴趣和欲望。因此，广告对人的思想感情的潜移默化作用，是不可忽视的。

前些年，中国出现过这样两则广告，曾经引起广泛批评。有一则药品广告，一个孩子病了，妈妈说："打针。"孩子说："不要，不要。"妈妈说："吃药。"孩子说："不要，不要。"这也不要，那也不要，妈妈急了，一下跪在地上，呼叫着说："小祖宗，你可让人怎么好呀！"这时，画面上出现一种外敷药，孩子听说不苦不痛，才答应，于是母子皆大欢喜。还有一则口服液广告，说这种口服液能开发智力，长期饮用后能当经理，于是可爱的小宝宝躺在妈妈怀里嚷着要喝这种口服液，说："爷爷是经理，爸爸是经理，我长大了也要当经理！"想当经理自然是好事，但是，倘若孩子反问妈妈："喝了口服液就能当经理，你还天天逼我学习干吗？"妈妈该怎么回答呢？

广告的本质，是真实无欺。但在商品竞争日益激烈的当今社会，虚假广告，越来越成了普遍的、难以治疗的顽症。虚假广告大致有四种类型，一是捏造事实，或无中生有，或以假作真。中国曾多次出现假良种、假农药案件，造成大面积减产，甚至颗粒无收。什么"名""优"产品，这名牌、那名牌，不少也属假冒伪劣一类。二是隐瞒事实真相，如隐瞒商品中含有毒素或其他危害健康的物质，将其宣传为完全没有毒、副作用。前些年发生过的致人于死的假酒案，化妆品毁容案，是最典型的案例。三是用"模糊"法，故意造成误解。如某家具展销广告"展销意大利聚酯漆家具"，消费者以为是出售意大利生产的家具，其实是涂意大利聚酯漆的国产家具；商标上的文字游戏，也是一种"模糊"广告，如一种女士包的标签上写着"MODE IN ITALY"（意大利式样），使人误解为"MADE IN ITALY"（意大利制造）。四是吹牛皮，在火爆的营养滋补品市场，吹得天花乱坠的广告随处可见，诸如"包治百病、益气补血、壮骨强身、延年益寿、返老还童、药到病除、无效退款"，越是吹得神乎其神、玄之又玄，受骗上当者越多。

做虚假广告，从实质上说，是一种利用消费者的消费心理骗取钱财的欺诈行为。这种公开的欺诈行为，之所以屡禁不止，一方面是因为消费者的消费心理可以利用，例如爱美之心，人皆有之，年轻女士尤其爱美，于是化妆品虚假广告便乘虚而入；强身健体、延年益寿，也是人们的共同心理，于是营养补品的虚假广告也有机可乘；另一方面是虚假广告能在短期内带来丰厚的利益，也使行骗者铤而走险。

有奖销售，也是商家最具蛊惑力的广告宣传。大街上到处都可以看到有奖销售的幌子，从“买一送一”到“开盖有奖”；从奖U盘、手机、相机，到奖电脑、汽车、豪华游。明知那是高悬的画饼，但是看见真有人中了大奖，也着实叫人眼馋。于是，迷信运气、相信手气的人，还是越来越多。经营者巧设陷阱，消费者痴梦黄粱；做梦人梦成泡影，老板们坐收高额利润。一些不法商人，利用有奖销售，误导消费者，驱使成千上万的人心甘情愿掏了腰包还执迷不悟。

虚假广告，是一种不道德的广告，它的最大危害，在于它传递不真实的信息，误导消费，损害广大消费者的利益，也损害了企业的形象和长远利益。禁止虚假广告，不仅是维护消费者和企业双方利益的需要，也是维护商品经济正常秩序的需要。

生 词

New Words

1. 铺天盖地　pūtiān-gàidì　to blot out the sky and cover up the earth
2. 无孔不入　wúkǒng-búrù　to get in by every opening
3. 支配　zhīpèi　to govern
4. 诱导　yòudǎo　to induce
5. 广义　guǎngyì　broad sense

6. 狭义	xiáyì	narrow sense
7. 劳务	láowù	labor service
8. 政府	zhèngfǔ	government
9. 公告	gōnggào	announcement
10. 市政	shìzhèng	municipal administration
11. 启事	qǐshì	notice
12. 遗失	yíshī	loss
13. 声明	shēngmíng	statement
14. 概括	gàikuò	to summarize
15. 保养	bǎoyǎng	maintenance
16. 前奏	qiánzòu	prelude
17. 声势	shēngshì	momentum
18. 判断	pànduàn	judgment
19. 说教	shuōjiào	to preach
20. 行政	xíngzhèng	administrative
21. 命令	mìnglìng	order
22. 强迫	qiǎngpò	to force
23. 诉求	sùqiú	to appeal
24. 倾诉	qīngsù	to pour out
25. 晓之以理	xiǎo zhī yǐ lǐ	to let one know the reasons
26. 动之以情	dòng zhī yǐ qíng	to move one with true emotions
27. 恰恰	qiàqià	exactly
28. 娓娓动听	wěiwěi dòngtīng	to speak most interestingly
29. 感染	gǎnrǎn	to affect
30. 欲望	yùwàng	desire
31. 顽症	wánzhèng	stubborn disease
32. 捏造	niēzào	to make up
33. 隐瞒	yǐnmán	to conceal

34. 真相	zhēnxiàng	fact
35. 毒素	dúsù	toxin
36. 危害	wēihài	to endanger
37. 毁容	huǐróng	disfigurement
38. 故意	gùyì	purposely
39. 聚酯漆	jùzhī qī	polyester paint
40. 游戏	yóuxì	game
41. 天花乱坠	tiānhuā-luànzhuì	extravagantly colorful description
42. 神乎其神	shénhūqíshén	marvellous
43. 玄之又玄	xuánzhīyòuxuán	mystery of mysteries
44. 骗取	piànqǔ	to defraud
45. 欺诈	qīzhà	to cheat
46. 乘虚而入	chéngxū ér rù	to break through at a weak point
47. 有机可乘	yǒujīkěchéng	there is an opportunity to take advantage of
48. 蛊惑	gǔhuò	demagogic
49. 幌子	huǎngzi	sign
50. 画饼	huà bǐng	pie in the sky
51. 眼馋	yǎnchán	to cast covetous eyes at something
52. 陷阱	xiànjǐng	trap
53. 痴梦黄粱	chīmèng huángliáng	to have a golden millet dream
54. 泡影	pàoyǐng	bubble
55. 驱使	qūshǐ	to drive
56. 执迷不悟	zhímí-búwù	obstinately stick to a wrong course
57. 传递	chuándì	to transfer
58. 损害	sǔnhài	to impair
59. 维护	wéihù	to safeguard
60. 秩序	zhìxù	order

注释
Notes

黄粱梦

唐人沈既济著传奇小说《枕中记》，讲了这样一个故事：有一个姓卢的青年，从小就志向远大，又刻苦好学，可到壮年也没有谋得一官半职，心中总是闷闷不乐。一天，他在邯郸（今属河北）客店遇到一个姓吕的老头儿。卢生在同吕翁谈话时，不觉困倦。吕翁就给了卢生一个方形枕头。这个枕头是瓷的，两端有孔。当时，店主正蒸黍米饭（黍似小米，略大，又称黄粱）。卢生靠在枕上，渐渐睡去，见枕头两端的孔慢慢变大了，里面也变得越来越明亮，他就走了进去。行不多远，他竟回到了家。不久，他同一个年轻、漂亮的富家女子结了婚。以后，进入仕途，官至丞相，数十年中，极尽荣华。忽然一觉醒来，才知自己只是做了一场梦，而此时店主蒸黍未熟。梦境虽美，却是虚幻，而且短暂。以后，人们就用“黄粱美梦”或“一枕黄粱”来比喻好事落空，像做了一场美梦。

Golden millet dream

The famous literary tales *Stories in the Pillow* by Shen Jiji of the Tang Dynasty (618—907) tell the following story: A young man named Lu had lofty aspirations when he was young, and he studied diligently as well. But even in his prime, he didn't have any official position, and he was depressed. One day he met an old man named Lü at an inn in Handan, Hebei Province. Lu felt sleepy when talking with him, and the old man gave him a square pillow, which was made of porcelain and had holes at both ends. At that moment, the proprietor was cooking a pot of millet. Lu leaned on the pillow and fell asleep. He saw that the holes on both ends of the pillow got bigger and the inside became brighter and brighter. He entered. After walking a short distance, he came home. Before long he got married to a young, pretty and wealthy girl. Later he became an official and worked his way up to prime minister. He enjoyed wealth and honor for several decades. Suddenly he woke up only to know that he had had but a dream. The pot of millet was still cooking. The dream was beautiful but illusory and short-lived. From then on, people used the expression “golden millet dream” as a metaphor for a good turn gone bad, just like having had a good dream.

练习
Exercises

一、三人谈。

苏姗娜：二位，我想请教一个问题。

木　村：什么问题？

苏姗娜：近些年来，中国到处都在搞优质产品评比，你们注意到了吗？

高天翔：各种媒体常有这些消息，怎么不知道？

木　村：这些评比，有中央政府部门组织的，有地方政府部门组织的，更多的是企业邀请专家组织的评比。

高天翔：所以，商店里到处都是经过评比认定的“名”“优”产品。

苏姗娜：那太好了！买东西只要冲着“名”“优”商品去就行了。

木　村：你就那么相信这些评比？

苏姗娜：为什么不信？难道还有假？

木　村：评比本身就很复杂，经过评比认定的“名”“优”产品，有真，也可能有假。

高天翔：没有经过评比的，有的也敢大做广告说是“全国名优”！

苏姗娜：会有这事儿？那不是骗人吗？

木　村：你死我活的商业竞争，往往迫使一些经营不好的商人不择手段，包括利用虚假广告欺骗顾客。

高天翔：改革开放后，中国的广告业还是一个新兴的产业，所以还很不成熟，运作也还很不规范。

木　村：这不奇怪，经济发达的国家也有过这个阶段，而且至今也有不少虚假广告。

苏姗娜：是这样。我来中国以前就不止一次地上过当。

木　村：嗬，你这么聪明，也会上当？

苏姗娜：顾客的一些消费心理，往往被一些不法商人利用嘛！

木　村：我知道你上过什么当了，准是买了什么劣质化妆品、减肥药。

高天翔：爱美之心，人皆有之。你上当，可以理解。

木　村：不过，应该禁止虚假广告。这样，才能维护消费者和企业双方的权益，建立正常的商品经济秩序。

二、模仿上面的例子，就课文中感兴趣的话题，开展自由交谈。

三、词语练习。

1. 组词和成语填空

无孔不__	大__小__	动之____	执迷____
无时不__	千__万__	____动听	层出____
无处不__	晓之____	铤而____	__天__地

2. 填一个字的动词

____广告 ____电视 ____声势 ____牛皮

____商店 ____广播 ____宣传 ____腰包

3. 填两个字的动词

____信息 ____消费 ____事实 ____商品

____信誉 ____利益 ____真相 ____健康

____服务 ____文化

四、为下列各句选择合适的连词。

无论……都……	不仅……也……
即使……也……	既……更……而……

1. 生产的产品不被社会了解，______是社会急需的商品，______会成为嫁不出去的女儿。
2. ______是厂商还是消费者，______需要“消费指导”。
3. 商品买卖的自由，决定了广告宣传的方式______不能用理论说教去教训人家该买什么、不该买什么，______不能用行政命令去强迫人家能买什么、不能买什么，______只能采取诉求的方式向消费者倾诉出售商品的愿望，请求光临惠顾。
4. 禁止虚假广告，______是维护消费者和企业双方利益的需要，______是维护商品经济正常秩序的需要。

五、听课文录音，回答问题。

1. 广义的广告和狭义的广告有什么区别？
2. 广告有哪些作用？
3. 广告的本质是什么？什么样的广告是不好的广告？
4. 虚假广告有什么危害？为什么要禁止？

六、自由讨论。

1. 现代生活中广告无处不在，你讨厌电视节目中没完没了的广告吗？你看到它时是离开还是立即换台？
2. 给你留下最深印象的广告是什么广告？
3. 你能仅凭画面区分是哪国的广告吗？你认为当今世界上哪国的广告做得最有特色、最好？

七、朗读并口述下面的短文。

说“矛盾”

古时候，楚国有一个卖矛和盾的人，他一边卖，一边吆喝：“快来买我的矛啊，我的矛锋利无比，无论多么坚固的东西都能戳穿！”一会儿，他放下矛，又拿起盾，接着吆喝：“快来买我的盾啊，我的盾坚固无比，无论多么锋利的矛也刺不穿它！”他这样不断吆喝，有人买了他的矛，有人买了他的盾。突然，一个人说话了。“喂，卖家伙的，你说你的矛如何锋利，盾又如何坚固，用你的矛刺刺你的盾怎么样？”这一问，卖东西的人就露了馅，赶紧收起家伙溜了。

在商场上，不只是古时候有这种吹牛皮而自相矛盾、自己打自己嘴巴的骗子，当今市场上，也随处可见。有一个小故事：一个顾客到服装店买衣服，售货员热情异常，给她介绍这件如何时髦，那件如何新潮。顾客就指着货架上的一件问售货员：“这确实是现在最时髦的吗？”售货员说：“能蒙别人，还能蒙您这样时髦的小姐？什么流行时装您没见过？”顾客问：“太阳晒了不褪色吗？”售货员说：“瞧您说的，这件衣服在橱窗里已经挂了三年，这不，现在还跟新的一样！”顾客讽刺道：“挂了三年，你还说是最时髦的？”

12

第十二课

广告与广告文化（二）

Lesson 12 Advertising and the Culture Therein (2)

广告是商品经济的产物，商品交换一出现，广告也就随之出现了。据现存资料看，世界上最早的广告，是在埃及古城中发掘出来的公元前3000年的一个广告，现存于英国伦敦博物馆。在中国，商业广告也有悠久的历史，而且形式多种多样，有“一分利”“三元店”式的店名广告，有“三碗不过岗”式的酒旗广告，有砂锅居“名震京都三百载，味压华北白肉香”一类的对联广告，还有北宋年间山东“济南刘家功夫针铺”图文并茂的印章广告。这枚印章，在约两寸见方的中心部位镌有“白兔捣药”图，图画的下面和两侧是广告词：“收买上等钢条，造功夫细针，不误宅院使用，转卖兴贩，别有加饶，请记白”“认门前白兔儿为记”。这里讲了货物名称、质量、优惠条件，然后再告知购买的地方。若将这枚印章印在包装上，就成了“刘家功夫针铺”的商标；若印在纸上，贴于街头，就成了招贴广告。这枚印章实物，现存于中国历史博物馆。随着商品经济的发展，广告业也日渐活跃。在现代商品经济社会中，物质丰富，每日每时都有大量新产品问世，广告更是铺天盖地，令人眼花缭乱，广告的形式也更加五花八门，机巧新奇。传统媒体如杂志、报纸、广播、电视，往往信息量大，图文俱佳，声情并茂，引人入胜；而现在影响最广、传播最快的，莫过于方兴未艾的网络广告。

当今广告借助一切传播媒体，向人们宣传产品、传递信息、促成销售，以满足人们日益增长的物质文化生活的需求，并实现商家的经营目标。有人提出过这样的问题：“假如没有广告，今天的市场会是什么样？”“假如没有广告，你的生活会是什么样？”

毫无疑问，商家需要广告，人们离不开广告。广告业已经成为当今社会最活跃、最有生命力的产业。

近代广告业，经济发达国家一直处于领跑地位。广告业的收入，一直是这些国家国民经济的重要支柱。少数经济发达国家的广告业之所以如此兴旺发达，很大程度上是被商品经济的激烈竞争给逼出来的。人们提起第一次世界大战和第二次世界大战，都会产生一种恐惧和厌恶情绪。而现代商场的营销竞争，其激烈、残酷的程度，也是你死我活、存亡攸关的。从这个意义上说，它的过程和后果，一点不亚于一场战争。所以人们常说商场如战场。这不见硝烟的战场，首先亮出的不是炮弹原子弹，而是铺天盖地的广告。商战越激烈的地方，广告业就越显示出超人的力量，当地的企业家也就愈表现出强烈的广告意识，愈加不惜巨资投向广告业。

美国前总统罗斯福有一句名言“不当总统，就当广告人”。据说，美国可口可乐公司的一位老总1984年来中国访问，游览香山，听说碧云寺旅游服务部特聘书画艺术家为顾客当场作画题字，来了兴致，当即拿出200元酬金，要求为他写一幅字。书画家答应了，也收了酬金，问写什么。这位老总说：“孔夫子说可口可乐好极了！”看，美国老板游山玩水也不忘为自己的产品做广告，而且要请中国人的老祖宗为可口可乐做广告。书画家为难了，可是不题也不行，总不能自食其言，把钱退给人家。于是，书画家极不情愿地一挥而就，他好像看见在一旁围观的中国人都在用目光责备他“见利忘义”，出卖了自己的老祖宗。这时服务部的一位顾问从容提笔在落款处写了几个字，他刚一收笔，围观的人立即哄堂大笑，原来这幅字写成了这样：

一个美国人梦见

孔夫子说可口可乐好极了！

虽然这个故事的真假已经无从考证，但是它充分证明企业家的广告意识是多么强烈！

广告业，是一门知识密集、技术密集、人才密集的高新技术产业，是第三产业中的重要组成部分。在经济发达的西方国家，广告业已经非常成熟。它有完整、系统的理论——广告学，这门学科包括经济学、新闻学、市场营销学、销售心理学、社会风俗伦理学，也包括绘画、摄影、音乐、书法、语言文学等艺术门类；它有人才云集、技术先进、操作规范的广告公司。特别是那些大的专业广告代理公司，为大型跨国企业提供市场调查、产品定位、广告策划、广告创意、媒介选择和广告效果测定等全方位服务。这种广告公司往往成为跨国企业开拓国际市场的排头兵和马前卒。美国的可口可乐公司、通用电话电子公司、美洲航空公司和耐克公司等都曾经委托美国著名的广告公司代理其广告业务。

中国的广告业虽然有悠久的历史，但是作为一个发展中国家，广告业在过去很长一段时间处于相对落后的地位。广告公司，就业人员，广告业投入的资金，都与发达国家存在相当的差距。但是改革开放以来，中国经济增长率屡创新高，现在已经成为世界第二大经济体，无论是广告业从业人员的数量和素质，还是广告意识和资金投入，都与往昔有了天壤之别。随着中国广告法的不断完善，广告业日益规范，已经强力遏制了虚假广告、不正当竞争等不法广告的生存空间。中国广告业正展现出生机勃勃的景象。无论是传统媒体还是新媒体，独特的创意与完美的呈现，时时处处都在打动广大消费者的心。“让世界爱上中国造”这条格力空调的广告语，不仅语言温暖热烈，而且充满了民族的自信美，是当今广告语中的佼佼者。“让世界爱上中国造”，正在变成现实。中国制造的高端产品如高铁、机电、船舶、港口集装箱等，已经走向了世界各个角落。

中国的电子商务已经跃居世界一流。互联网和大数据为中国的广告业注入了强劲的活力。中国产品，从小商品到大型高端产品，借助互联网和大数据，通过“一带一路”，走向了全世界。

以前，中国广大农村，尤其是处在大山深处的村庄，它们的优质土特产，就像“藏在深闺人未识”的大家闺秀，没法走出大山，除了自食自用，只能心疼地看着它们烂在地里。但是，现在借助互联网广告，产品走出了大山，甚至走出了国门，受到了很多人的欢迎和赞誉！据中国信息网发布的消息，其网络广告的市场规模，2013 年已达 1100 亿元人民币，预计 2017 年可达 2852 亿元人民币。在中国网络技术不断创新的引领下，新媒体广告业必将为其经济持续稳定的发展源源不断地注入新动力！

生　词
New Words

1. 埃及	Āijí	Egypt
2. 发掘	fājué	to excavate
3. 悠久	yōujiǔ	long
4. 对联	duìlián	couplet
5. 图文并茂	túwén-bìngmào	with excellent picture and text
6. 印章	yìnzhāng	seal, stamp
7. 别有加饶	bié yǒu jiā ráo	to give extra concessions
8. 眼花缭乱	yǎnhuā-liáoluàn	to be dazzled
9. 机巧	jīqiǎo	ingenious
10. 声情并茂	shēngqíng-bìngmào	both excellent in voice and affection
11. 引人入胜	yǐnrén-rùshèng	fascinating
12. 莫过于	mò guò yú	nothing is more ... than
13. 方兴未艾	fāng xīng-wèi ài	still growing
14. 媒体	méitǐ	media
15. 毫无疑问	háo wú yíwèn	no doubt
16. 领跑	lǐngpǎo	to take the lead in race
17. 兴旺	xīngwàng	prosperous
18. 程度	chéngdù	degree

19. 恐惧	kǒngjù	fear
20. 厌恶	yànwù	disgust
21. 你死我活	nǐ sǐ wǒ huó	a life-or-death struggle
22. 存亡攸关	cúnwáng-yōuguān	a life-and-death matter
23. 原子弹	yuánzǐdàn	atomic bomb
24. 自食其言	zìshí-qíyán	to go back on one's word
25. 情愿	qíngyuàn	willing
26. 一挥而就	yì huī ér jiù	to finish something at one go
27. 责备	zébèi	to scold
28. 见利忘义	jiànlì-wàngyì	to forget all moral principles at the sight of profit
29. 从容	cóngróng	calm
30. 落款	luòkuǎn	to write the names of the sender and the recipient
31. 哄堂大笑	hōngtáng-dàxiào	whole room rocking with laughter
32. 考证	kǎozhèng	to engage in textual research
33. 密集	mìjí	intensive
34. 成熟	chéngshú	mature
35. 完整	wánzhěng	complete
36. 定位	dìngwèi	positioning
37. 创意	chuàngyì	creativity
38. 测定	cèdìng	to evaluate
39. 排头兵	páitóubīng	pacesetter, vanguard
40. 马前卒	mǎqiánzú	pawn
41. 委托	wěituō	to entrust
42. 代理	dàilǐ	to act as an agent
43. 相对	xiāngduì	relatively
44. 从业	cóngyè	to obtain employment
45. 素质	sùzhì	quality
46. 天壤之别	tiānrǎng-zhībié	an immeasurably vast difference
47. 遏制	èzhì	to suppress

48. 热烈	rèliè	fervent
49. 集装箱	jízhuāngxiāng	container
50. 电子商务	diànzǐshāngwù	e-commerce
51. 土特产	tǔtèchǎn	local specialty
52. 大家闺秀	dàjiāguīxiù	girl from a respectable family
53. 注入	zhùrù	to infuse

注 释
Notes

1 三碗不过冈

三碗不过冈，是中国古典小说《水浒传》中的故事。《水浒传》中有一个著名的打虎英雄，叫武松。一天，他来到阳谷县（在今山东）境，时当正午，走得又饥又渴，见前面一家酒店，酒旗高挑，上写五个大字："三碗不过冈。"武松进了酒店，一气喝了三大碗酒，连声叫唤："好酒！好酒！店家，拿酒来！"可店家不肯给他添酒。武松问这是为什么。店家说："这后面的景阳冈上有猛虎出没，常常伤害过往行人。我这酒，叫'透瓶香'，又叫'出门倒'，喝起来好喝，可喝过三碗，没有不醉倒的。我怕你喝多了，过不了景阳冈。"武松凭他胆大艺高，哪里肯听，一连又喝了十五大碗，然后大步走上景阳冈。开始，好像没事，可冷风一吹，酒性发作，他便有些神志恍惚，两脚轻飘起来。忽听呼呼风吼，一只猛虎向他扑来。武松一惊，顿时清醒了许多。经过一场生死搏斗，武松终于打死了猛虎，成为名震当时、誉传后世的打虎英雄。

Drink three bowls and you can't cross the ridge

"Drink three bowls and you can't cross the ridge" is a story in the Chinese classic novel *Outlaws of the Marsh*. In the story, there was a famous hero named Wu Song who killed a tiger. One day he came to Yanggu County (in present-day Shandong Province). It was noon, and he was hungry and thirsty from walking. Further up the road he saw a tavern. By the doorway hung a pennant on which were written: "Drink three bowls and you can't cross the ridge." Wu Song went inside and drank three bowls of wine at one go. He shouted: "Good wine, innkeeper, more wine!" But the innkeeper poured no more. Wu Song asked the reason. The innkeeper said: "There is a fierce tiger on Jingyang Ridge, and it has been killing people. My wine is called 'Fragrance Permeating the Bottle', and also 'Collapsing Outside the Door'. You don't feel anything at first. But any traveler who drinks three bowls of it gets drunk. I am afraid that you would have drunk too much and would not be able to cross Jingyang Ridge." Relying on his audacity and superb skill in martial art, Wu Song wouldn't listen and drained 15 bowls in succession, and then he went up Jingyang Ridge in big strides. Everything seemed all right at the beginning, but when the cold wind blew, he felt that the wine was burning inside him. He was in a trance and his gait was unsteady. Suddenly a howling gale blew, and a huge tiger bounded out at him. Startled, Wu Song immediately felt more sober. After a life-and-death struggle, Wu Song eventually killed the tiger and became a tiger-killing hero who enjoyed fame at the time and whose name went down in history.

2 白兔捣药

传说月中有白兔，所以，古人常把月亮叫作白兔或玉兔。月中玉兔长年跪在地上捣药，年复一年，没有休止。据说吃了白兔捣的药物，便可长生不死。唐代诗人李白有一首《把酒问月》诗，表达了对白兔的同情，诗中说"白兔捣药秋复春，嫦娥孤栖与谁邻？"嫦娥，也是中国神话故事中的人物。相传，她偷吃了长生不死之药后，飞奔上了月球，再也回不了人间。诗人问嫦娥，你是那样孤独寂寞，找谁与你做伴呢？大概只有找白兔了吧！

A white rabbit pounding medicine in a mortar

Legend has it that there is a white rabbit on the moon, and therefore, ancient Chinese often called the moon white rabbit, or jade rabbit. The jade rabbit on the moon was always kneeling on the floor pounding medicine in a mortar, year in and year out without stop. It was said that taking the medicine pounded by the jade rabbit could make one live forever. The poet Li Bai of the Tang Dynasty wrote a poem called *Lift My Cup and Ask the Moon*, which expresses his sympathy with the jade rabbit. The poem says: "The jade rabbit pounds medicine year in and year out, what neighbor does the lonely Chang'e have?" Chang'e is also a character in Chinese myths. According to legend, Chang'e took the elixir of life on the sly, and flew to the moon and could no longer come back to the earth. The poet asked Chang'e: You are that lonely and who accompanies you? Maybe only the jade rabbit.

3 中国经济增长率

改革开放以来，中国经济保持了高速、持续、稳定的增长。1980 年到 1990 年的十年间，中国主要工农业产品的产量和生产能力，都有了较大增长。粮食增长了 31%，棉花增长了 56.8%，原油增长了 75.8%，发电量增长了 104.6%，钢增长了 77.3%，城镇居民消费水平平均增长了 6%。从 1980 年开始，中国历年国内生产总值（GDP）均保持了较好的增长势头，其中有大部分年份增长率都在 10% 以上，其中 1992 年高达

14.24%，2007 年高达 14.16%。这样的经济增长速度，不仅使中国人的生活水平得到极大提高，也在很大程度上带动了全球经济的发展。

Rate of China's economic growth

Since its reform and opening up, China has maintained a high-speed, sustained and steady growth. During the ten years between 1980 and 1990, the output and production capacity of China's major industrial and agricultural products witnessed remarkable increases. Grain output increased by 31%; that for cotton, 56.8%; crude oil, 75.8%; power capacity, 104.6%; steel, 77.3%; and the level of consumption by urban residents, 6% on average. Since 1980, China's GDP has maintained a sound momentum of growth over the years, with the growth rate being over 10% in most of the years. The number even reached 14.24% in 1992 and 14.16% in 2007. The economic growth rate not only helps improve Chinese people's living standards greatly, but also promotes the global economic development to a large extent.

练习 Exercises

一、三人谈。

木　村：苏姗娜，你对商业文化这么感兴趣，没想过做广告商？

苏姗娜：没有。

木　村：为什么？

苏姗娜：这太难了。

高天翔：有什么难的？

苏姗娜：广告业，是一门知识密集、技术密集、人才密集的产业，投入很大。

木　村：但也可以赚大钱。就拿我们公司来说，每年的广告费就上千万美元，还不都是广告商赚去了。

高天翔：我看这话不大公平。广告商赚了你的钱，但他们提供的全方位广告服务，也为你们打开了市场，赚回了数倍于广告费的利润。

苏姗娜：所以，越是资本雄厚的企业，他们的广告意识越强，也越是不惜巨资投向广告业，强化自己在商业竞争中的优势。

木　村：商场如战场。商业大战的前奏是广告大战，而广告大战，实质上是经济实力战。广告商在空前激烈的商业大战中，起了推波助澜的作用。

高天翔：有人说，第三次世界大战是商业营销战，听起来多可怕！

苏姗娜：所以，我不敢卷进去。

木　村：你怕在商业大战中失败？

苏姗娜：那倒不是。我只是觉得，要做好广告业太难了。

高天翔：是啊，你的广告做得好坏，关系到一个企业的兴衰存亡。

苏姗娜：远不止这些。因为广告业虽然是商品交换的产物，但事实上每一个广告，都是一种精神文化产品。

高天翔：是啊，它对人是一种诱导，有特殊的教化作用。

苏姗娜：它会影响人们的生活，社会的精神文明，甚至人类未来的文化。

木　村：你们把广告的作用看得也太大了。我只知道，广告可以为我赚钱，所以我用广告。

二、模仿上面的例子，就课文中感兴趣的话题，开展自由交谈。

三、词语练习。

1. 写短语

毫无____（名）	____落后（名）
从容____（动 / 形容）	____缓慢（动）
薄弱____（名）	形成____（名）
____情绪（动）	耗费____（名）

2. 成语填空

引人____	见利____	哄堂____	自食____
眼花____	一挥____	铺__盖__	

四、选择正确的解释。

1. 书画家为难了，可是不题也不行，总不能自食其言，把钱退给人家。

① 书画家犯难了，但是不给美国老板写那副字也不行，总不能自己说话不算数，把钱退还给人家。

② 书画家犯难了，但是不给美国老板写那副字也不行，总不能让美国老板说话不算数，把钱退还给人家。

③ 书画家犯难了，但是不给美国老板写那副字也不行，总不能让美国老板说话算数，把钱退还给人家。

2. 这种广告公司往往成为跨国企业开拓国际市场的排头兵和马前卒。

① 这种广告公司常常成为跨国企业开拓国际市场的头排兵和跑在马前的人。

② 这种广告公司常常成为跨国企业开拓国际市场的先遣部队。

③ 这种广告公司常常成为跨国企业开拓国际市场的走在前头的兵和奔走效劳的仆人。

五、听课文录音，回答问题。

1. 为什么发达国家的广告业都很兴旺？
2. 广告业是一种怎样的产业？
3. 为什么外国广告公司看好中国市场？

六、自由讨论题。

1. 请谈谈贵国广告业竞争的实例。
2. 你在生活中注意广告宣传吗？广告对你的生活有多大影响？
3. 你认为中国的广告业弱点在哪儿？

七、朗读并口述下面的短文。

说“鹬蚌相争”

战国时，有一个“鹬蚌相争，渔人得利”的故事：赵国将要攻打燕国。苏代受燕王之命，到赵国去说服赵王放弃这个计划。苏代对赵王说：臣来时，经过易水（在今河北易县南），见水边有一只蚌正张开蚌壳晒太阳，一只鹬（水鸟）飞来，一口叼住了蚌肉，蚌一下合上了蚌壳，把鹬嘴紧紧夹住不放。鹬没法吃蚌肉，可也飞不走。于是，鹬说：“今天不下雨，明天不下雨，你就会变成一个死蚌了。”蚌说：“今天你的嘴出不去，明天出不去，你就会变成一个死鹬了。”两个谁也不放开谁，就一直僵持着。这时，一个渔夫经过这里，高高兴兴地把鹬和蚌都捺了回去。苏代说：“如果现在赵燕相争，恐怕强秦就要成渔夫了。”赵王听了苏代的话，就放弃了攻打燕国的计划。

双方争执不下、第三方因而得利的事，在现实生活中，常能看到。市场上的低价竞销，是一例；物品拍卖，是一例；争夺电视台黄金时间广告播映权，又是一例。当初，中国中央电视台30秒广告一年播放费，只要二三千元；到1995年已上升到1200万元，到1997年，孔府宴酒厂出了7000万元的投标价，居然与中标无缘，而最后由秦池酒厂夺标，标价约是3.2亿元。广告播映权竞争，竞出了3.2亿元的“天价”，得利的当然是电视台。“鹬蚌相争，渔人得利”，是市场经济中普遍和正常的现象吗？

13

第十三课

品牌与商标文化（一）

Lesson 13 Brands and the Culture of Trademarks (1)

每一种商品都有自己的名字，有多少种商品就有多少个名字。正因为名字不同，我们才能区别出不同的商品。人们在买东西时，常问："这是什么牌子的？" 这个"牌子"，就是商品牌号中可以读出音来的那一部分。品牌，可以是一个名称，一个术语，一个符号，一种图案，也可以是上述各项的组合。其中不能读出音的部分，常常构成商品的标记和象征意义。而"商标"，可能是整个商品牌号（包括能读出音的部分和不能读出音的部分），也可能是其中的一部分，它一经注册，商标所有人即取得一定时期的独占使用权，并受到法律保护。

商标，是生产者、经营者为了把自己的商品或提供的服务，与别人的商品或提供的服务区别开来，而给商品或服务加上的标记。因此，商标的本质功能在于区别商品和服务，识别生产者和经营者。它既便于消费者选择商品和服务，也用来明确生产者和经营者的责任。同时，它还有宣传功能，在现代商品社会中，商标作为推销商品、占领市场的工具，具有重要价值。它是商品参加市场竞争的锐利武器。

人们在日常生活中说到商品"牌子"时，还常常说到"名牌""驰名商标"。商品成为"名牌"，就包含着社会对它的品质和信誉的评价，对它的知名度的估量。一般商标是大量的，而"名牌商标"只是少数；"名牌商标"也不等于"驰名商标"，"驰名商标"是"名牌商标"中的佼佼者。根据《保护工业产权巴黎公约》，由商标注册国或商标使用国主管机关认定在该国已经驰名的商标，才是"驰名商标"。在认定"驰名商标"时，主要考虑八个基本要素：一是商标公众知晓程度和商品信誉，二是国内外同行的评价，三是商标使用区域和范围，四是商标使用的时间，五是商标连续使用的年限，六是广告宣传费用、覆盖地域和在同行中的比较，七是在其他国家、地区注册和使用情况，八是商标所有人自我保护意识的强弱。“驰名商标”受到法律的特殊保护，比如对一般商标的保护，只是要求在同一种商品或类似商品上不得出现与之相同或相似的商标，而对驰名商标的保护则更广泛，即使是其他类别商品的商标，也不能与之相同或相近似；又比如，一般商标只在注册国受到保护，而驰名商标在《保护工业产权巴黎公约》成员国中都可以受到保护。

一种商品的牌子和商标，不是一个简单的名字、符号、图案或标志的问题。为自己的商品取一个芳名，设计一个精美图案，包含着语言学、美学、民俗学、商品学诸多因素；商品的质量和信誉，更离不开先进的科学技术，离不开企业管理和市场营销的理论与实践；商品的广告宣传与知名度，其实是有形资产和无形资产的转化，是企业实力的较量。总之，商标就是文化，是企业物质财富和精神财富的结晶，而名牌商标、驰名商标，更可能是一个企业几十年、上百年积累的结果。世界上每一个成功的企业都有自己的驰名商标；每一个驰名商标的背后，都屹立着一个成功的企业，而且往往是一个规模庞大、实力雄厚的超大型的跨国集团。在当今世界上，一个国家的经济实力如何，国家的形象如何，从这个国家有没有一批在国际市场上具有强大竞争力的驰名商标也可以看出来。“可口可乐”“万宝路”“索尼”“丰田”“奔驰”，这些世界驰名商标，托起了美国、日本、德国等经济强国的形象。因此，一个企业创名牌，一个国家发展和保护名牌，其实就是在追求企业的发展，追求国家经济的发展与繁荣。

在经济发达的国家，品牌和商标，受到高度重视。在《企业文化与企业形象》一课，我们已经讲到第二次世界大战后出现的 CIS 策略。CIS 策略的终极目标，就是树立企业形象和产品形象。

而CIS策略中的一个重要内容，就是品牌和商标的设计与运用。

我们以“可口可乐”为例。“可口可乐”投放市场后，在最初的十余年里，并不畅销，后来他们发现是商标设计不好。美国标志大师设计出新的商标，让深色饮料将白色文字托出，并将文字变化与饮料印象融为一体，从此，“可口可乐”名声大振。“可口可乐”准备打入中国市场前，为给这种不含酒精的西方饮料取一个中国人能接受的名字，公司也费尽了心机。正是“可口可乐”商标的出色设计，使“可口可乐”在消费者心目中的印象，同地位、权威、信心、文化品味、生命活力等心理感受紧紧联系在一起。1986年4月，可口可乐公司宣布改变已经沿用了99年的生产配方，试用新配方。消息一传出，不料立即引起了轩然大波。抗议信件如雪片似地飞向公司；公司每天还接到1500次以上的抗议电话；一些人走上街头，举行抗议示威；有的人甚至向法院上诉，理由是“可口可乐”已经成为美国文化的象征，任何个人或公司都无权改变。现在，“可口可乐”已经行销全世界，它与世界上195个国家和地区建立了贸易关系，它的年销售额在200亿美元以上。仅在中国，可口可乐公司就已经拥有35个装瓶厂、700多个营业所、7000多个分销伙伴，总投资额超过了10亿美元。它已经占领了中国超过25%的软饮料市场。美国专家做过一项调查，让消费者从一种假想饮料去联想另一种饮料，发现大多数人首先想到的是“可口可乐”。正因为它在消费者心目中有这种深刻印象和覆盖面极广的知名度，可口可乐公司的老板曾信心十足地说过，即使他的所有工厂在一夜之间都化为灰烬，他也完全可以凭着“可口可乐”这块牌子东山再起。目前，“可口可乐”的品牌价值高达700亿美元，居世界首位。这笔无形资产，远远超过了可口可乐公司的有形资产。

与美国人不允许改变“可口可乐”的生产配方相对，百事可乐公司，则千方百计地不断更新它的形象和口号。1996年，百事可乐公司投资5亿美元，开始了“蓝色”新形象设计工程，毅然放弃以往惯用的红、白、蓝三色，改用清一色的“蓝色”作为产品的包装色，向“红色”的可口可乐再度发起冲击。这是百事可乐公司自1898年以来，第九次改变它的产品标志。上一次改变标志，是在1984年，当时它的口号是“新一代的选择”。这一次改变标志，百事可乐把口号也改为“渴望无限”。新的“蓝色计划”的提出，使百事可乐焕发出了新的活力，在全球掀起了“蓝色风暴”，也给百事可乐带来了巨大的成功。据2005年2月的一期《财富》周刊所做的评比调查报告显示，百事可乐公司已超越可口可乐公司成为新千年全美饮料业中“全美最受推崇的公司”。百事可乐终于如愿以偿地在美国本土取代了可口可乐的“霸主”地位。美国《金融世界》曾载文“商品品牌：哪些走红，哪些运气不佳”，说：“尽管我们的第三年度世界名牌商标排名包括各种各样的公司，但是它们有两个共同点。第一，它们最有价值的资产就是产品的名牌。第二，这些名牌的价值，从来没有像现在这样波动不定。”因此，“密切注视商标价值的变化，从来没有像现在这样重要。”过去的情形常常是这样，如果你创造了一个名牌，你就可以受用一辈子，因为永久的名牌代表了公司形象、信誉、质量和一贯性。但是现在的情形不同了，几十年一贯制的名牌形象，也会渐渐失去光彩。这种事例，已是随时随处可见。细心地体察商品品牌价值的变化，并把这种变化同竞争对手的商品品牌价值起落进行比较，明智地确定自己的品牌战略，才能使自己的企业永远立于不败之地。百事可乐公司之所以不断更新它的品牌形象，就是出于这种考虑。

名牌是商品质量的标志，是企业信誉的象征，是具有丰厚内涵的文化结晶，是企业长期积累的硕果，是市场竞争的强力武器，是国家和民族的骄傲。只有创名牌，保名牌，才能使企业永远立于不败之地，使国家走上繁荣富强之路。

生　词
New Words

1. 区别	qūbié	to distinguish
2. 术语	shùyǔ	technical term
3. 符号	fúhào	sign
4. 构成	gòuchéng	to constitute
5. 标记	biāojì	to mark
6. 本质	běnzhì	essence
7. 锐利	ruìlì	sharp
8. 包含	bāohán	to contain
9. 评价	píngjià	evaluation
10. 佼佼者	jiǎojiǎozhě	outstanding figure
11. 公约	gōngyuē	convention
12. 主管	zhǔguǎn	to be in charge of
13. 机关	jīguān	organ, institution
14. 认定	rèndìng	to recognize
15. 要素	yàosù	essential factor(s)
16. 知晓	zhīxiǎo	to know
17. 区域	qūyù	area
18. 连续	liánxù	consecutively
19. 年限	niánxiàn	fixed number of years
20. 覆盖	fùgài	coverage
21. 同行	tóngháng	people of the same trade (or occupation)
22. 即使	jíshǐ	even
23. 较量	jiàoliàng	trial of strength
24. 财富	cáifù	wealth
25. 屹立	yìlì	to stand erect
26. 集团	jítuán	group
27. 奔驰	Bēnchí	Mercedes-Benz

28. 终极	zhōngjí	ultimate
29. 树立	shùlì	to establish
30. 融为一体	róng wéi yìtǐ	to merge into an organic whole
31. 名声大振	míngshēng dà zhèn	reputation rises rapidly
32. 酒精	jiǔjīng	alcohol
33. 费尽心机	fèijìn xīnjī	to rack one's brains
34. 权威	quánwēi	authority
35. 沿用	yányòng	to continue to use
36. 不料	búliào	unexpectedly
37. 轩然大波	xuānrán dàbō	great disturbance
38. 抗议	kàngyì	to protest
39. 示威	shìwēi	demonstration
40. 法院	fǎyuàn	lawcourt
41. 上诉	shàngsù	to appeal
42. 理由	lǐyóu	ground, reason
43. 联想	liánxiǎng	to associate with
44. 信心十足	xìnxīn shízú	confidently
45. 灰烬	huījìn	ashes
46. 东山再起	dōngshān-zàiqǐ	to stage a comeback
47. 资产	zīchǎn	assets
48. 千方百计	qiānfāng-bǎijì	to try every possible means
49. 毅然	yìrán	determinedly
50. 放弃	fàngqì	to give up
51. 清一色	qīngyísè	whole-colored
52. 焕发	huànfā	to glow
53. 掀	xiān	to raise
54. 推崇	tuīchóng	to esteem
55. 如愿以偿	rú yuàn yǐ cháng	to achieve what one wishes
56. 霸主	bàzhǔ	hegemon, number one
57. 波动不定	bōdòng bú dìng	unstable

58. 注视	zhùshì	to keep a close eye on
59. 一贯	yíguàn	consistent
60. 体察	tǐchá	to experience and observe
61. 硕果	shuòguǒ	rich fruits, great achievements

注释 Notes

1 名牌与驰名商标

在漫长的历史岁月里，中国出现过很多名牌产品，如茅台酒、五粮液、王麻子剪刀、万里鞋庄的鞋、盛锡福的帽子、同仁堂的中药、长城风雨衣、牡丹电视、雪花电冰箱，等等。这些名牌产品，以它独特的品质，长销不衰，在国内外享有很高的声誉。但是，在那个年代，很多企业家的品牌和商标意识很弱，这些名牌产品，或者没有品名，或者没有商标，或者虽有却不知道应该注册，或者已经有了注册商标，但缺少保护意识，在商业大潮中又听任浪涛的冲击，以至最终消失。进入20世纪90年代后，中国的企业界和经济学界认识到创名牌、保名牌的重要性，提出了实施名牌战略的口号，大胆引进CIS系统，重新设计和创造企业及产品的形象。一大批名牌企业和名牌产品已经出现，并开始走向国际市场。

Famous brands and well-known trademarks

In the long history of China, there have appeared many famous brands such as Maotai liquor, Wuliangye (Five-grain liquor), Wangmazi scissors, Wanli shoes, Shengxifu headgear, Tongrentang traditional Chinese medicine, Great Wall windbreaker, Peony TV set, Snowflake refrigerator, etc. These famous products have long enjoyed a ready market without decline, and a high reputation both at home and abroad because of their unique qualities. But in the old times, many entrepreneurs' awareness of brands and trademarks was very weak. Some of these famous products did not have a brand name or a trademark, or even if they had, they did not have them registered. Even if they did, they lacked the consciousness of protection, allowing them to be attacked by the commercial tides, resulting in their final disappearance. Entering into the 1990s, China's enterprises and economists, recognizing the importance of creating and protecting famous brands, put forward the slogan of implementing the strategy of famous brands, introduced the CIS system, and made new efforts in designing and creating images for enterprises and products. Now a large number of famous enterprises and famous products have emerged and begun to enter the international market.

2 东山再起

中国的儒家思想中，有一条做人准则，叫“邦有道则仕，邦无道则可卷而怀之”（《论语 · 卫灵公》）；“穷则独善其身，达则兼济天下”(《孟子 · 尽心上》)。孔子和孟子的话是说，如果遇到开明的君主，自己又有施展抱负的机会，就可以出去为官，做一番事业；如果情形相反，那么就把自己的才能陷藏起来，深居简出，隐姓埋名，不管天下事，只求自身清白。中国的魏晋时代，是“乱世”。不少读书人，都用隐居的生活方式来保全性命和自身清白。东晋人谢安（公元 320—385 年），年轻时即在朝中供职，后辞官还家，隐居东山（今浙江上虞西南），东晋皇帝多次诏他入朝做官，他就是不从命。直到 40 多岁后，他才复出，官至宰相，干了一番惊天动地的事业，成为当时著名的政治家。后来，就以“东山之志”或“高卧东山”代指隐居；以“东山再起”比喻重新得势。

To rise again from the East Mountain

In China's Confucian doctrine, there is one maxim about conducting oneself which goes: "When the *Dao* prevails in the country, one can become an official; when the state does not follow the *Dao*, one should hide one's talents and live in seclusion" (*The Analects*), and "When one is poor, one should maintain one's own integrity; when one becomes eminent, one should give consideration to the integrity under Heaven" (*Mencius*). The meaning of these words by Confucius and Mencius was that if one met an enlightened emperor and had the opportunity to give free play to one's aspirations, then one could go out and become an official. Otherwise, one should hide one's talents, live in seclusion, conceal one's identity, not care about state affairs, and only maintain one's own integrity. Wei-Jin Period of China was an age of social unrest. Many scholars went to live in seclusion in order to save their lives and maintain their own integrity. Xie An of the Eastern Jin Dynasty (320—385) held office at court when he was young. Later he resigned to live in seclusion in East Mountain (southwest of present-day Shangyu of Zhejiang Province). The emperor of the Eastern Jin Dynasty issued several imperial edicts to get him back to be an official at court, but he didn't comply. It was not until he was over forty that he came out again, worked his way up to Prime Minister, performed a magnificent and earth-shaking feat, and became a famous statesman at that time. Later, people used "the ambition on Dongshan" (or the ambition on the East Mountain) or "retiring with ease in Dongshan" to mean living in seclusion, and used "rising again from Dongshan" to mean staging a comeback.

练 习
Exercises

一、三人谈。

高天翔：二位，今天的课怎么样？

木　村：太有意思了，我对品牌与商标特别感兴趣。

苏姗娜：谁不感兴趣？中国的三岁小孩儿都知道“娃哈哈”“可口可乐”！

木　村：可三岁小孩儿不知道品牌和商标的意义。

苏姗娜：这也不对。他们知道，名牌就是质量好，用名牌就是一种特殊的享受。

高天翔：得了，你们俩别抬杠了。认真地说，对品牌和商标的认识，就是成人，也不一定就很清楚、很深刻。

苏姗娜：这话我同意。比如，什么是“牌子”，什么是“名牌”，什么是“驰名商标”，今天上完课以后，我才弄清楚。

木　村：我在公司工作了几年，深知创名牌、保名牌的艰难。

苏姗娜：创名牌，离不开广告。

木　村：花钱做广告，当然是需要的，但更重要的是企业自身的建设。

高天翔：对，课文里有句话说得特别好：“每一个驰名商标的背后，都屹立着一个成功的企业。”

木　村：是啊。一个驰名全球的名牌商标，一定是拥有这个商标的企业几十年、甚至上百年艰苦创业的结果，是这个企业物质财富和精神财富的结晶。

高天翔：所以也是企业一笔巨大的无形资产。

苏姗娜：我们美国可口可乐公司的老板就说过，即使他的公司破产了，他也可以凭可口可乐这块牌子东山再起。

木　村：所以，只有创名牌、保名牌，企业才能永远立于不败之地！

二、模仿上面的例子，就课文中感兴趣的话题，开展自由交谈。

三、词语练习。

1. 成语填空

____一体　　____再起　　__方__计　　____大波

2. 给近义词组词

例：

{规模　　规模庞大
{范围　　经营范围

{醒目　　{声誉　　{要素
{注目　　{信誉　　{因素

{估量　　{走红　　{成果
{估价　　{红火　　{硕果

四、选词填空。

1. 每一种商品都有自己的名字，有多少种商品就有多少个名字。正因为名字不同，我们才能______出不同的商品。（区别、分别、区分）
2. 为自己的商品取一个芳名，设计一个精美图案，______着语言学、美学、民俗学、商品学诸多因素。（包涵、包含、包括）
3. 商品的广告宣传与知名度，其实是有形资产和无形资产的______，是企业实力的较量。（转变、转换、转化）
4. 在当今世界上，一个国家的经济实力如何，国家的形象如何，从这个国家有没有一批在国际市场上______强大竞争力的驰名商标也可以看出来。（具有、占有、具体）
5. ______地体察商品品牌价值的变化，并把这种变化同竞争对手的商品品牌价值起落进行比较，明智地确定自己的品牌战略，才能使自己的企业永远立于不败之地。（诚心、虚心、细心）

五、听课文录音，回答问题。

1. 商标是什么？名牌商标指什么？驰名商标指什么？
2. 驰名商标与企业的成功、国家经济的发展和繁荣有什么关系？
3. “可口可乐”曾试用新配方，在社会上引起了什么反应？
4. “百事可乐”为什么要千方百计更新它的形象？

六、自由讨论。

1. 请谈谈贵国有哪些名牌商标，有没有驰名商标?
2. 你喜欢买名牌商品吗? 为什么? 除课文中列举的外，你还知道哪些驰名商标?

七、朗读并口述下面的短文。

说“兄弟阋于墙”
（阋：争吵，争斗。）

公元前636年，郑国入侵滑，滑国归附听命。郑国撤军，滑叛郑，与卫国亲善。郑国怒，再次出兵攻打滑国。周襄王派两个人到郑国为滑国求情，郑不仅不给面子，还扣留了两个求情的人。周襄王大怒，要派大军去郑国。这时有人劝告周王说：诗经中说“兄弟们在墙里争吵，一到墙外就共同对敌”。兄弟之间虽然有一些不和睦，也不能废弃亲属关系。郑国有过辅助周王室的功劳，又和周王室有近亲关系，现在因为一些小事就和郑国开战，国家就危险了。周襄王没有听从劝告，后来果然酿成大祸。

在企业竞争中，同行之间也像兄弟一样。如果“同室操戈”“窝里斗”，可能谁也得不到好处。1996年就发生过这样一件事：从1980年起，中国东北生产的卫生筷子进入日本市场，每年出口350万箱，占日本卫生筷子市场份额的80%。由于筷子用材价格大幅度上涨，工资、管理费用也成10倍地增长，而筷子出口价格10年未动，生产企业长期亏损。为了扭亏为盈，东北300多家生产企业成立了箸业协会，一致决定，提高对日出口价格，并决定全行业实行统一价格。2月，协会邀请日商来华恳谈，结果日商接受了协会提出的价格，因为提高后的价格，仍比马来西亚、加拿大的价格低。不料，恳谈会还没有结束，个别厂家为了自己的利益，私下以低价与日商签约。日商抓住机会，各个击破，刚结成的价格同盟，瞬间四分五裂。价格被日商越压越低。原材料涨价，企业受害；私下降价，企业也没有得到好处。产品大量积压，生产难以维持，个别企业被迫停产关门。

14

第十四课

品牌与商标文化（二）

Lesson 14　Brands and the Culture of Trademarks (2)

中国重品牌、用商标的历史，可以追溯到唐代。许多老字号商店，创出过不少名牌商品。1926年以后，曾发生过一场国货与英货之争。1925年以前，英国英瑞公司出品一种“飞鹰”牌炼乳，在中国大肆倾销。温州实业家吴百亨，为了抵制英货，生产出一种“擒雕”炼乳，与“飞鹰”竞争。“飞鹰”的商标图案是一只飞鹰，而“擒雕”的商标图案是一只飞雕被一只巨手所擒。英瑞公司因遇到强劲竞争对手而恼怒，状告“擒雕”商标系仿冒“飞鹰”，要求撤销“擒雕”商标权。吴百亨据理力争，英瑞公司终于败诉。1931年，英瑞公司曾出10万银元收购“擒雕”商标，但吴百亨不为所动。后来，“擒雕”炼乳畅销大江南北。这件事说明，我们中国有过创名牌、保名牌的优良传统。

但是，这个传统后来曾经有些失落。这主要表现在两个方面：

一、品牌、商标意识淡薄。中国是一个商品生产和出口大国，各类企业数量之大可想而知。但到1979年，中国注册商标只有3.2万件，当时的日本和美国，注册商标则以几十万、上百万计。1989年，中国加入《商标国际注册马德里协定》后，每年的注册商标也只有400多件，而美国雷诺士一家公司就在100多个国家和地区注册了1万多件商标，可见中国商标注册数与发达国家存在着多么惊人的差距！不少企业，往往是“先生孩子，后起名，再报户口”，待到女儿已经长成名门佳丽，才想到该给她取一个芳名，去报户口。这时，由于产品已在市场畅销，早被一些投机取巧者看中，抢先注册了。一些名牌商标，被国内外商家抢注的事，时有发生。“同仁堂”“狗不理”在日本被抢注，“青岛啤酒”“大宝”

在美国被抢注，“全聚德”“五粮液”在韩国被抢注，“阿诗玛”“红塔山”在菲律宾被抢注，等等。1978年以前，中国企业的大量商标被日本人抢注；1982年一年，澳大利亚商人抢注了中国150多个商标。据有关部门不完全统计，中国有15%的知名商标在国外被抢注，这些商标被抢注了的企业，因此损失惨重。有的被迫放弃自己的商标，有的不得不用重金重新赎回被人抢注的商标，而重树新的品牌形象，还必须投入大量资金。

二、创出了名牌，但不知珍惜，不知保护名牌。改革开放以后，中国引进了大量外资，一些国际大财团纷纷进入中国，与中国行业内的带头企业合资，通过控股，要求使用国外的牌子。在这种情况下，中国一些企业或者受短期效益诱惑，或者缺少名牌意识，结果在合资中合掉了自己的牌子。

上海家化联合公司的“美加净”牌化妆品，曾经是中国销售量最大、知名度最高的化妆品。20世纪90年代初，上海家化联合公司与美国一家著名跨国公司合资，放弃了“美加净”，而使用“露美庄臣”，从此“美加净”就渐渐被人们遗忘了。杭州“孔凤春”，是中国化妆品行业中一个有百年历史的老名牌，1993年，这家拥有“孔凤春”的企业与法国一家公司合资，“孔凤春”变成了“兰莎”，从此，凤凰飞了，企业也陷入了困境。

安徽扬子集团有限公司，是中国著名的制冷设备生产企业，名列中国企业500强，又是现代企业制度试点企业。1982年注册“扬子”商标，使用了10余年，投入了巨额广告费。“扬子”成为中国著名家电商标，“扬子”电器家喻户晓。1995年，扬子集团有限公司与德国博世——西门子家用电器公司签订了合资组建“安徽博世扬子制冷有限公司”的合同。按合同规定，“扬子”商标将以9600万元人民币的价格转让给合资企业。合资合同于1996年3月生效。从此以后，这个合资企业生产的冰箱、冰柜，大量使用“西门子”和“博世”商标，“扬子”商标则被打入冷宫。一个在改革开放后经过艰苦奋斗创出来的名牌商标，就这样“消失”了。

同样的情形还有很多，如北京吉普成了“切诺基”，上海“洁花”成了“潘婷”；彩电行业，合资后的“北京”“牡丹”“金星”“孔雀”“红梅”被“三星”“索尼”“松下”“飞利浦”取代；饮料行业中几乎所有生产碳酸型饮料的厂家，包括颇有名气的北京的“北冰洋”、上海的“正广和”、沈阳的“北寺”等，都曾在与外商合资时，改名换姓，启用外国商标。

很多人不懂得，有了名牌商标，就意味着有了市场，丢掉名牌商标，就要被挤出市场。一个商标的知名度如何，是决定消费者购买意向的重要因素。因为消费者购买商品，首先看到的是商标。商标的知名度越高，牌子叫得越响，消费者越容易“一见钟情”。品牌偏好——品牌欲望——品牌购买行为，这就是所谓的“名牌效应”。鞋要“耐克”，牛仔要“苹果”，T恤要“鳄鱼”，饮料要“可口可乐”，香烟要“万宝路”。穿名牌，用名牌，吃名牌，已经成了当今的时尚。是名牌，商品身价百倍，否则便贱如蒿草。名牌是一种重要的知识产权，是一种虽然无形但可以价值化的重要资产，是过去对今天和将来的投资。对一个企业来说，没有自己的名牌产品，就没有立足的根基、没有发展的原动力；对一个大国来说，如果没有自己在国内和国外市场上具有强大竞争力的名牌产品，只是依附于外国名牌，那就很难真正形成自己独立的、有竞争力的工业基础，就很难建成一个真正的世界经济强国。保护名牌，就是保护独立自主的民族工业。现在有一种十分明显的趋势，发达国家的大型跨国企业向国外市场进军，已经由输出产品、输出资本发展到了输出名牌商标，它们仅仅用这种无形资产作为股份，与外国企业合资，逐渐吞噬外国企业，最终取而代之，独霸市场。所以有人说，名牌战，是一场没有硝烟的战争。

所幸的是，中国很多有见识的企业家已经觉醒，不仅重视创名牌，而且坚定不移地保护名牌。熊猫电子集团坚决不卖“熊猫”商标；广州牙膏厂的“黑妹”坚决不“外嫁”；“燕京”啤酒不愿被外商“吃掉”，也坚决不搞合资；外商愿出巨资购买杭州“娃哈哈”商标，并直言不讳地说，他感兴趣的只是“娃哈哈”商标，而不是它的产品，这个企图也遭到了拒绝。很多曾经丢掉了自己牌子的企业，如今又把牌子找了回来。杭州“孔凤春”已与外商愉快“离婚”，金凤还巢；上海家化联合公司以每年1200万元的代价“赎身”，重新启用“美加净”商标；“美菱——阿里斯顿”，现在也去掉了“阿里斯顿”，使用“美菱”这样一个纯粹的中国牌子……

总之，中国企业界的商标意识正在逐渐增强，到2016年底，中国商标累计注册总量已一千多万件。实施名牌战略，争创名牌商标，增强中国商品在世界市场的竞争能力，已经成为中国企业界的共识和一致行动。国际贸易的迅速发展，商标侵权和假冒他人注册商标行为，已经成为国际社会的一大公害。中国《商标法》的施行，进一步推动了中国企业争创名牌战略的实施，有力地保护了中国企业的注册商标。外国客商对中国的知识产权保护也充满了信心，在华注册商标数迅速增加。中外众多名牌商品在中国市场上的竞争，必将极大活跃中国的市场，促进中国经济的发展。

生 词
New Words

1. 追溯	zhuīsù	to date from
2. 飞鹰	Fēiyīng	flying eagle
3. 炼乳	liànrǔ	condensed milk
4. 大肆	dàsì	without restraint
5. 倾销	qīngxiāo	to dump
6. 实业	shíyè	industry
7. 抵制	dǐzhì	to boycott

8. 擒雕	Qíndiāo	seizing a vulture
9. 恼怒	nǎonù	furious
10. 据理力争	jù lǐ lìzhēng	to argue strongly on just grounds
11. 败诉	bàisù	to lose the case
12. 淡薄	dànbó	weak
13. 户口	hùkǒu	registered permanent residence
14. 名门佳丽	míngmén jiālì	daughter of an influential family
15. 抢先	qiǎngxiān	to forestall, to preempt
16. 惨重	cǎnzhòng	heavy
17. 被迫	bèipò	to be compelled
18. 重新	chóngxīn	again
19. 赎回	shúhuí	to redeem
20. 珍惜	zhēnxī	to treasure
21. 财团	cáituán	consortium
22. 带头	dàitóu	leading
23. 控股	kònggǔ	stockholding
24. 遗忘	yíwàng	to forget
25. 凤凰	fènghuáng	phoenix
26. 陷入	xiànrù	to land oneself in
27. 困境	kùnjìng	predicament
28. 制冷	zhìlěng	refrigeration
29. 试点	shìdiǎn	experimental unit
30. 家喻户晓	jiāyù-hùxiǎo	known to every household
31. 冷宫	lěnggōng	place to which disfavoured queens and concubines were banished, limbo; to be neglected
32. 消失	xiāoshī	to disappear
33. 碳酸	tànsuān	carbonic acid
34. 一见钟情	yíjiàn-zhōngqíng	to fall in love at first sight
35. 偏好	piānhào	partiality
36. 耐克	Nàikè	Nike

37. 鳄鱼	Èyú	crocodile
38. 时尚	shíshàng	fashion
39. 贱如蒿草	jiàn rú hāocǎo	as cheap as weeds
40. 根基	gēnjī	foundation
41. 原动力	yuándònglì	motive power
42. 依附	yīfù	to attach oneself to
43. 吞噬	tūnshì	to swallow up
44. 取而代之	qǔ'érdàizhī	to replace
45. 独霸	dúbà	to dominate exclusively
46. 硝烟	xiāoyān	smoke of gunpowder
47. 直言不讳	zhíyán-búhuì	to speak without reservation
48. 企图	qǐtú	to attempt
49. 遭到	zāodào	to suffer
50. 赎身	shúshēn	to buy back one's freedom
51. 启用	qǐyòng	to start using
52. 一致	yízhì	unanimous
53. 公害	gōnghài	public hazard

注释

Notes

1 报户口

中国自古就有户籍制度，用以管理人口、税收和劳役。1958年，新中国颁布了《户口登记条例》。凡是在中国境内长期居住的公民，都必须在出生地及时申报和登记户口。如居住地变动，还必须及时办理户口迁移手续。一般来说，农村户口不能转为城市户口；没有特殊情况，户口也不能从一个城市迁入另一个城市。《户口登记条例》的实施，在保障社会稳定和发展经济方面，起过重要作用。改革开放以后，由于发展经济的需要，出现了空前的大规模人口流动。在一个城市之内，在城市与城市之间，工作调动频繁；尤其是大量农村人口涌进了城市，造成事实上的人、户分离。户籍管理部门，面对这个来得如此迅速、巨大的变化，采取了一些灵活的户籍管理制度，允许人口合理、有序流动，给人民带来了更多的便利。

Apply for one's residence

The system of household registeration has been existing in China since ancient times, which was used to control population, taxation and labor service. The Regulation on Household Registeration was promulgated in China in 1958. All citizens who live permanently within Chinese territories have to report and apply for their residence at the birthplace without delay. If their place of residence changes, they also have to go through the formalities in time to change their residence registration. Generally speaking, a registered permanent residence in the countryside cannot be changed into the one in the city. Likewise, the registered permanent residence can be moved from one city to another only under special circumstances. The implementation of the Regulations on Household Registeration played an important role in safeguarding social stability and economic development. Since China's reform and opening up, because of the need of economic development, there has emerged an unprecedented large-scale population shift. People change their jobs frequently within a city or between cities, and in particular large numbers of people have moved from the countryside to the cities, which has caused the actual separation of the people from their household registers. Faced with such a rapid and massive change, the department responsible for household registration adopted a number of flexible household registration management regulations to allow reasonable and orderly flow of population and bring greater convenience to people.

2 抢注

一个企业的商标，被他人抢先注册，是个全球性问题。随着现代通讯技术的发展，现在已经出现了一个崭新的全球性“国际互联网”。“互联网”作为一种通迅工具和媒介，全世界的企业都可以通过它进行交流，查询有关企业资料和市场行情，甚至直接进行国际贸易。由于过去中国企业界对“互联网”的认识不够，没有及时在“互联网”注册企业域名和商标，中国大量知名企业的珍贵域名和驰名商标，在“互联网”上被他人抢注。据有关资料显示，中国的长虹、全聚德、荣宝斋、同仁堂、红塔山、五粮液、孔府家酒、大宝、容声等上百个企业域名和商标，已被他人抢注，对中国企业的国际交流和产品出口，构成了巨大的潜在威胁；有些抢注中国企业域名和商标的外国公司已经进入中国，并开始对中国企业进行敲诈，被抢注的企业正面临着有形和无形的损失。

Preempted registration

The trademark of an enterprise being preempted by others has become a global problem. Along with the development of modern communication technology, there has appeared an entirely new global "Internet". As a tool and medium for communication, all enterprises in the world can use the Internet to communicate with each other, to look for enterprise data and market conditions, or even to conduct international trade directly. In the past, as business circles in China did not have full understanding of the Internet, and didn't register in time on the Internet the domain name and trademark of the enterprise, many precious domain names and well-known trademarks of famous Chinese enterprises were preempted on the Internet. According to related data, nearly a hundred domain names and trademarks of Chinese enterprises have been preempted, such as Changhong, Quanjude, Rongbaozhai, Tongrentang, Hongtashan, Wuliangye, Confucius Family Liquor, Dabao, Rongsheng, etc. This has constituted an enormous potential threat to the international communication and export of these enterprises. Some of the companies who preempted Chinese enterprise domain names and trademarks have entered China and started to blackmail Chinese enterprises, and the enterprises that have been preempted are faced with tangible and intangible losses.

练 习
Exercises

一、三人谈。

苏姗娜：木村，你在做什么？

木　村：我在研究中国的《商标法》。

高天翔：有什么新发现吗？

木　村：我发现，中国的商标意识大大增强了。

苏姗娜：这是好事，外国人再想抢注中国的商标，就不那么容易了。

高天翔：我知道，中国人在这方面吃过不少亏，像“同仁堂”“青岛啤酒”等著名商标，都在国外被抢注过。

苏姗娜：听说，前些年，一些企业在跟外国合资时，把自己的名牌商标也合掉了。

木　村：这确实很可惜。不过，我想以后不会再有这样的事了。

苏姗娜：你怎么这么确定？

木　村：看看《商标法》的实施情况就知道了。

高天翔：哦，你了解这方面的情况？

木　村：多少知道一些。过去，不少企业，只知生孩子，不知起名，更不知报户口。

苏姗娜：那谁知道它还有孩子？

木　村：现在不同了。企业都知道及时为自己的商标注册，许多驰名商标，还在国外注了册。

高天翔：这样，他们的商标，就可以在国际上得到保护了。

木　村：是啊。中国的《商标法》，对制止商标侵权行为，也是一个有力的保证。我们外国企业的商标，在中国也可以得到保护了。

二、模仿上面的例子，就课文中感兴趣的话题，开展自由交谈。

三、词语练习。

1. 写短语

（动）____意识　　（动）____商标

意识____（形容）　　商标____（动）

（名）____意识　　（动）____名牌

（名）____保护　　名牌____（名）

保护____（名）

2. 成语填空

家__户__　　____力争　　____代之　　____不讳

四、选择正确的解释。

1. 从此以后，这个合资企业生产的冰箱、冰柜，大量使用“西门子”和“博世”商标，“扬子”商标则被打入冷宫。

① 从此以后，这个合资企业生产的冰箱、冰柜，大量使用“西门子”和“博世”商标，“扬子”商标被打到冰冷的地宫中。

② 从此以后，这个合资企业生产的冰箱、冰柜，大量使用“西门子”和“博世”商标，“扬子”商标遭到了冷遇。

③ 从此以后，这个合资企业生产的冰箱、冰柜，大量使用“西门子”和“博世”商标，“扬子”商标却被抛弃在一边了。

2. 商标的知名度越高，牌子叫得越响，消费者越容易“一见钟情”。

① 某商标被公众、被社会知道、熟悉的程度越高，商品质量好，因而牌子在消费者中越来越受欢迎，消费者便越容易选中它，买下来。

② 因为商标被公众、被社会知道、熟悉的程度越来越高，所以它的牌子便越来越受消费者欢迎，那么消费者一见到它便会喜欢它，买下来。

③ 商标越被消费者知道、熟悉，牌子便越被消费者接受，消费者也就容易喜欢它，选中它。

五、听课文录音，回答问题。

1. 中国有重品牌、用商标的历史。后来，这个传统有些失落，主要表现在哪两方面？试举一例说明。
2. 为什么说“有了名牌商标，就意味着有了市场，丢掉名牌商标，就要被挤出市场”？
3. 中国企业家的商标意识正在觉醒，表现在哪些方面？

六、自由讨论。

1. 你知道哪些名牌商品？贵国有名牌商品吗？
2. 你对中国的名牌商品怎么看？据你所知，中国有哪些名牌商品打入了国际市场？
3. 对一个企业来说，名牌产品意味着什么？对一个国家来说，名牌产品又意味着什么？

七、朗读并口述下面的短文。

说："东食西宿"

从前有一个笑话：一个姑娘该出嫁了，正好有两家人同时来提亲，东家的男子长得奇丑无比，但很有钱；西家的男子长得很帅，但穷得叮当响。父母问女儿愿意嫁给谁，女儿回答说："两个夫婿我都要。"父母有些不高兴，说："哪有一女嫁二夫的！"女儿说："我在东家吃饭，在西家睡觉。"父母听了叹息说："唉，天下哪有那么称心如意、又有钱又帅的郎君！"

我们姑且不说，现在很多女孩儿在择偶时，也常常处于这种两难境地。在前些年的经济大潮中，中国的企业纷纷外“嫁”，与外国企业合资，也成了“东食西宿”的新嫁娘。她找了一个外国阔佬，但“嫁鸡随鸡、嫁狗随狗”，“嫁”后就得改名换姓，比如姓周的嫁给姓王的，就改叫王周氏了；这在当今中国，名声有点儿不大好听，甚至还招来国人几声唾骂。那些不愿外“嫁”或虽外“嫁”却不肯改名换姓的企业也难。找一个土生土长的联姻吧，大家都穷，维持和发展企业的资金从哪里来？横下心来“外嫁”吧，不改名换姓，夫家又不肯，合资难成，还是没钱。目前那些资金短缺、经营困难的企业，究竟如何才能摆脱这种两难境地呢？最符合中国国情的出路是什么？

15

第十五课

包装与包装文化

Lesson 15　Packaging and Its Culture

几乎所有的商品都需要包装。包装，不仅可以保护商品，而且可以美化商品，宣传商品，实现商品价值，甚至提高商品价值。好的包装，在生产中，可以降低成本；在运输中减少破损，降低劳动强度和费用；在销售中是无声的广告和推销员，叫人一看就爱，产生强烈的购买欲；在消费中，能给顾客提供方便，增添美感，带去一种特殊的享受。而低劣的包装，不仅可能提高生产成本，不便运输，不能保护商品，而且在销售时因对顾客没有吸引力，难以实现商品价值，或者好货卖不出好价钱，只能在廉价市场上抛售。现代社会，人们在追求物质享受的同时，也越来越注重精神享受，追求商品美的存在和美的感觉。因此，包装已不再是一个简单的包装物品的问题，它也超出了简单的商品价值范畴。一个好的商品包装设计，涉及经济学、商品学、语言学、社会学、心理学、美学和科学技术诸多方面，它是一种文化，是一个国家文明程度的表现。

有这样一幅漫画：一位消费者买回一瓶玻璃装水果罐头，无奈怎么也打不开马口铁瓶盖，欲吃不得，欲弃不忍，一气之下，举起铁锤把玻璃瓶砸了个粉碎。这个结果，对于商家来说，是没有实现商品的使用价值；对顾客来说，白花了钱不说，还惹了一肚子气，何谈物质享受和精神享受！这样的产品以后还有销路吗？

当然，也不乏好的例子。一位老人讲过这样一个故事，她收到朋友送来的一份生日礼物，这份礼物用撒满点点红花的银灰色纸包装，用打成蝴蝶结的蓝色缎带捆扎，显得喜庆、高雅、漂亮，老人手捧礼物，心中涌动起一股激情，为朋友的良苦用心而深深感动。那包装的银灰色，象征着步入白发世界的老人；绚丽的红色撒花，意味着“莫道桑榆晚，为霞尚满天”(刘禹锡《酬乐天咏老见示》)，祝愿她会有一个灿烂多彩的晚年；那蓝色缎带，柔和恬静，展现出老人追求的一片宁静淡泊意境。从这小小的礼品包装，老人体会到商品与文化的巧妙结合，精神与物质的和谐统一，人与人之间的绵绵情感与友谊。无疑，这样的包装设计，会给商家带来巨大的经济效益。

香水，是法国的一大宝。法国商人在小小香水瓶上做尽了文章。他们为了制作一个新奇的香水瓶模子，可以耗资10万法郎。香水瓶有反传统型的，有最简单派艺术型的，有奢华精致型的。当然香水包装的女子特性，更是始终受到高度重视，各式香水首饰，什么项链啦，耳坠啦，胸针啦，手镯啦，发卡啦，应有尽有。女士戴上这些首饰，一步三摇，便散发出阵阵奇香。香水，为女人增添魅力；而香水瓶，则成了收藏家们倾囊竞价的珍品。

当然，包装装潢，往往更具有文化色彩。美国美孚石油公司，为了设计一种汽油商标装潢，竟聘请了各方面的专家，研究了55个国家的语言和风俗习惯，历时6年，耗资10万美元，最后从一万多个设计中才选定了现在使用的“EXXON”(埃克森)。美国高露洁牙膏与日本狮王牙膏的包装设计，都用了红、白两色。不同的是，前者以红为主，红底白字；后者以白为主，白底红字。同种商品，同种设计，为什么会有这种不同呢？原来，在美国，红色象征生命活力，而日本是一个清雅、朴素的国家，喜欢白色，忌讳大块儿使用红色，就像他们的国旗那样，在一片白底上映出一个鲜红的太阳，才是最美的。包装装潢设计者，不仅要懂美学，更应该懂社会学、民俗学。他应该有很深厚的文化修养，他为之设计包装的商品，才可能被更多的人接受。

包装，是商品的衣裳。包装设计，有一些基本的要求。简单地说，包装产品名称应易懂、易记；外观醒目，消费者从外包装就能了解产品；印刷简明，色彩和谐，招人喜爱；产品生产日期、生产厂家和地区标志清楚；具有环保意识和创新精神。总之，好的包装，应该便于商品保存、保护、区分内容物、传递信息和激发购买欲。

包装，因为可以实现商品价值，大幅度提高商品的附加值，是一项非常重要的经济活动，因此越来越受到企业家们的重视。在经济发达国家，包装业已经成为国家经济的一大支柱产业。美国、日本等国的包装业产值，在国民经济总产值中占有不小的比重，德国是世界上最大的包装机械出口国，包装机械产值约占世界总产值的1/5。在商品质量大体相同的情况下，商品的竞争，实际上是商品外包装和商品装潢的竞争。在国际市场上，商品包装象征着一个国家的文化水平，是向国际市场宣传企业形象和国家形象的重要手段。因此，各个国家不惜投入巨额资金，大力发展包装业。在高科技的推动下，包装材料、包装机械、包装设计、包装制品，都在日新月异地发生变化。总的趋势是：降低消耗，节省原材料；减少污染，保护环境；设计合理，牢固、灵巧、轻型，方便贮存、使用和运输；花色品种多样，追求美的含量和美的价值，使商品包装对消费者的购买行为产生最大的影响。

中国的包装文化，源远流长。中国人端午节吃的粽子，已经有2000多年的历史，至今仍然是用箬叶包裹糯米，不仅中国人爱吃，外国人也爱吃，可谓千古包装仍风流。中国古代还有一个“买椟还珠”的故事。这个故事是说，楚国有一个商人到郑国卖珍珠，装珍珠的包装盒，是用贵重的兰木做的，盒子上镶嵌了珠玉、宝石、翡翠，十分华丽精致。一个郑国人看了，爱不释手，立即出大价钱买下，但他只留下珍珠盒，把珍珠还给了楚国商人。这个故事，记载在战国时代思想家韩非的一本书里，至今已有2000多年的历史了。当然，故事中的意思是比喻取舍不当。但现在如果换个角度来看，我们不能不赞赏古人的包装意识和包装设计、包装制作水平。

但是到了近代，中国人的包装意识似乎淡薄了。“包子肉多不在褶儿上”“蓬头垢面不掩天香国色”，这种重内在品质、轻外在形象的观念，随处都有表现。中国名酒“茅台”，最初因为酒瓶简陋，无人问津，后来在国外的一次博览会上，参会人员有意打碎了酒瓶，散发出异香，才赢得人们的青睐；青岛啤酒，酒色清亮，泡沫细密纯净，口味醇和清爽，跟国外名牌啤酒相比，毫不逊色，但当初也曾因为包装粗糙，在美国市场上难觅踪影，好不容易找到了，一等货只卖末等价钱；中国高档名贵的瓷器、家具，因为用稻草、纸屑、木箱包装，在运输途中残损、破碎率高得惊人。很多商品因为包装不合理，不能防震、防潮、防锈、防腐、防水，造成商品变质、残损乃至彻底报废。直到 20 世纪 90 年代初期，中国每年因为包装不善，造成的直接经济损失就高达 100 多亿元。

巨大的代价和激烈的市场竞争，唤醒了中国企业家们的包装意识，近年来中国的包装业得到了飞速发展。中国包装工业总产值，1980 年是 72 亿元，1995 年增至 1145 亿元，到 2016 年已将近两万亿元，位居世界第二。经过几十年的发展，中国包装产业目前已建立起以纸、塑料、玻璃、金属、包装印刷、包装机械为主，拥有一定现代技术装备、门类比较齐全的现代包装工业体系，基本能够满足国内消费和商品出口的需求，为保护商品、方便物流、促进销售、服务消费发挥了重要作用。预计到 2020 年，中国包装业将建成一个科技含量高、经济效益好、资源消耗低、环境污染少、人才资源优势得到充分发挥的新型产业。

生词
New Words

1. 美化	měihuà	to beautify
2. 降低	jiàngdī	to lower

3. 减少	jiǎnshǎo	to reduce
4. 强度	qiángdù	intensity
5. 美感	měigǎn	sense of beauty
6. 抛售	pāoshòu	to undersell, to close out
7. 简单	jiǎndān	simply
8. 漫画	mànhuà	cartoon
9. 无奈	wúnài	to have no choice; however
10. 马口铁	mǎkǒutiě	tinplate
11. 不忍	bùrěn	cannot bear
12. 铁锤	tiěchuí	hammer
13. 粉碎	fěnsuì	broken to pieces
14. 惹气	rěqì	to get angry
15. 不乏	bùfá	there is no lack of
16. 捆扎	kǔnzhā	to tie
17. 喜庆	xǐqìng	joyous
18. 涌动	yǒngdòng	to well up
19. 激情	jīqíng	intense emotion
20. 良苦用心	liángkǔ yòngxīn	thoughtfulness
21. 桑榆	sāngyú	sunset (*a metaphor for old age*)
22. 柔和	róuhé	soft
23. 恬静	tiánjìng	tranquil
24. 淡泊	dànbó	to be indifferent to fame and wealth
25. 意境	yìjìng	mood
26. 文章	wénzhāng	article, hidden meaning
27. 模子	múzi	mold
28. 耗资	hàozī	to spend (much money)
29. 奢华	shēhuá	luxurious
30. 精致	jīngzhì	exquisite
31. 耳坠	ěrzhuì	eardrop
32. 胸针	xiōngzhēn	brooch

33. 手镯	shǒuzhuó	bracelet
34. 散发	sànfā	to send forth
35. 倾囊	qīng náng	to empty one's purse
36. 竞价	jìngjià	to bid
37. 清雅	qīngyǎ	elegant
38. 朴素	pǔsù	simple
39. 外观	wàiguān	outer appearance
40. 激发	jīfā	to stimulate
41. 幅度	fúdù	extent
42. 支柱	zhīzhù	pillar
43. 大体	dàtǐ	roughly
44. 消耗	xiāohào	consumption
45. 污染	wūrǎn	pollution
46. 灵巧	língqiǎo	ingenious
47. 贮存	zhùcún	storage
48. 箬叶	ruòyè	chequer-shaped indocalamus leaf
49. 包裹	bāoguǒ	to wrap
50. 糯米	nuòmǐ	glutinous rice
51. 风流	fēngliú	distinguished and admirable
52. 买椟还珠	mǎidú-huánzhū	to keep the glittering casket and give back the pearls
53. 镶嵌	xiāngqiàn	to inlay
54. 翡翠	fěicuì	jadeite
55. 爱不释手	àibúshìshǒu	to be so fond of something that one can hardly bear to put it down
56. 取舍不当	qǔshě bú dàng	to make the wrong choice
57. 赞赏	zànshǎng	to appreciate and admire
58. 蓬头垢面	péngtóu-gòumiàn	with disheveled hair and a dirty face
59. 天香国色	tiānxiāng-guósè	heavenly fragrance and national beauty

60. 醇和	chúnhé	mellow
61. 清爽	qīngshuǎng	fresh and cool
62. 踪影	zōngyǐng	trace
63. 纸屑	zhǐxiè	scraps of paper
64. 装备	zhuāngbèi	equipment
65. 物流	wùliú	logistics

注释
Notes

1 刘禹锡

刘禹锡（公元 772—842 年），字梦得，洛阳（今属河南）人，唐朝晚期著名诗人。自古以来，世人大多感叹人生短促，愈入晚境，愈感悲凉。略晚于刘禹锡的另一位著名诗人李商隐，有一首《乐游原》："向晚意不适，驱车登古原。夕阳无限好，只是近黄昏。"在歌咏黄昏景色时，倾吐的是对人近衰老、来日无多的凄凉。刘禹锡曾因参加政治改革，屡遭打击，但他始终保持着乐观的人生态度。他到了两鬓斑白，还吟唱出这样的诗句："在人虽晚达，于树似冬青""莫道桑榆晚，为霞尚满天"。刘禹锡和李商隐的诗，吟唱了两种人生态度，都十分有名，后人常借以抒发自己的情怀。当然，李商隐也曾写过"天意怜幽草，人间重晚晴"的诗句，用以自励，也足以激励后人。

Liu Yuxi

Born in Luoyang, Henan Province, and styled himself Mengde, Liu Yuxi (772—842) was a famous poet in the late Tang Dynasty. Since ancient times, most common people sighed about the short duration of life, feeling all the more miserable and dreary at growing old. Li Shangyin, another famous poet who was a bit later than Liu Yuxi, had a poem called *Leyouyuan,* which says: "Towards dusk I feel ill at ease; I drive to the plateau hard by. The sunset scene has great splendor; Only, dusk is drawing nigh." In extolling the scenery at dusk, what he lamented was the desolation of old age when there were not many days left. As Liu Yuxi joined in political reform, he was several times subjected to persecution, but he always maintained an optimistic attitude towards life. When he was turning gray on the temples, he composed the following verses: "As a person, I become sanguine quite late. Compared to a tree, I am like a Chinese ilex.""Don't say that it is late when the sun sets. The sky is still full of rays of evening sunlight." Liu Yuxi and Li Shangyin's poems express two different attitudes towards life and both were famous. They were often quoted by later generations to express their thoughts and feelings. As a matter of fact, Li Shangyin also wrote verses like: "Heaven has tender affection for secluded grass, the human world attaches importance to sunny weather at dusk," which was used to encourage himself and inspire later generations.

2 端午节

"端午节"，中国的一个传统节日，又叫"端阳节"，时间是中国农历（记有二十四节气、农民据以进行农事活动的旧历）每年五月初五。这个节日，在中国的秦汉年间，就已经形成。为什么会有这么一个节日，说法不一。其中一个说法，最深入人心。相传，楚国大夫屈原（约公元前340—前278年），因为主张东联齐国，西抗强秦，遭小人陷害，被流放到沅湘流域（在今湖南境）。屈原被流放后，楚国的政治更加腐败，在公元前278年，首都被秦攻占，屈原恸怆悲愤，投汨罗江（在今湖南境）而死。屈原是一位伟大的爱国主义者，也是一位伟大的爱国主义诗人。他所作《离骚》《九章》《九歌》等，是中国古典文学史上不朽的浪漫主义诗篇。相传，屈原是在农历五月五日这一天投的江，当地的人争先恐后划着船去抢救他；人们没有救起屈原，怕江里的鱼虾吃了屈原的尸体，就用箬叶包了糯米，投进江里喂鱼虾。以后年年五月五，当地人为了纪念屈原，都要去江上划船、投粽子。这就是现在全国各地每年五月五都要划龙舟、吃粽子的来历。在漫长的历史岁月里，"端午节"又增加了许多内容，如挂菖蒲、艾叶、喝雄黄酒、用雄黄酒画额、涂耳鼻等，据说这些都是为了避邪。

The Dragon Boat Festival

This is a traditional Chinese festival falling on the fifth day of the fifth month of lunar calendar, which sets 24 solar terms for farmers to arrange their agricultural activities. This festival was formed as early as the Qin and Han dynasties. There exist various explanations of its origin, but one of them strikes root in the hearts of the people. Legend has it that Qu Yuan (C.340 BC—278 BC), a senior official in the state of Chu, advocated an alliance with the state of Qi to its east to fight against the state of Qin to its west but was framed by villains. He was sent into exile to the valley of the Yuan and Xiang rivers (in present-day Hunan Province). After Qu Yuan's exile, the politics of the state of Chu became even more corrupt. In 278 B.C., Chu's capital was captured by the state of Qin. Qu Yuan was overcome with grief and cried his heart out. He drowned himself in the Miluo River (in present-day Hunan Province). Qu Yuan was a great patriot and a great patriotic poet. His *Lisao*, *Nine Verses*, *Nine Songs*, etc. are immortal romantic poems in the history of China's classic literature. Legend has it that Qu Yuan drowned himself in the river on the fifth day of the fifth lunar month, and the local people vied with each other in rowing their boats to save him. As they did not succeed, and feared that his body might be eaten by the fish and shrimps in the river, they wrapped glutinous rice in indocalamus leaves and threw them into the river. Later, on the fifth day of the fifth lunar month each year, the local people would row their boats and throw *zongzi* into the river. And that is the origin of the dragon boat races and the custom of eating *zongzi* on the fifth day of the fifth lunar month everywhere in China. In the long years of history, many other things were added to the customs of the "Dragon Boat Festival", such as hanging up calamus and Chinese mugwort, drinking realgar liquor and applying realgar liquor to the forehead, the ears and the nose, etc. It is said that the purpose is to drive away evil spirits.

3 韩非

韩非（约公元前 280 —前 233 年），战国末期哲学家。中国春秋战国时代，是一个百家争鸣的时代。儒家、道家、法家、墨家、兵家、阴阳家等，各成一派，相互争鸣，促成了一代文化繁荣。法家主张以“法”治国。韩非，是法家的主要代表人物，他认为“法”的施行，应该“刑过不避大臣，赏善不遗匹夫”。他还提出以“法”为中心，“法、术、势”三结合的封建统治思想。“术”就是统治者的手段、策略；“势”，即“权势”，君王用“势”，就是依靠自己至高无上的权势实行统治。韩非的哲学思想和政治主张，对历代统治者产生过重大影响。

Han Fei

Han Fei (C. 280 BC—233 BC) was a philosopher towards the end of the Warring States Period. The Spring and Autumn and the Warring States periods were times of contention and flourish of numerous schools of thought in Chinese history. The contention between the schools of the Confucianists, Taoists, Legalists, Mohists, Military Strategists, Naturalists, etc. helped to bring about the cultural prosperity at that time. The Legalists advocated ruling the country by law. Han Fei was a major representative of the Legalists. He held that the implementation of the laws should achieve "not letting off officials when inflicting punishment for offenses, and not omitting ordinary men when giving rewards for merits". He put forward the feudal idea of ruling by combining "law, tactics and power", with "law" at the core. "Tactics" referred to the means and measures of ruling; and "power" referred to power and influence. The king's use of "power" meant that the king maintained his rule by relying on his supreme power and influence. His philosophical ideas and political views had a great influence on the rulers of the past dynasties.

练习 Exercises

一、三人谈。

木　村：苏姗娜，我考考你，看你能不能回答。

苏姗娜：什么问题，说吧！

木　村："包子肉多不在褶儿上"是什么意思？

苏姗娜：这有什么难的？这是说，包子的肉，不在包子皮儿的褶儿上，而是在包子皮儿里边。

木　村：对！对！你真聪明！

高天翔：木村，你别拿人开心了。苏姗娜，你吃过咱们食堂的包子吗？

苏姗娜：当然，我最爱吃了！

高天翔：你看那包子有褶儿吗？

苏姗娜：好像没有，只有一条缝。

高天翔：那是包包子时，两手一捏捏出来的。

苏姗娜：你会包包子？

高天翔：我在家时，爷爷奶奶常包，我跟他们学的。

苏姗娜：那"包子肉多不在褶儿上"是什么意思呢？

木　村：那是说，包子里的肉多不多，好吃不好吃，并不看包子的褶儿多或少。

高天翔：这是中国过去的一句俗语，反映了一个重内在品质、轻外在形象的观念。木村借这句话，是向你提了一个包装问题。

木　村：我只是想跟你开个玩笑。其实，中国人现在早就不是这样的了。

高天翔：中国的产品质量，历来都是一流的，现在的包装也十分讲究，不仅最大限度实现了商品价值，而且大幅度提高了商品的附加值。

苏姗娜：你们知道，我最爱逛商店，中国商品的包装，给我留下了非常深刻的印象。

木　村：一个商品，有一个好的包装，并不容易，要便于保护商品，区分内容物，还要能传递商品信息，激发顾客购买欲。

苏姗娜：我看中国的绝大多数商品包装，已经达到了这个水平。

高天翔：这反映了中国的经济和文明的发达程度。

二、模仿上面的例子，就课文中感兴趣的话题，开展自由交谈。

三、词语练习。

1. 写短语

支柱____（名）　　（名）____装潢
（动）____成本　　（名）____污染
包装____（形容）　　（动）____污染
包装____（名）　　（名）____效益
包装____（动）　　效益____（形容）
廉价____（名）

2. 成语填空

____释手　　__椟__珠　　良药____
取__补__　　__新__异　　蓬头____

四、选择正确的解释。

1. 香水，是法国的一大宝。法国商人在小小香水瓶上做尽了文章。

① 香水，是法国商品的一大宝贝。法国商人在小小的香水瓶上写了许多宣传文章。

② 香水，是法国商品中的一件珍宝。法国商人在小小的香水瓶的设计上用尽了心思，想尽了办法。

③ 香水，是法国商品中的一件珍宝。法国商人为小小的香水瓶做宣传文章用尽了心思。

2. 中国人端午节吃粽子，已经有 2000 多年的历史，至今仍然是用箬叶包裹糯米，不仅中国人爱吃，外国人也爱吃，可谓千古包装仍风流。

① 中国人端午节吃粽子，已经有 2000 多年的历史，至今仍然用箬叶包裹糯米，不只中国人爱吃，外国人也爱吃，可以说千年以来仍然称得上是古代包装中好样的。

② 中国人端午吃粽子，已经有 2000 多年的历史，至今仍然用箬叶包裹糯米，不但中国人爱吃，外国人也爱吃，可以说千古包装到现在还是时髦的。

③ 中国人端午吃粽子，已经有 2000 多年的历史，至今仍然用箬叶包裹糯米，不只中国人爱吃，外国人也爱吃，可以说在久远的年代里，这种包装既有功绩又有特色。

五、听课文录音，回答问题。

1. 为什么商品都讲究包装？
2. 怎样的包装是好的包装？
3. 美国高露洁牙膏与日本狮王牙膏的包装有何异同？为什么有这样的异同？
4. 当代包装业发展的总趋势是什么？你怎么看这种趋势？

六、自由讨论。

1. 你认为当前中国包装存在哪些问题？
2. 选择商品时，你更看重商品质量还是包装？为什么？
3. 先生和女士对商品包装态度一样吗？为什么？

七、朗读并口述下面的短文。

说“刮目相看”

“刮目相看”，原是“刮目相待”，意思是擦亮眼睛，用新的眼光看待别人。三国时东吴大将吕蒙（179—220年），少时家贫，没上过学，后驰骋沙场，屡立战功，但上朝奏事，不会写奏章（给皇帝看的文件），只能口述。一天，吴主孙权劝吕蒙说：“你现在身居要职，应该好好学习，让自己不断进步。”吕蒙说：“我每天都很忙，哪有时间学习。”孙权说：“你能比我忙吗？我从小就学习不辍，至今还像古人一样，手不释卷，你怎能不努力呢？”从此，吕蒙就每日学习不倦，读了很多书，水平有了很大提高。一天，统帅鲁肃见到吕蒙，惊叹地说：“过去，我只知道你有武略，今日一谈，你竟学识渊博如此。今日吕蒙，非当年吴下的阿蒙了！”吕蒙笑笑说：“士别三日，须刮目相看嘛！”

前些年，中国内地演艺界一些人，为了争得观众的好感，提高自己的知名度，纷纷“包装”自己，企图经过一番“包装”，令人“刮目相看”。不过，他们中不少人的“包装”，不是像吕蒙那样，用学识来充实自己，而是只注重外表，从发型、服饰到嗲（diǎ）声嗲气的语调，都力求把自己“包装”得像一个港台演艺圈人物。中国市场上的商品包装，跟前些年比较，也确实如“士别三日，须刮目相看”了，里面的包容物，与外包装相称的有，但也有不少让人在打开包装之后会大呼上当。消费者已经在抱怨：莫让我们用高价买回一张中看不中用的皮！什么样的“包装”才是受欢迎的“包装”呢？

英译课文
English Translations of All the Texts

Lesson 1 China's Upsurge of Going into Business

Soon after 1978 when China implemented the reform and opening-up policy, such sayings as "The country cannot be lively without commerce", "The people cannot be rich without commerce", and "Out of one billion people, nine hundred million are engaged in business" became popular. The first two sayings mean that without commerce and trade, the national economy could not be vigorous and prosperous, and the people could not get rid of poverty and backwardness. "Out of one billion people, nine hundred million are engaged in business" was used to describe the economic situation. Though a bit exaggerated, it unfolded before us a massive upsurge of going into business. China's economy has been enlivened and invigorating the economy has become the common concern of the entire Chinese people.

In 1992, China started its historic change from a planned economy to market economy. Driven by market economic laws, agriculture, industry, commerce, and even schools, scientific research institutions, literature and art organizations were all pushed towards the market. There emerged a lively situation of vigor and fast development in China's economic arena.

The tremendous changes in China immediately drew the attention of the entire world, and businessmen from all places came to China. Like a strong catalyst, China's upsurge of going into business accelerated the profound changes in China's political, economic and social life, and altered the world's economic structure.

China is a large agricultural country. Since ancient times, agriculture has been taken as the base to build up the nation, and industry and commerce have been regarded as the branches and leaves. This is just like a big tree with roots, branches and leaves. Only when the roots are firm and deep, can the branches and leaves be luxuriant. Likewise, only if the branches and leaves are flourishing, can the roots be firm and deep. Both are the bases "to provide for the people". "Only when there is ample food and good circulation of commodities, can the country be strong and its people rich." In ancient times, our ancestors did not attach importance only to the roots, while neglecting the branches and leaves.

According to the historical records, as early as the end of the Shang Dynasty and the beginning of the Zhou Dynasty, commodity exchange was already widespread in China, which facilitated the development of social production and the economy. The great historian Sima Qian of the Han Dynasty, in his *Records of the Historian*: *Biographies of Famous Individuals Engaged in Trade*, highly praised some rich businessmen in history. Zi Gong, a disciple of Confucius, once did business between the western and the southwestern parts of today's Shandong Province. Good at handling market conditions, he soon became extremely rich by buying when the prices were low and selling when prices went up, with a rapid flow of capital. In order to fulfill the missions assigned to him by Confucius, he often "took teams of four horses and bundles of silk as money to visit dukes or princes as envoys. Wherever he went, heads of the states stood up to him as an equal". He, being purse-proud, spoke louder than others, and was awe-inspiring indeed. The reputation of Confucius, to a great extent, was attributable to Zi Gong who became rich by doing business. Some other examples include Bai Gui of the Zhou Dynasty, who was honored as the first ancestor of businessmen, and Fan Li, Duke Zhu of Tao, who gave up politics to engage in business, became one of the richest of the time and was regarded by businessmen of later ages as a model of the "wealthy but virtuous persons". Sima Qian said: "Talking about going from poverty to abundance, agriculture is not as handy as industry, and industry is not as handy as commerce". He understood the importance of making the country strong and the people rich by doing business in the circulation of capital. That was not just the personal perception of Sima Qian, but the understanding of an entire generation. Sima Qian lived in the Han Dynasty, when the country was unified, having convenient transportation with various checkpoints removed. "Rich businessmen traveled all over the country", and the court and the common people all talked about the acquisition of wealth, resulting in brisk economic and trade activities. As a matter of fact, in later dynasties, the situation was the same when the country was strong.

However, it was not known from what time onwards that "branches and leaves" were looked down upon, and merchants were regarded as the persons of the lowest social status. Such policies of the rulers and common prejudices were increasingly unfavorable to businessmen, which resulted in China's remaining in a backward, closed and self-sufficient economic formation for a very long time, with a very slow development of the commodity economy. After a long history of several thousand years, China still remained a poor and backward agricultural country. Backwardness will make one vulnerable to bullying. A history of humiliation when China was oppressed and exploited by others and the high-level development of modern material civilization eventually opened the eyes of the Chinese people. Since China's reform and opening up to the outside world, there have been profound changes in the social ideology. Economic construction has become the center of work of the whole Party and the entire country. Developing production, invigorating the economy and embarking on the road of common prosperity have become the common wishes and goals of the entire society.

The upsurge of going into business in present-day China did not begin from the cities, but started from the countryside. Laozi said that the state best ruled is a place where "the people have delicious food, beautiful clothes, cheerful customs, happy work and though within easy reach of neighboring states, the dog's barking and the cock's crowing in one state are heard in another, the people of one state will never have dealings with those of another until they get old and die." For thousands of years, Chinese farmers lived in such scattered, closed and self-sufficient social formations, were content with their lot, acted their parts and submitted to the will of Heaven. The historic shift from the planned economy to market economy breezed through China's vast countryside. The farmers who had slept soundly for thousands of years seemed to have woken overnight. At last they would leave their own little world to explore the big one outside. The farmers began to have an awareness of commodity in the modern market, and to understand how to turn agricultural and sideline products into commodities. They knew how to make money by supporting agriculture with industry and by promoting agriculture with commerce. Such shift in the farmers' conception immediately brought about deep-going changes in the broad countryside and the agricultural economy.

There is Dazhai Village in Xiyang County, Shanxi Province. During the 1950s and 1960s, all the people of that village, men and women, old and young, threw themselves to the yellow earth. They cut the mountains for land and tried to grow grain in stony plots. By hard struggle, shedding blood and sweat, and standing the hardships, they did not succeed in changing the poverty and backwardness of the mountain village. There is Daqiu Village in Tianjin. Before 1978, there was not a single tileroofed house in the village, and an able man's daily pay was not enough to afford an egg. People were so poor that they drank bitter water and had nothing but chaff and herbs to eat for half a year. After 1978, by the east wind of reform and opening up, the Daqiu people completely changed their minds. By relying on science and technology and talented people, they went in for industry and trading on a big scale and eventually created the highest gross output value of industry and agriculture and highest per capita income at the village level. Daqiu leaped to be "the richest village in China", with a gross output value of industry and agriculture of 15.3 billion *yuan* and per capita net income 7,000 *yuan* in 2004. Dazhai in Shanxi has also seen great changes in the upsurge of the market economy. By absorbing investment from abroad and establishing cooperative relations at home, they not only ran coal pits, cement factories and transportation teams, but also established a woolen sweater factory by cooperating with Diemei Group of Jiangsu, and thus created a cross-regional, cross-industry enterprise group at the provincial level. There are many examples of this kind in the whole country. It makes a world of difference whether there is a commodity awareness and whether a market economy is practiced.

With the agricultural economy enlivened, the national economy became brisk. The development of the agricultural economy not only laid a solid foundation for industry and commerce, but also provided ample surplus labor for the cities. The "large influx of rural laborers" into the cities created quite a big "employed laborers", who were active in the construction, catering, service and other industries. Farmers moving from the countryside to the cities to become workers is a manifestation of social advancement and economic development, which was the road once taken by all the developed countries in the world.

Of course we have not forgotten the basic situation in China, which, with a large population and scarce farmland, feeds 22% of the world's population with 7% of the world's farmland. Agriculture should always be taken as the base of the national economy, and grain is a special commodity with strategic significance which is directly related to people's livelihood and the country's safety. There is difference between the "roots" and the "branches and leaves". We should not put the cart before the horse, still less should we attend to trifles and neglect essentials. We have every reason to say that without a solid agricultural foundation, China cannot stand on its own feet; without the accumulation and support from agriculture, there can be no industrial development and prosperity of economic and trade activities in China; without the stability and all-round development of the countryside, there can be no stability and all-round development of the entire society; and without the modernization of agriculture, there can be no modernization of the entire national economy. Today when the economic and trade activities upsurge, it is still a matter of prime importance for us to devote major efforts to the development of agriculture.

"Three kinds of foreign-invested enterprises" are an active force in the economic upsurge in present-day China. According to the statistics, there are a number of "three kinds of foreign-invested enterprises" in China, and these enterprises have been developing soundly. A research report by an economic research institute in Munich of Germany shows that the market potential and cheap labor are the main factors that have attracted foreign businessmen to make investments in China. With over 1.3 billion people, China has the biggest consumer market in the world. Even though China is still a developing country with a low level of consumption, each day the Chinese people consume over 400 thousand tons of grain and 100 thousand tons of meat, and they can buy 200,000 sets of mobile phones, 97,000 computers and 16,000 cars. Chinese residents' saving deposit reaches 113.9 trillion *yuan* by the end of 2014. These figures are big enough to make both Chinese and foreign businessmen excited and covetous. Those foreign entrepreneurs who are far-sighted do not seek short-term successes and quick profits, or engage in short-term acts such as leaving after gaining some advantage. They know that the market potential and cheap labor of China, which are not matched elsewhere in the world, provide them with an ideal arena in which their enterprises can maintain long-term stability and development. Of course some foreign enterprises have come to make investment in China because they are attracted by the preferential policies provided by the Chinese government.

Centering on the establishment of the socialist market economic system, today's China is accelerating its strides of reform and opening up. Since China's joining WTO in 2001, China's foreign trade has been getting integrated into the world trade in an all-round way. With the development of the Pudong Development Zone of Shanghai as the excellent example, China has further opened its coastal cities and given an impetus to the economic development of the provinces along the Changjiang (Yangtze) River. Guangdong, Fujian, Hainan and the Bohai area are all speeding up their economic construction. China is actively attracting and utilizing foreign investment to quicken the development of its domestic economy, and is opening up international markets to promote diversification of its foreign trade. All this has provided excellent opportunities both for Chinese and foreign businessmen. Of course, good opportunities also imply new challenges. Like each of the Eight Immortals crossing the sea, everyone shows his / her special prowess by grasping the opportunities and meeting the challenges. China's economic arena will surely become even more splendid.

Lesson 2 Affinity Between Economy and Culture

Economy and culture belong to two different domains, but the two have an inseparable affinity. The degree of economic development determines the degree of cultural development; and the cultural development in turn gives impetus to economic development, or even causes profound changes in the economic domain. The principle has remained the same since ancient times, but in today's world, such affinity between economy and culture has increasingly become a common understanding among the business, academic and cultural circles, and a hot topic for discussion and research.

There are some interesting phenomena in Japan's economic development. In the 1970s, Japan's annual economic growth rate was 400% of that of the US. In order to find the reasons why the US economic growth rate lagged behind that of Japan, a group of American entrepreneurs and economists came to Japan for a thorough investigation and research. They found that it was not because Japan owned more advanced technology and equipment, but because Japan had a new business management mode, which took people as its center. "Talents must be created before new products could be created", and through its talented persons, a unique corporate spirit was created, ensuring cohesion inside and competitiveness outside, which guaranteed the success and development of the enterprise. Another interesting phenomenon was that Japan was a small country surrounded by sea, lacking natural resources, neither iron nor coal. All its imports and exports depended on marine or air transportation. But Japan succeeded in building up the most advanced steel and auto industries in the world. This shows that natural resources and conditions are not the decisive factors for economic development; the decisive factor is people.

The comprehensive strength of a country comprises its political, economic, military and cultural strength. The strength of a country and the power of the driving force for its economic development, depend more and more on the quality of its laborers and on the number and quality of its knowledgeable people. In other words, they depend on its cultural strength. First and foremost, it is the factor of human intelligence. Economic development must be supported by intelligence. An illiterate person cannot invent or operate a computer. It is obvious that a person with mental slowness cannot comprehend space technology. Cultural strength also includes the spiritual power embodied in people, namely their ideals, ethics, values, standards of conduct, professional dedication, etc. These intangible power can create material wealth, and produce unfathomable economic benefits. Culture and economy are thus inseparable.

The affinity between economy and culture is embodied in many aspects.

First, let's discuss what is referred to as the corporate culture, which is a new concept in contemporary business management. It emphasizes that the process of building up an enterprise is a unique and successful process of cultural development. All enterprises, without exception, are made up by people. For the entrepreneurs to start and run an enterprise, they must show concern for, respect, and cultivate people, must initiate and foster a scientific and effective spirit, which consists of the goal, ethics, value judgment, and standards of conduct in the corporate, so as to build up a unique image for the enterprise in society. For this purpose, while constructing the hardware (such as the factory building and the store) for its economic activities, the enterprise also invests large sums in the setting up of the software, that is its cultural development. This includes the personnel training center, library, club, or various friendship associations, so as to strengthen the contact and communication between labor and management and among the employees, and improve the cohesion and centripetal force of the enterprise, building the enterprise into a "community sharing the same destiny". It can be said that every successful enterprise has its own unique culture. To create a unique corporate culture is the only way for an enterprise to achieve success.

Secondly, let's talk about the commodity culture. Now more and more entrepreneurs discover that the competitiveness of an enterprise depends not only on the quality and price of the commodity and the services, but also on the intangible economic extra value. Such extra value comes from the cultural factor embodied in the commodity, and such extra value is in direct proportion to its cultural factors. The richer the cultural factors, the higher extra value it may bring about. The cultural factor of a commodity has diversified expressions, from such a small thing as creating a good name for a commodity, to such matters as its design, style, color and packaging. It is no exaggeration when we say that the design, production and circulation of a commodity involve many cultural factors such as aesthetics, psychology, folklore and ethics. Here there is no better example than fashion. Fashion varies in design and style with the country, the region, the ethnic group, the age and even the season. Year in and year out, the people remain similar, but the garments are different every year. The innovations in the design and pattern of garments are rooted in the fertile cultural soil of different countries and ethnic groups.

In talking about the commodity culture, we naturally think of cultural commodities. It should be said that cultural commodities are the type of commodity with the highest cultural content. Take handicrafts for example. They are commodities which can enter the market for exchange, and are also works of art with a value for appreciation and collection. A high-quality work of art may be worth a fortune; and a rare masterpiece may be a priceless treasure. Books, audio tapes, and optical discs are cultural commodities, and cultural centers, museums, cinemas, and theaters are cultural places. Musical compositions, novels, plays and even the newly discovered two lost pages of Washington's inauguration speech can all be put up for sale in the auction market.

In present-day commercial activities, the shopping environment also seeks to provide a cultural atmosphere. When you take a stroll in the street, you are dazzled by the endless array of beautiful exhibits in the shop windows by day, and by the multicolored neon lights at night. The Western style of KFC and McDonald's, the imposing modern air at the Xidan Shopping Center and the Beijing Dong'an New Shopping Center, the air of antiquity at the Liulichang Cultural Street give a special and uplifting cultural edification on people. Many shopping centers combine shopping with recreation, providing customers with places for recreation and rest for free. Numerous facts prove that a good shopping environment, bringing to the customers spiritual delight and enjoyment, makes people linger on with no thought of leaving. The stores thus get their economic returns.

Since China's reform and opening-up, its economy has been developing rapidly, and its people's living standard has greatly improved. People are no longer satisfied with the life of three meals a day, having just adequate food and clothing; they pursue an increasingly higher level of spiritual and cultural satisfaction. Therefore, cultural commodities and cultural markets become exuberant. Handicrafts and paintings, which used to belong only to the rich and refined, have entered the homes of ordinary people. The popularization rate of TV sets in China's urban and rural areas has become the highest over the world. In China's big cities, deluxe song and dance halls, karaoke houses, and public places of entertainment seem to have emerged overnight, and the people are tantalized. Some theater troupes, which are renowned both in and outside China, such as the Central Philharmonic Orchestra, China National Opera & Dance Drama Theater, have also come out of the sacred temple of literature and art to perform works by Mozart, Beethoven, and John Strauss in posh hotels and restaurants. Lao She Teahouse and the Pear Garden Theater in Qianmen Hotel, Beijing, are the results of such affinity between economy and culture. Who can make clear what kind of consumption, cultural or commercial, is occurring in such places? It is certain that the better the people's material life, the higher the demand of the people for spiritual and cultural life. There are boundless prospects to place commercial investments on cultural consumption projects. A commodity with use value, if being full of more cultural factors and can satisfy people's needs both in the material and spiritual aspects, will experience a meteoric rise in its value, bringing unexpected economic results to entrepreneurs.

The internationalization of enterprises is an inevitable trend resulting from present-day economic activities and international trade. And the first problem encountered in the internationalization process is the cultural differences between the home country and the target country of the enterprise. A German professor of economics, after inquiring about 223 German executives who had worked in Brazil and China, discovered the fact that "one-third of those who ended their stay abroad ahead of schedule were for reasons related to work. They couldn't get accustomed to the local conditions, and couldn't meet the challenge of the culture of the host country". One entrepreneur said that it took him several years to fully understand the mentality of his Chinese negotiation opponents, and few managers knew that the Chinese mode of communication was utterly different from that of the West. The Americans suffered quite a bit in this respect. A large American electronic company, after a long and arduous bargaining, finally made a deal with a Japanese company. However, at the signing ceremony, the president of the Japanese company started reading the contract carefully. The president of the American company saw his air of seriousness, and thought that the Japanese side was hesitating again at the final critical moment. He voluntarily cut the bid of each item by US$100, and the contract was signed and became effective immediately. He had not realized that the Japanese president was simply putting on airs when he started reading the contract before signing, so as to display his authority, and it didn't mean anything else. As the Americans did not understand the temperaments and customs of the Japanese, they thus lost hundreds of thousands of US dollars at one go. Having learned lessons from their failures, the Americans became wiser. Numerous large American firms engaged transnational advisers, and sent more than 4 million Americans each year on business trips abroad so as to understand and familiarize themselves with foreign cultures and open up channels for multinational corporations going abroad.

Along with social progress and the development of hi-tech, culture is exercising a deeper and deeper influence on economy, which in turn has become all the more inseparable from culture. The economic exchanges between various countries of the world are bilateral interchanges not only in the economic field, but also in the cultural field. No wise and knowledgable entrepreneur will neglect the affinity between economy and culture if he wants to create and develop his own undertaking smoothly.

Lesson 3 Businessmen and Scholars

Businessmen and scholars engage in two different professions. "There were four social strata in ancient China: scholars, farmers, workers, and businessmen. Each of these four strata had a different line. Scholars were those who studied to become officials, and businessmen were those who traded in goods to make money." From the traditional Chinese ideas, scholars were positioned at the top of the four social strata, as noble people with knowledge and morality. Businessmen were despicable people ranked at the bottom of the four social strata, who had neither talent nor morality, and knew only about making money. They bore such a bad reputation that it was said, "there were no businessmen who were not wicked; they forgot all moral principles at the sight of profit". During the Qin Dynasty, the businessmen, however rich they were, could not wear silk clothing; in the Tang Dynasty, they could not serve as government officials; it is not until the Ming and Qing dynasties that their status was changed. In the Wei and Jin dynasties, scholars were even ashamed of talking about not only business, but also money. Wang Yan of the Jin Dynasty professed to be lofty and above worldly considerations, and he was disgusted with his wife's mentioning the word "money" all the time. He himself never mentioned "money". Thus husband and wife never talked congenially. One day his wife wanted to roil him, and she surrounded the bed with strings of coins while he was still in bed. Seeing that he could not get off the bed after waking up, Wang Yan shouted: "Remove all these A-du things!" "A-du" was a colloquial expression at that time, meaning "this"or "that". What he shouted was equivalent to "Take away all these things!" He simply didn't want to utter the word "money".

Up to the 1980s, the custom of looking down upon business and businessmen was still not difficult to find in China. The businessmen in our novels, TV programs or films were either stinking with money, using coarse language, or being sinister and deceitful, honey-mouthed and dagger-hearted. They either acted like old-type money bags, burying their money at home, letting it go moldy and stinking, or like evil capitalists, indulging in eating, drinking, gambling and frequenting brothels, throwing away money like dirt. As a matter of fact, history has distorted businessmen and most common people misunderstood businessmen.

Doing business needs knowledge just as engaging in politics, military affairs, scientific research or other professions. Doing business is also an art. Especially in today's world when science, technology and productivity are highly developed, it is hard to imagine that an illiterate can become an entrepreneur, or one who know nothing about computers can become a successful computer salesman. An intelligent age is quietly approaching us. Scientists have had such imaginations: At dusk, a man is coming home from work. On his way home, he uses a remote control to switch on his kitchen, ordering the robot to make him coffee, toast and delicious dishes... The intelligent life is built upon the basis of numerous hi-tech achievements such as remote control system, sensing technology, computer technology, optical fiber, fuzzy logic and fuzzy technique. If one knows nothing or little about these greatest cultural achievements of mankind, one cannot become a successful entrepreneur. The success of an entrepreneur not only lies in the success of investment, new products and marketing, but even the success of talents and culture. The image of a businessman in the new era should comprise the knowledge of a scientist, the inspiration of an artist, and doing-solid-work spirit of a businessman. A businessman with a bit more cultural knowledge is much nearer to success.

The chief representative of Pierre Cardin in China has a special understanding of the relationship between money and art. She holds that it is not desirable for a businessman to make money for its own sake, and it is her lifelong pursuit of beauty to turn commerce into art. The Maxim Restaurant she opened in Beijing is beautiful and imposing, reflecting in a concentrated manner the culture of French nobles and opening up in Beijing a window to French culture.

In Japan, there are tens of thousands of mom and pop shops, which are full of a soft and warm human touch like a family. Once a Chinese guest went to such a shop to talk business. The shop keeper invited the guest in, asked his wife to serve hot tea, sat knee to knee with the guest and started chatting with him. They talked about everything from Chinese history to China's mountains, rivers and scenic spots, from *Romance of the Three Kingdoms* to China's reform and opening-up, pouring out words in a steady flow as if enumerating his family treasures. His rich knowledge and cultural accomplishment immediately shortened his distance from the guest who had come from a different country. They fostered warm feeling and sense of trust with each other. Later when they started talking business, it was just like "when the water comes, a channel is readily formed".

There is a factory director in China who, apart from having a good command of the knack of doing business, has three unique skills, namely *qigong*, calligraphy and chatting. At the time when he took up his post as a factory director, the factory was on the verge of bankruptcy. In order to encourage all the workers and staff of the factory, he took up a Chinese writing brush and wrote a couplet by an ancient Chinese:

Where there is a will, there is a way; break the cauldrons and sink the boats; all strategic passes of Qin eventually belonged to Chu;

Painstaking people Heaven shall not give away; sleep on brushwood and taste gall; three thousand Yue soldiers could conquer Wu.

One autumn, a representative from the French Peugeot Company came to the factory to discuss joint-venture matters. He knew a lot about Chinese calligraphy. No sooner had he come to the gate of the factory than he was attracted to this couplet. He chatted about Chinese calligraphy with the director, and asked the director to write four scrolls for him to take back to France as a treasure. At the negotiation table, it didn't take a lot of talking before they reached an agreement.

It is the case that when your moral character or special skill wins admiration from your counterpart, the commercial activity will become very smooth. Before a business negotiation, both the buyer and seller usually intend to create an atmosphere, and their conversation may touch upon many different subjects. One's moral character, self-cultivation and manners as shown in the discussion may produce a strong attraction for one's counterpart. Therefore, a businessman with high-level accomplishments in culture often utilizes his superiority to remove the commercial barrier of his counterpart. Contrarily, lack of enough awareness in this respect may lead to the failure of negotiation or mistakes in operating decision. The British never paid enough attention to the learning of foreign languages. They thought that whoever wanted to do business with them would have to use English. The following incident happened in 1995. One company in London went bankrupt. When the auditors examined their papers, they discovered that a letter in German had not been dealt with. Nobody in that company understood German. It was only after they consulted some experts that they found out that was actually the largest order it had ever received. But that was already too late. If it had been made clear a bit sooner, the company might not have gone bankrupt. Here is another example. An eminent person went to buy a car from an auto dealer. This person, while looking at the cars, talked on and on about his son who was studying at a university. His tone and his words were full of paternal love and pride for his son. But the auto dealer, only thinking about how to make a deal as soon as possible, was concerned only with introducing his product. To what this eminent person was saying, he responded absent-mindedly, giving irrelevant answers. Of course, there was no deal at the end.

In China, more and more businessmen have come to understand the importance of improving their own cultural accomplishment. Entering the 1990s, there have emerged in China's business circles many moneybags. Quite a number of them did not receive much education. When they first made a reckless move, making a living wandering from place to place, they had but a simple aim—making money. At that time, they did not care about personal interests, hobbies, ideals or dignity, and they didn't even have time to feel what was meant by hollowness and boredom. In order to make big money, they had no appetite and couldn't sleep well. After several years of hard struggle with ups and downs, they eventually became moneybags and could go to expensive restaurants and recreation centers freely. But their pride and freedom didn't last long before they noticed their weak spirit and hollow mind. As they have had little formal schooling and were coarse and vulgar in their behavior, they were often frowned upon, and could not raise their head in front of intellectuals. They wanted to be in the ranks of the upper society, and be on an equal footing with those respected scholars and distinguished personages. So some of them got awakened and went on the road of self-improvement and self-perfection. Some invested in public cultural undertakings; some used their own money to run colleges or schools and made themselves directors or principals; some started writing during their spare time and composed autobiographies; some even gave up business for a while to attend university or even go abroad for further studies. In a word, they tried to change their own images, and the image of businessmen.

Along with the development of the commodity economy in China, some businessmen with long-range ambitions have called for the cultivation of a new generation of intellectual businessmen. In Chinese history, the doctrine of Confucius and Mencius was referred to as Confucianism. Zigong, one of Confucius' disciples, is later known as the "ancestor of Confucian businessmen". During the Ming and Qing dynasties, there were Anhui merchants who were both scholars and businessmen, combining the two together, and could be referred to as intellectual businessmen. The first of their characteristics was adhering to the Confucian doctrine and attaching importance to commercial morality. They advocated that though gentlemen loved wealth, they obtained it by virtuous ways. They abode by the commercial principles of "genuine goods at a fair price and cheating neither the old nor the young", and "amiability begets riches, being fair and keeping one's words". Their second characteristic was attaching importance to knowledge and culture. They not only paid attention to their own cultural accomplishment so as to keep elegant demeanour and scholarly manners, but also cared for public cultural undertakings, such as building academies, running free schools, collecting cultural relics, printing books, and they made friends broadly with scholars, thus breeding the brilliant "culture of Anhui businessmen". During the 300 years when Anhui businessmen were most active, the culture of Anhui businessmen exercised a great and far-reaching influence on the economic and cultural life of China. It produced a large number of outstanding philosophers, scientists, writers, economists and educators. Of course, the kind of "intellectual businessmen" we are calling for today is different from the old one. While inheriting the fine tradition of "intellectual businessmen" in the former generation, they should have new era's moral character, commodity awareness, management awareness and modern knowledge of science and culture which are necessary in the building up of the socialist market economy. We can see that a contingent of businessmen with both economic minds and broad knowledge, both abundant economic strength and noble spiritual and cultural qualities are emerging in China, who will play an increasingly important role in China's economic construction.

Lesson 4 The Market of Cultural Commodities

It is widely known that musical works, dances, operas and dramas, paintings and books are a special kind of spiritual and cultural products. But can they be treated as commodities to enter the market and be exchanged at equal value? Can they be utilized to obtain the value of commodities and make a profit? The answer is of course positive.

The cultural market is a commodity market with special characteristics, which provides spiritual products and cultural and recreational services in the form of commodities. Song and dance halls, karaoke bars, musical teahouses, recreational centers, book markets, art galleries, cinemas and even advertisements, fashion shows, body-building contests, and amateur or professional performances are all operating places for cultural commodities and operational activities. Those who invest in the market of cultural commodities include the state, the collective, the individual and even foreign businessmen. The businesses here include state-owned, contracted, leased, shareholding ones, as well as joint ventures and solely foreign-invested ones. Since China's reform and opening up, its tertiary industry has witnessed vigorous development, and the cultural market is among the most active in this industry. A market of cultural commodities which covers various categories, levels, forms and systems has taken shape in China.

Let's first take a look at China's book market. At the end of the 1980s, complaints and appeals could be heard all over China that "it was difficult to publish books, to sell books and to buy books". However, since the formation of a multi-level and multi-channel book market, publication and distribution have broken away from the dilemma of a weak market, and marched towards unprecedented briskness and boom. The introduction of mechanism of competition in the publishing industry and the emergence of individual booksellers are the driving forces of the prosperity of the book market. The life line for the publishers and individual booksellers lies in the selection of good topics, the quality of books, the publishing cycle, and the distribution services. The competition between the publishers and the individual booksellers is especially fierce. The composition of the individual booksellers is highly complex. There are quite a number of "intellectual businessmen" with a relatively high level of cultural accomplishment, but some of them have no knowledge and only think about making money. Nevertheless, the individual booksellers understand the market well. They know what the "gods" want, and they understand that time is money and they, with the power of a thunderbolt and the speed of lightning, push books onto the market at all costs. There was one bookseller who supervised the printing of 200,000 books within 13 days, covering nearly 10,000 *li* in one day to arrange the printing and distribution, flying from Beijing to Guangzhou in the morning and to Chengdu in the afternoon. The subscription of a book through the Xinhua Bookstore is usually small, but when it came to their hands of individual booksellers, they could issue tens or even hundreds of thousands of volumes. They have made big contributions to the flourish of the book market.

Song and dance halls, and karaoke bars are the most exciting and attractive markets of cultural commodities, and big businesses rich in financial resources. In such big cities as Beijing, Shanghai, Guangzhou and Shenzhen, nobody can say for certain how many such places there are. These places have grand facades, luxurious decorations, imported hi-fi systems, spinning, glistening, and many-hued lights, and beautiful, enthusiastic and attentive young ladies attracting one group of customers after another. In the karaoke television rooms of some song and dance halls to spend a night, there would cost over a thousand or even ten thousand *yuan*. Ordinary people dare not make inquiries in these places. But in such a big country as China, there are some people who are rich, or who are not rich but pretending to be rich, being deadly anxious to keep up appearances by going in for ostentation and extravagance, or who go to karaoke bars because "work requires it". As business is always brisk in song and dance halls and karaoke bars, the singers and dancers in these places have had a meteoric rise in their income. The high consumption in song and dance halls and karaoke bars and the high income of the singers and dancers once aroused dissatisfaction among ordinary people. Nevertheless, since their songs and dances have been pushed onto the market as cultural commodities, their deals would naturally follow the market economic laws. The rarer the commodity, the slighter the possibility of reproduction, the higher the level of monopoly, and the higher the extent to which supply falls short of demand, the higher its selling price will be. Market laws are independent of man's will.

The auction and collection of artistic works also mark the prosperity of China's cultural market. The auctioneering didn't exist after the founding of New China, and few people bought or collected works of art with their limited salaries. However, after the reform and opening up, people's mentality has changed, so have the material conditions. Just as a famous futurologist claimed, "The position of art in the society is becoming more and more important. When people, companies, cities or small towns make their decisions, they are more and more influenced by the artistic image, quality and style." Therefore, buying and collecting artistic works has gradually become an objective necessity of some people. It is not different from buying and collecting history, and history is eternal and priceless. Some do this just for their own artistic appreciation or historical research because they have a liking for collection or a partiality for history. But some other people know well that the appreciation capability of precious works of art means that the purchase and collection of artistic works are an investment that may bring large profit. Today's buying is hoarding a rare commodity; the long-term collection is waiting for the highest bid; and the selling at a later date is to get a sky-rocketing price. One example is *Iris* by the Dutch painter Van Gogh in 1889, which was sold in 1947 at US $ 80,000, and in 1988 it was sold through an auction house at US$ 53 million, which means that its value had appreciated by nearly 700 times in 40 years. Some entrepreneurs invest large amounts of money in the auction and collection of artistic works because they have seen such high rate of return. For them, purchasing works of art is just a means and direction for investment, similar to betting on horses or engaging in real estate business, which has nothing to do with appreciation and collection of works of art. What's more, the collection of Chinese works of art by overseas Chinese embodies their affection for the motherland. Thus, the auction and collection of works of art has eventually become possible.

In 1989, the Chinese government permitted several cities to trial-run auction markets. In July 1991, Shenzhen had its first judicial auction. In May 1992, at the main hall of the Guangzhou Chinese Export Commodities Fair, the first auction for traditional Chinese paintings was held. Three paintings including Huang Zhou's *Donkeys*, were sold for 220,000 *yuan*. In October, Shenzhen held the first auction for contemporary fine works of painting and calligraphy, at which 97 works by 63 artists were sold for 2.51 million Hong Kong dollars. At an international auction in Beijing the same year, Chinese antiques were auctioned for the first time with 2,188 pieces for sale. The most ancient piece was a bronze wine vessel dated back to the Western Zhou Dynasty. The piece sold for the highest price was for 1.5 million *yuan*. The most attractive piece was a mixed glaze eggshell bamboo-hat porcelain bowl entitled *A Collection of Practical Types of Facial Make-up in Beijing Opera*. Its diameter was 87 centimeters and its height 37 centimeters. On its inner and outer walls were 442 types of facial make-up in Beijing opera, each one being wonderfully vivid and lifelike. At the bottom of the bowl was an article by the famous scholar Zhou Gucheng, consisting of 1,046 small characters, each the size of a fly's head. The wooden stand for the bowl was engraved with designs depicting Chinese fairy stories. As this bowl combined Chinese calligraphy, painting, wood carving and porcelain-making together, it has very high artistic value and value for collection, with the base price for auction set at US$1 million. The Auction Law of the People's Republic of China was issued in 1996. China's auctioneering is developing rapidly by its standards. Now the auctioneering has entered a sustainable, steady and healthy development stage.

Along with China's economic development and its broadening of the opening up to the outside world, people's awareness of intellectual property right has been heightened day by day, and technological transfer and the copyright trade have become brisk. There was a joke saying that *The Moon on the 15th* was worth 16 *yuan*. (This is a pun on the same pronunciation of "*yuan*" and "round"— the original sentence was "The moon on the 15th gets the roundest on the 16th".) *The Moon on the 15th* is a famous song in China. For several years, this song was sung nearly by every hot singer and at every performance. But the composer's remuneration was only 16 *yuan* whereas a singer could get up to 10,000 *yuan* for singing this song. *Overture of the Spring Festival* by Li Huanzhi, like *Radetsky March*, is almost a must at every Chinese concert, but nobody ever thought of paying remuneration to the composer. Similar cases are found in calligraphy, painting and publishing circles. Such tort and infringement of the intellectual property rights eventually aroused the copyright awareness of writers, musicians and artists. After the TV series *Romance of the Three Kingdoms* was shown in 1994, TV stations all over the world rushed to buy the broadcasting rights. The Media Company of Thailand signed a contract with China's CCTV for the purchase of the series. The copyright of the 15 songs and the background music which were composed by Gu Jianfen and others, together with the frames that go with them, was sold to the buyer for 6 years at 1.2 million *yuan*, of which 600,000 *yuan* was paid to CCTV for the frames, and the other 600,000 *yuan* was the remuneration for the copyright of Gu Jianfen and others. That was the first instance in China that a dozen or so songs obtained such a high remuneration. Later on, news appeared in newspapers reporting such incidents as a technological transfer being worth US$1.1 million and *Song Praising the Liquor* being bought out by Luzhou Laojiao Distiller at 390,000 *yuan*. Intellectual property rights are given greater importance and more and more protected by the state and the common people.

China's market for cultural commodities is blossoming in radiant splendor, showing that the long-standing and brilliant traditional culture of China and the contemporary culture full of the spirit of the new era have matchless and irresistible attraction, providing a vast arena for business doing and profit making.

Though there still exist wide gaps compared with developed countries in the size of the cultural market, the degree of prosperity, the income earned, and the development of an ordered market, it cannot be denied that there has emerged an unprecedented situation in China. We can be certain that China's market for cultural commodities will be further cultivated and developed, presenting even brighter prospects.

Lesson 5 Cultural Brokers

In economic activities, there is a special kind of people called "brokers", who are neither buyers nor sellers, neither the producers nor the consumers of commodities. What is a "broker"? As explained by a famous American marketing expert, "broker" is the general name given to various middlemen who provide inexpensive agency services. The definition given by *The Dictionary of Chinese Economy* is: "A broker is a businessman in the middle, who was called "*qianke*" in the past. He is independent, but doesn't own independent capital for doing business, and acts as a middleman between the buyer and the seller to promote trade in order to earn commission."

Middlemen are the products of a market economy. In the capitalist markets, there are general brokers and stockbrokers. The former is paid by signing an economic contract for others, while the latter have legal status, pay tax, buy or sell securities or other commodities for their clients on an exchange in order to earn commission. In old China, there were the above-mentioned two kinds of brokers. "*Qianke*" was especially existed in popular free markets. Most of them were clever and fluent, familiar with market conditions, and good at figuring out the mentality of both the buyers and the sellers. After the founding of the People's Republic of China, under the conditions of planned economy, a state monopoly for purchase and marketing was practiced for almost all commodities, and thus there was neither the need nor the conditions for brokers to exist. Since China's reform and opening up in 1978, the Chinese economy has step by step changed from a planned economy to a market economy. Brokers emerged in commercial activities as the times demanded, going from secret to open, and from illegal to legal. Of course, today's brokers have a world of differences from the old-time "*qianke*" in personal accomplishment, commercial ethics, maneuvering ability, social status and personal economic income.

Brokers engage in a wide range of business activities. It can be said that wherever there is commodity exchange, there is a broker. The brokers that have the largest number of business are those who take industrial, agricultural and sideline products, as well as products for daily consumption as intermediary commodities. In developed countries, the main arena for these people is at the exchange. They engage in the spot transaction and futures trading in accordance with strict regulations and procedures of operation. Stock exchanges are also important venues for their activities. Besides, there are also cultural brokers. Who are these people then? Just as the name implies, they are the middlemen who provide agency services for the buyers and sellers of cultural commodities, the intermediary and bridge linking the producers and consumers of spiritual products.

Along with the development of a market economy in China, spiritual products, including such verbal art as poetry and novels, films and TV works, such audio and visual works as music, dance, painting, and works of arts and crafts, have all entered the market and become cultural commodities with artistic, aesthetic and commercial values. The fruit of scientific research is also a special kind of spiritual product, and it is not there just for appreciation. It can only realize its own value by being transferred into productive force, and if such transfer is not realized, the spiritual value will become void and will not change into material matters automatically.

There have emerged a large number of great masters of Chinese traditional painting in China. Many of their works are precious cultural relics of our country. In China's contemporary art circles, there is also an abundance of capable people. Their works, whether oil paintings or traditional Chinese paintings, enjoy a high reputation in the world. The level of consumption was low in the past, and the works of great masters didn't have a ready market. The overseas entrepreneurs, collectors, art galleries, museums with ample financial resources, have come into China extensively, just like rushing for gold. Buying openly from China's art exhibitions, galleries or auctioneers is one way; but more are acting as agents for Chinese famous painters, or even as exclusive agents for certain painters for a period of time. Works accumulated in the hands of the artists have finally access to the market. In the past, the holders of scientific research achievements could only adopt the "one-to-one" mode of direct trade with the users. In order to turn their research results into productive force, scientists themselves ran about for many years but to no avail. For a long period of time, the transfer rate for the results of scientific research was lower than 20% in China. Scientific and technological transfer urgently need intermediaries. Moreover, the emergence of cultural brokers enables writers, artists and scientists to concentrate on the production of spiritual products, leaving the transfer and selling of such products to the brokers. In this way, the consumers will also have a more convenient and unblocked way to satisfy their spiritual and cultural needs.

What kind of people can become cultural brokers? In other words, what kind of qualities should cultural brokers possess? The market law of supply and demand, like the omniscient God, has created all kinds of talents in the market. Cultural brokers are quite a special kind among them. They need to have a relatively high level of cultural and artistic accomplishment, broad social relations, rich and effective experience in enterprise management, and wide and proficient legal knowledge. Only with these qualifications, can they win the trust from both the supply and the demand sides, and be qualified to act as their agents to provide them with a satisfactory service. It is hard to imagine that a person who does not understand music at all can represent a singing star in the negotiation of making a recording. It is equally inconceivable that a person who is "color blind" and knows nothing about painting can speak coherently about a priceless oil painting so that the customer is overwhelmed with admiration and most willing to open his purse to make the purchase. On the contrary, a broker in a large city in South China, with his sharp artistic sense and specialty of knowing the mentality of the audience, acted as a go-between for a local theatrical troupe and the audience, organizing open performances continuously. In merely two years' time, he brought the dying troupe back to life, turning losses into profits. From this we can see that cultural brokers need cultural accomplishment still more.

In fact, most of China's cultural brokers were themselves intellectuals. Their initial motivation was, seeing the financial difficulty for art and literature, to run an enterprise of the tertiary industry to raise some money for art and literature circles, and their own characteristics and sense of social responsibility would bind their enterprise to culture, and thus they naturally became cultural brokers. Some other brokers were "driven to join the Liangshan rebels" by the fierce competition of the market economy. A student of an art academy was the top student at school, but he didn't have money to run a personal art exhibition and could only watch his fellow students to show off their abilities to the society through personal art exhibitions. Later, he got to know a girl who had great ability and raised enough money to run two exhibitions. And this top student startled the world with a single brilliant feat. From his own experience he got to know the restrictive and driving force of money for art, and later, he became a broker for art circles.

A rising film star who came from a family of artists made a sharp turn when his artistic achievement was still ascending and became a cultural broker. He said: "On top of acting, I want to be able to do business." "The development of culture and art is hard-pressed for money. The competition of a commodity society tells me that China not only needs intellectuals who are devoted to art, it needs all the more cultural entrepreneurs who are able to catch the commodity tide. The reason why I left the movie circles to engage in economic activities is to make more money to serve cultural undertakings." After several years' hard struggle, zigzags and sufferings, he eventually set up a limited company, managing such enterprises as hotels, restaurants, stores and cinemas, with a fixed assets amounting to several dozen million *yuan*, becoming the first big cultural entrepreneur in the circles of art and literature. He sighed with emotion at the lack of an auction market for calligraphy and painting in China where great artists abound, but where many fine works of calligraphy and painting are bought at low prices by overseas dealers of calligraphy and painting and brokers and then are auctioned overseas for high prices. Therefore, he struck the first hammer for the auction of Chinese calligraphy and painting and acted earnestly as a cultural broker.

In China's cultural market, there have emerged numerous brokers for various categories of art, such as brokers for book publication, theatrical performances, athletic competitions, advertisements, and models. Besides, there are brokers specially for artistic stars, and big shots. Now that international cultural communications are becoming frequent, foreign literature and art would like to open up markets and seek bosom friends in China, and many foreign businessmen intend to make direct investments in China's cultural market to establish entities dealing in cultural commodities. Thus, the brokers' activities are not confined to the provision of services to the supply and demand sides at home, they are already heading for the international market. In an ancient town by the foot of a famous mountain in South China, there is a unique small studio, whose host is skilled in a special style of collage. The famous mountain, famous town and famous paintings attracted an endless stream of visitors from both home and abroad. He sold only his own works at first, but later, in order to satisfy the demands of foreign visitors, he specialized in brokerage for paintings. He often brought paintings by famous contemporary painters to posh hotels in such big cities as Beijing and Shanghai to negotiate business with foreign businessmen in order to earn commission. Now there already exist a number of intermediary organizations or companies with considerable size and strength which engage in international cultural exchanges. They have standardized operational procedures and brisk business, having participated in the planning, publicizing, organizing and promoting of activities for many important projects of cultural exchange, obtaining remarkable social and economic benefits.

Cultural brokers have now permeated almost all arenas of social and cultural life, and have attracted more and more people to act as brokers. Their activities have put an end to the traditional mode of intellectuals being intellectuals and businessmen being businessmen, and filled the cultural market with vigor, competition and hope.

Lesson 6 Culture Puts up the Stage and Economy Sings the Opera

"Culture puts up the stage, and economy sings the opera" is a saying that became popular towards the end of the 1990s. In order to develop the economy, people hoisted the cultural banner, containing commerce in culture and attracting business with culture. "Culture puts up the stage" means utilizing all kinds of cultural activities to provide a stage for performances to attract audiences from all places. "Economy sings the opera" means letting "economy" be the actor to go on stage to win the businessmen from all directions. "Culture puts up the stage, and economy sings the opera" is a vivid metaphor meaning to use cultural activities to attract tourists and businessmen so as to unfold economic and trade activities. It is a mode of trade promotion by combining culture, tourism, economy and trade together.

Though it became popular only in the 1980s and 1990s, it had a distant source and a long course. Since ancient China there have been temple fairs big and small. Temple fairs were originally held to offer sacrifices to ancestors, gods and Buddha. But temple fairs were at the same time grand ceremonies for pilgrims, and festivals for the common people. When it came to the fair time, streams of people flowed from all directions to a village or a particular place. Therefore, apart from offering sacrifices, there were two other big activities. One was theatrical performances including vaudeville, leather-silhouette shows, stilt walking, land boats, lion dances, and *yangge* dances, each place having its own local folk art.

The other was buying and selling, including local snacks, agricultural and sideline products, native special produce, new goods that had just arrived from outside, and so on. Big temple fairs attracted numerous businessmen and the trade there was brisk. People going to temple fairs always combined watching, playing and eating with doing business. Temple fairs in the old times were spontaneously organized by the masses and were in a natural state of becoming common practice through long usage. Nevertheless, the above-mentioned characteristics of temple fairs indicated that they were a social and cultural phenomenon with rich local customs and a mass psychological foundation, and a social economic activity with mass participation. In the past, temple fairs played a significant role in activating the cultural and economic life of a local place or a village. Along with the rapid development of China's economy, people's mentality has changed, and their horizon broadened. They discovered that the brilliant and profound Chinese culture had a boundless charm to peoples in the world. It was much easier and more effective and fruitful to use their own strength of traditional culture to attract foreign businessmen than to talk about trade and investment per se. People saw the active effect of the combination and mutual promotion of economy and culture, and created a completely new mode of activity. Thus, it came into being "for culture to put up the stage, and for economy to sing the opera", which gradually became an important means and method for economic development in various places of China. Since China has a long history, a vast territory, and a large number of minority ethnic groups, and each place has its own unique cultural superiority, "fairs" and "festivals" by all names and with various characteristics emerged in an endless stream, rising one after another.

The nationally renowned "The China Art Festival" is organized by the Ministry of Culture in collaboration with other government departments and localities. Each festival is meticulously planned, carefully organized, and on a large scale, attracting hundreds of thousands or millions of tourists and businessmen from both home and abroad. During the festival, there are various cultural activities and large-scale theatrical performances on the one hand, and on the other hand, various business negotiations are held. The Third Art Festival was held in Kunming, Yunnan Province. Out of the 56 Chinese ethnic groups, more than 20 live in Yunnan, including the Yi, Miao, Zhuang, Bai, Dai, and Hani, who account for over one third of the total population of the province which has the largest number of minority ethnic groups in China. The Art Festival fully showed the bright and colorful customs and culture of the various minority ethnic groups in China. The Fourth Art Festival was held in Lanzhou, Gansu Province, which has the brilliant and splendid Dunhuang culture. The program "Ancient Music of Dunhuang" reproduced the charm of the music for secular songs and dances in the prime of the Tang Dynasty more than 1000 years ago. This music is the most ancient song-and-dance performance that has ever been found in the world. The performance of "Ancient Music of Dunhuang" amazed both China and other parts of the world, and added splendor to the Gansu Art Festival. Each session of "China Art Festival" had unique art masterpieces and fine cultural works. Various places fully utilized such cultural superiority to promote development, giving rise to very brisk commercial activities and bringing remarkable economic benefits.

Art festivals in the localities are also full of sound and color. From the view point of the entire country, the most influential, effective and attractive among the local festivals is the "International Confucian Cultural Festival" that is run once a year. Chinese and foreign friends gather in Qufu, making the small city bustling with noise and excitement. The people of Qufu write Confucius' words "Is it not a joy to have friends come from afar" on big banners and hang them in various places. The Confucian Mansion, Confucian Temple, Confucian Woods, Archive of Confucian Relics and many other sacred places open their doors to welcome the guests. Among fresh green pines and cypresses, the Dacheng Hall overflows with classical music. The "Splendid" music that made Confucius once forget the taste of meat after he heard it, and the imitation of the ancient music and dance "Memorial to Confucius" bring people back to the ancient times. At the seminars on Confucius and Confucianism, scholars and experts from both home and abroad link up ancient times and today, and gain a thorough understanding of China and foreign countries, praising highly the historical role of Confucius and Confucianism, forecasting the great influence Confucius and Confucianism will exercise in modern civilization. “Confucius Six Arts City” is a big Sino-American joint-ventured recreation center which combines modern recreation facilities with ancient entertainment items, making people enjoy themselves so much as to forget to go home. “The Workshop Street” outside the backdoor of the Confucian Mansion is now brand-new with redecoration, with people lingering on in snack bars and shops dealing in local arts and crafts, and the four treasures of the study. With the aid of Qufu’s characteristics of rich Confucian culture, the Qufu people, during the “International Confucian Cultural Festival”, actively organize travel, economic and trade activities. The tours to Confucius’ home, the fairs of local products, investment negotiations and conferences expounding items of technological reform bring economic benefits of as much as billions of *yuan* each year to the Qufu people. Besides, we can name the Fairs at the Temple of Earth, and Baiyun Temple in Beijing, the International Shaolin Martial Art Festival, the International Mountain Climbing Festival at Mount Tai, the International Tourist Festival at Huangshan, the Ice and Snow Festival in Harbin, and the International Kite Festival at Weifang as large world-known festivals and fairs that combine culture with economy and trade.

These local festivals and fairs are flourishing because they bring their respective superiority into full play. The first is their superiority in geography and humanity. Qufu, Huangshan Mountain, Mount Tai, Songshan Mountain, and Wudang Mountain are all tourist resorts, with not only beautiful natural landscapes, but also rich human landscapes. Some scenic spots, apart from having beautiful scenery of mountains and rivers, are sacred places of religious culture. These festivals and fairs link themselves with remembrance of famous historical celebrities and with religious culture, bringing pilgrimage, tourism, and economic and trade activities into one, making them especially attractive for businessmen from all corners of the world. During the Wudang Cultural Festival, one shop bought overstocked T-shirts from a factory and printed them with portraits of famous personages of Wudang Taoism through the ages or of the masters of the martial arts circles. Tourists vied with each other in buying them, and the overstocked goods were soon sold out. This is a good example of utilizing geographical, humanitarian and cultural superiority to create good economic benefits.

The second is the superiority in special products. They offer famous, quality, native and special products to attract businessmen. For instance, the Hebei International Medical Material Festival, the Turpan Grape Festival in Xinjiang, the Shaoxing Wine Festival in Zhejiang, and the Daxing Watermelon Festival in Beijing, all of which try to attract guests from all directions with local special products. Let us mention once again the International Confucian Cultural Festival, which markets three treasures of Qufu under the "Kong" brand: the ink slabs produced in Nishan where Confucius was born, the wood carvings from the Confucian Woods, and rubbings from stone inscriptions of steles at the Confucian Temple. These are the best souvenirs and can only be obtained over there and nowhere else. "Confucius Family Liquor" won international gold medals twice, with the value of export exceeding that of the ten most famous liquors of the country. It is said that it is well-sold not just because of the fame of the Confucian family, but also because of the water. There is a legend in Qufu which says that Confucius' brain was especially developed and he eventually became a sage because of the "sacred water" from Nishan that he always drank. "Confucius Family Liquor" is made from the "sacred water" of Nishan. A legend is but a legend, but now scientific tests have proved that Nishan water does contain rich trace elements that are beneficial to the development of the brain and to health. At the Huzhou Silk Cultural Festival, all receptionists, attendants, tourist guides, actors and actresses wore luxurious, colorful, new-style silk garments, and the whole city became a big stage for silk fashion show. The silk materials and garments they produced were full of national characteristics and the spirit of the times, and they soon became popular, with orders flowing in continuously.

It needs certain conditions for culture to put up the stage and economy to sing the opera. Judging from those successful festivals and fairs, though each has its own superiority, they all possess three conditions without exception: culture, products, and supporting facilities and services. A "cultural festival" without culture has a false reputation, loses its charm, and cannot draw guests to it, and vice versa. With culture but without competitive local products that are really up to the mark, the festival would be like a stage without actors and actresses and no performance is possible. It must be understood that the ultimate goal of Chinese and foreign businessmen is to do business. If the transportation, communication, and financial facilities are backward, and social security, environmental hygiene and services fall short of expectations, the guests will also be scared away. One shouldn't disregard one's own conditions and rack one's brains to run a festival or fair just because one has seen other people becoming prosperous in "promoting trade with culture". Otherwise, not only no economic benefit is gained, but on the contrary, it will be a waste of money and manpower, causing heavy economic losses.

China is an ancient country with a long cultural tradition, and also a developing country whose economy is still less well developed. Much remains to be done in excavating, sorting, and carrying forward its traditional culture, creating superior modern facilities, and promoting the development of the domestic economy and of international trade. This requires large amounts of money, manpower, and material resources. Some foreign entrepreneurs who are familiar with Chinese culture and have foresight and sagacity have seen the vast scope and brilliant prospects of "culture putting up the stage, and economy singing the opera", and have entered the Chinese market one after another to develop the items in cultural tour. The joint venture of "Beautiful China—

a miniature of famous scenes of China" in Shenzhen, and the joint venture in developing the Huangshan tourist area are fine examples. The development of these joint venture projects, drawing support from the strong cultural strength, has brought remarkable economic benefits to both Chinese and foreign investors. We are convinced that by joining hands, Chinese and foreign entrepreneurs, relying on the big stage of Chinese culture, will be able to direct splendid and moving performances one after another.

Lesson 7 Rapid Economic Development and Gradual Changes in Folkways

There is an ancient Chinese saying that goes, "When the granaries are full, people appreciate rites and obligations; when food and clothing are enough, people have a sense of honor and shame." That is to say, human beings should first of all fulfill their need for food and clothing. Only after they have enough food and clothing, do they know about propriety, righteousness, honesty and shame, and do they have the time, the mood and various conditions to conduct self ethical attainments, and to establish fine interpersonal relations. Without enough food and clothing, all spiritual pursuit will be in vain. On the contrary, enough food and clothing will bring about deep changes in spiritual life, upgrading cultural taste, enhancing the pursuit of spiritual matters, and making the society more civilized. A highly civilized society exists in times of peace and prosperity, and is a manifestation of the abundance of materials and social improvement. Of course, good social ethics and spiritual civilization are not automatically achieved, they should be cultivated through "rites and music", and "enlightenment by education". That's the reason why we often stress "laying equal emphasis on material progress and cultural and ideological progress". The interaction between the material and spiritual factors, though a proposition of concern to statesmen and philosophers, is also an interesting and important phenomenon for an entrepreneur.

Since China's reform and opening up, its national economy has been developing very rapidly, with the living standard of the broad masses improving fast. The life of the majority of the Chinese people is in a transition from simply having enough food and clothing to leading a well-off life. The change in material life has brought about profound changes in spiritual life. There have been changes in people's modes of thought, in their temperament and interest, in their customs and modes of life and even in their style of conversation. Following the economic development, these changes continue to happen all the time. The changes in people's feelings and customs give birth to new modes and psychology of consumption so that they are, with an intangible but strong force, reforming old industries and calling for new industries, pushing the economy forward.

China is the land of courtesy and propriety. Since ancient times it has been stressed that "courtesy demands reciprocity". One is supposed to give a plum in return for a peach—return present for present. Now that people's livelihood has improved, they pay more attention to human relationships, and it is even more indispensable "to give as good as one gets". Whether it is a wedding or a funeral, visiting friends or relatives, being promoted, or moving to a new apartment, people will give small gifts to express their kindly feelings. Even on foreign festivals such as Christmas, Thanksgiving Day, Valentine's Day or April Fool's Day, no small number of Chinese people use them as an excuse to convey their feelings, so as to improve or enhance interpersonal friendship. Meanwhile, the gifts sent are also quietly changing. Thirty years ago, people were not very well-off, and the gifts sent were mostly daily necessities such as candies, cigarettes or wine, quilt covers or bed sheets, thermos or tea sets, pots, bowls, ladles or basins, which were very practical but not expensive. Now nobody lacks these things, and such gifts would be considered beneath one's notice, disliked for being cumbersome and foolish; and the senders themselves would be self-conscious about being poor, pedantic, disgraceful and lacking taste. Thus, exquisite, elegant and ornamental handicrafts and fresh flowers have become the most fashionable gifts. Expensive nutrient is also among the best presents for friends and relatives. A modern gift industry is quietly in the making.

Our times are the era of rapid economic development, information and intellectualization. The tempo of people's life has greatly quickened, and folkways and public feelings have also undergone changes in many respects. Many people feel it difficult to adapt to modes of work which are quick-tempoed and highly efficient. Such attitudes towards life as "showing up for work but without exerting oneself", "with a cigarette and a cup of tea in hand, fooling away a day with a newspaper" can no longer be maintained. A philosophy of life of standing still and refusing to make progress, acting in an orderly way, being moderate and keeping to the doctrine of the mean, and the inert personality has come under ruthless attack. "Time is money, benefit, and life" has become the most fashionable slogan and tenet. The sense of urgency and crisis seems to be puzzling everybody. In people's contacts with each other, we can no longer see the endless idle chat; they look rather like a simple dealing, whose aim is to obtain joy and satisfaction in one's feelings and whose cost is money, energy and the most effective use of time. Friends who could have a heart-to-heart talk for the whole night have now become friends of a fast-food style, or have only titles and addresses left in the album of cards. To make friends needs time, but people feel that they cannot afford too much time for it. To make a phone call to say hello and say a few words to each other is already quite affectionate. These changes have provided opportunities for a modern communication industry to develop rapidly in China. Motorola rode on the crest of success in China. Its mobile phone system once occupied the lion's share of the Chinese market. The popularization rate of family phones is also rising at an astonishing speed. We don't have to talk about the big cities such as Beijing, Shanghai and Guangzhou. Even in some rich villages the household telephone popularization rate has reached over 90%. The development of modern communications is a catalyst for the healthy development of the market economy, and also meets the needs related to the changes of interpersonal relationship in modern society.

After China's reform and opening up, some people got rich first; and especially in some big cities there have appeared quite a number of "moneybags". Some of them have good jobs, substantial incomes and high-level academic background; and others, though not having admirable diplomas, do have a lot of money. These "moneybags" wear nothing but famous brands, eat only delicacies, and go out in limousines, seeking for comfort and enjoyment, modern recreation and an exotic foreign life style. What they need to buy include things such as a leather belt worth almost 10,000 *yuan*, a suit that costs more than 100,000 *yuan*, and a Rolex watch that costs hundreds of thousands of *yuan*. Remy Martin, Hennessy and Martini are no more expensive to them than the Erguotou Liquor on the table of ordinary Beijingers. The five-star hotels, the luxurious song and dance halls, and the international golf courses are places they often go to meet each other. They can easily spend a fortune without winking their eyes as if vying with each other in wealth. According to a survey conducted in Beijing, this type of "rich and powerful people" is only approximately 1% of the total population, but the consumers of the "fairly rich" and the "well-off" types already account for 90%. The high consumption of the "rich and powerful" brought out the "famous brand effect", and stimulated the development of expensive catering, garment industry and amusement trades. Their concept of consumption gradually affected the "fairly rich" and the "well-off" consumers or even their children. They wear the brand names from top to bottom and use the newest style of mobile phones. On the one hand, their life reflects the improvement in living standards of the entire society, indicating that China's economic construction has achieved great success. On the other hand, some of them, because they struggled hard in trade wars, sinking and rising in the sea of money, have gradually lost the fine Chinese tradition of frugality and simpleness. Some of them have even partially or totally lost their morals, conscience, and even affections for relatives and friends. This has also exercised serious negative influence on the general mood of the society.

China is a country where great importance is attached to family and tradition. Within the family it is most important to keep strict order between the senior and the junior, for the father to be loving and the son filial, the elder brother to show fraternal love and the younger brother to show love and respect, thus keeping good relations between brothers and sisters born of the same parents and other flesh and blood ties. Outside the family, Chinese people think very highly of relations with neighbors. "Neighbors are dearer than distant relatives." "To have a good neighbor is a treasure." "They give mutual help and protection, and when one is ill, others take good care of him or her." Such are the common feelings established between neighbors through generations of association. However, these kinds of interpersonal relationship and neighborhood feelings were formed in the environment of "courtyard dwelling", and "small villages". They were the product of the natural economy which was scattered, backward and self-sufficient. The rapid modernization of the Chinese economy pounded heavily at this kind of traditional relationship between neighbors. Since the 1980s, living conditions in the cities have greatly improved, with residential quarters that are uniquely designed and high-rise tower blocks well decorated springing up like bamboo shoots after a spring rain. Such residential quarters and tower blocks provide each family with a small world that belongs to themselves. They are not affected by outside interference, can keep their privacy, and, based on affluent material conditions, can enjoy the warmth of the family and the comfort of modern life. This was what they had expected for years, and they have the joy and tranquillity of "hiding in one's own small house as a unified domain and forgetting about what season one was actually in". But slowly they have begun to feel a bit lost. Between neighbors whose doors are opposite each other, or who are separated just by a wall, with the bumping of tables and chairs within hearing of each other, they do not visit each other at all, so near and yet so far. They find that their world is too small, too depressing, and too lonely, and they long to go out of the closed environment and look for a new world full of neighborhood feelings. Thus, many places for socializing and public amusement have emerged, such as teahouses, bars, cultural palaces, playgrounds, and open-air dance parties in street-corner parks or by the overpasses. Moving from the simple and crude quadrangles to the modernized high-rises, people are going from one kind of isolation to another. Such changes in folkways and conditions of the people have arisen from the real estate development, and have also posed new problems for it. The building of residential quarters should aim not only at providing people with a small world that is self-contained, but also at creating a fine environment for returning to the world full of neighborhood feelings.

The economy is developing and the folkways and conditions of the people are changing; and such changes in turn inject new vitality to the economic development. This is an unending cycle. Those entrepreneurs who want to be successful in their careers cannot but pay close attention to it.

Lesson 8 When in Rome, Do as the Romans Do

"Ask about the prohibitions when entering a new territory, ask about the customs when coming to a new country, and ask about the name regarded as taboo when entering a house." This is quoted from an ancient Chinese book, meaning that each country has its own prohibitions, each locality its own customs, and even each family its own taboos. If attention is not paid to such things, violations will be committed, making a stupid mistake or causing embarrassment to both sides.

In the old days, there was the custom of avoiding the names of one's father, grandfather, elder members of the family, and emperors. Addressing them by name would be regarded as serious disrespect. The name of Sima Qian's father was Tan, so Tan was avoided in *Records of the Historian*. The name of Fan Ye's father was Tai, and so in *History of the Han Dynasty* written by Fan Ye, the character Tai was substituted by another homonymous character. The name of the Tang emperor Taizong was Li Shimin, and therefore, at that time "min" was prohibited in either oral or written form, and "min" was substituted by "ren". Huan Xuan of the Eastern Jin Dynasty was on his way from Jiangling, Hubei to the capital to assume office. When his ship was lying at anchor by the riverside, a man by the name of Wang

Da came to visit him, he asked his servant to bring wine to entertain Wang Da. Wang Da had just taken a kind of medicine and could not take cold wine, and so he called:"Give me warm wine! Give me warm wine!" As soon as Huan Xuan heard Wang's words, he cried loudly. Wang Da couldn't make head or tail of it, and felt awkward, so he stood up to take leave. Huan Xuan, while wiping his tears, said: "It violated the taboo of our family and it made me think of my departed father whose name was *Wen* (meaning "warm"), but this has nothing to do with you." The poet Li He of the Tang Dynasty went to the capital to take the exam to become a *jinshi* (a successful candidate in the highest imperial examination), and someone reported to the chief examiner that he shouldn't take the exam, because his father's name was Jinsu and "jin" sounded the same as that "in jinshi", and this ruined Li He's career. The famous writer Han Yu was outraged by the injustice and wrote *Disputing Name Regarded as Taboo*, in which he questioned indignantly, "If one cannot become a 'jinshi' just because his father's name is Jinsu, then if the father's name is Ren (meaning "person"), does that mean that the son cannot be a man?"

But the etiquette and custom of avoiding a taboo word was not changed because of the objections by such people as Han Yu, and up to now we can still meet with this custom handed down from the past. Calling people by their names is still considered disrespectful and impolite. At one point we addressed people as "comrade", such as "Comrade Wang", "Comrade Zhang", or even "Old Comrade", and "Little Comrade" as the case might be. Since China's reform and opening up, such addresses as "Boss", "Mister" and "Miss" became popular. It is not known since when the way to address officials became extremely important. Of course calling them by their names was absolutely impossible. If you called them "Lao Qian" or "Lao Niu", it seemed as if you were raising your own status. Therefore, to address them by their official title plus surname appeared to be most appropriate such as "Minister Zhao" or "Director Chen". If the one who is addressed is a deputy to the chief, and you address him without using the word "deputy", his face would burst into bloom, otherwise you should see the cold look on his face.

To avoid a taboo is for good luck. One example is believing in good things coming in pairs and on "auspicious days". On June 10th, 2017, the date was an even number and a Saturday of the two-day weekend, and its lunar calendar date was the 16th of the fifth month, all were even numbers. If you opened the almanac, it said: suitable for offering sacrifices, going out, presenting gifts to the girl's family as betrothal, wedding and opening business. Therefore, numerous couples got married on that auspicious day. Most of Shanghai's restaurants were fully booked. For instance, the New Asia Hotel's over 100 tables were fully booked for wedding banquets as early as before the Spring Festival. Similar situations were also found in Tianjin and Guangzhou. In Beijing, the traffic used to be lighter in the morning of weekends, but, for that particular day, there were so many cars used for wedding that traffic had come to a standstill at some crossroads. Since the reform and opening up, the country has adopted policies that allow people to get rich and some people are anxious to become wealthy, and they have developed an almost feverish worship for even numbers. A private car in Shanghai with the plate number being Z90518, which sounds like "this will surely make me wealthy" in Chinese, was auctioned at a sky-high price, and a mobile phone including the number 908888 was auctioned at a surprisingly high price. Knowing well this kind of mentality of the people, businessmen used even numbers to set the prices for commodities, and such prices as 168 *yuan*, 188 *yuan*, 666 *yuan*, 918 *yuan*, can be seen everywhere. When you make the purchase, the attendant will add: "Look, how lucky it is!", disregarding whether the price actually conforms to the real value of the goods. The seller is happy and the buyer is happy too, and they say that is paying money to buy luck.

China is a unified country with many ethnic groups, and has all along paid great attention to "good timing, geographical convenience and harmonious human relations". Since China's reform and opening up, people from high and low are of one mind in carrying out economic construction and there has emerged an excellent situation of stability, solidarity and propitiousness in the whole society. There has been unprecedented coordination and harmony in social and interpersonal relations. Nevertheless, the principle of equal exchange in the commodity economy and the temptation of money also play no small corrosive role to normal interpersonal relationships. Away from home, one relies on friends; to get things done, one relies on relationship. One can accomplish nothing without friends and relations. Colleagues, subordinates, alumni associations, associations of fellow provincials or townsmen, relatives, friends and acquaintances, when all this is pulled together, the network of relations is more and more densely and extensively woven, gradually becoming a trap that nobody in the society can escape from. Inviting an influential person to dinner, giving gifts, gaining one's end through pull, establishing relations, and getting through links have become the only way to get things done. Money deals and power-for-money deals have forfeited the moral integrity and national prestige of some people, corrupted social values, and severely hindered economic development.

Of course we don't deny the importance of correctly handling interpersonal relationship. Society is composed of people, and interpersonal relationship is a complex objective reality. Whoever has not learned how to handle interpersonal relations correctly cannot do a good job.

Kangdi Paints Company Ltd. in Ji'nan, Shandong is a joint venture, with Mr. Miller from the United States as the general manager. Mr. Miller, aged 58, is a good man, working earnestly and having 18 years of experience in the management of an enterprise producing paints. He had successfully managed paints factories in Japan and the Netherlands, but this time he failed in China and was fired by Kangdi Company. The reason was that he set up the organizational structure and management system of the company by copying exactly the model of American enterprises. He "wanted to make Kangdi a pure American enterprise" and refused to correctly handle the relations in and out of the company according to the actual situation in China. For instance, in the relationship between the superior and the subordinate, he prescribed that nobody was allowed to enter his office except the deputy general managers. In the relationship of equality, for many years the image of the director of a factory has been a person who leads his men in a charge with selfless devotion. When workers and staff move to new apartments, he and his family are still packed in an old and shabby one-storey house. When everybody's wages and bonuses are doubled, the director still repeatedly declines salary rises, or he gives his bonus to those who have difficulty. But this foreign manager was different. His annual salary was more than 70 times that of a worker's wage. Therefore, the workers and staff lost their point of balance, and drifted apart from him and became very demanding, waiting to see how capable this foreign manager was. Though the very first word he learned after coming to China was "*guanxi* (relation)", he finally left China because he didn't handle interpersonal relations well.

People often say that the world is becoming smaller and smaller, which refers to the shortening of distance in space and time by the advanced modern facilities of transportation and communication. In fact, the world is enormous, and countries and places can be hundreds of thousands of miles apart. Different countries and nations have obvious differences in their culture and customs. Just take the style of negotiation as an example. The Americans are energetic, zestful, relaxed and humorous when talking business; the British are reserved, serious and reticent; and the French ardently love art and are sociable, who talk cheerfully and humorously before the negotiation, but become overbearing once they get down to business and no longer crack a joke at will. The Chinese style of negotiation is utterly different, and they are reserved and attach importance to rites and feelings. Even when they engage in a battle of words, they still keep the manners of gentlemen, being temperate, kind, courteous, restrained and magnanimous. Different national cultures have cultivated different national characters and styles of behavior. To pay attention to etiquette, dress and conversation manners according to the characteristics of the other party may be small matters, but any slight inappropriateness or any irritation that may be too trivial to mention may become barriers between people, leading the negotiations to failure.

The customs of a country are the historical sediment of the social life and culture of that country. China is a country with an ancient civilization and a history of several thousand years, and the sediment of customs is extremely rich. It can be said that Chinese customs with unique content and mode of expression have permeated among all aspects of social life, being presented all the time and in all places. In this article we can but cite a few examples. Once formed, a custom has relative stability, but it is not unchangeable. Customs also change along with social progress and economic development. Talking about the hospitality of the Chinese, the unexpected arrival of a guest, in times when telephone had not been popularized, used to give the host a pleasant surprise, and caused him to jump for joy. "What wind has brought you here? ....The snuff popped last night, and the magpie cawed this morning. That was because some distinguished guest is arriving!" But now, if you don't make an appointment by telephone, it may well be considered impolite, and you may find the door closed on you. The establishment of the market economic system has produced a broad and profound influence on the traditional culture and customs of China. Some foreign entrepreneurs with wide knowledge and experience, out of economic objectives, are trying hard to collect and study the information about local conditions and customs of various places in China, so that in the communication and collision between the Oriental and Occidental cultures, they can go with the Chinese culture and customs, become friends of the Chinese people, stand firm in the Chinese market and achieve progress and success.

Lesson 9 Corporate Culture and Corporate Image

Corporate culture is a theory of modern enterprise management and building. Economic circles hold that the development of the theory of enterprise management and building has undergone four stages. From the end of the 19th century to the beginning of the 20th century, the "classical management theory" was formed, which was characterized by laying emphasis on the work quota, standardizing the tools and the operational environment, and stressing the role of the piece-rate wage. That was the first stage. The second stage was marked by the "theory of behavioral science", which attached importance to the behavior of the workers in the course of production and carried on analysis and study of the causes of such behaviors so as to adjust the interpersonal relations within the enterprise and to raise productivity. Japanese enterprises were the most successful practitioners of this theory. The third stage was marked by some schools of Western management theories which emerged after World War II, such as the school of social systems, and school of the decision-making theory, etc. In the 1980s, the beginning of the fourth stage was marked by the emergence of the corporate culture theory. The United States was in the forefront and made the biggest success.

What is corporate culture? This is a complex question which is difficult to explain in a few words. To put it simply, corporate culture includes the goals, faith, values, modes of thinking, standards and norms of conduct, and even customs and feelings of an enterprise. In other words, it is to cultivate a unique corporate spirit with a unique idea and culture. The CIS (Company Image System) theory is specially devoted to the research into corporate culture, and the design of the company image. It includes three aspects: a management concept which is the principle and creed of management; standards of conduct, from the attitude in receiving phone calls to public relation tactics; and visual identity, from the corporate logo, the words and design of the trademark to the stationery and shopping bags. Through painstaking work in these three aspects and with the help of the mass media, a unified, impressive and systematic corporate image will be established before the public. The corporate image is the external manifestation of the enterprise's moral spirit and cultural qualities. A good corporate image will win customers and economic benefits for the enterprise. From a deeper sense, the secret to the success of an enterprise lies in the successful creation of its own unique corporate culture. It can be said that the enterprise which is superior in the creation of its corporate culture will be prosperous without decline. Otherwise, it will go bankrupt and close down in the fierce competition.

The Chinese people often say that businessmen are bent solely on profit. That is to say that making money is the highest and only goal sought after by businessmen, and it is also the starting point and destination of every behavior that businessmen show. However, Professor Terrence E. Deal from Harvard University in the United States and Mr. Allan A. Kennedy, in their book *Corporate Cultures*, point out that for nearly 30 out of the 80 big American companies they survey, it is not the making of profit, but the establishment of a noble faith that is taken as their highest aim. Special mention is made in the book about IBM (International Business Machines). “IBM means best service” is the highest faith of this corporation. It prescribes that men must be sent to do the repair work within 24 hours after receiving a report for repairs from a client. Once, the computer system of a client at Atlanta had a breakdown, and within 8 hours after receiving the report, IBM invited 8 experts from the United States, Canada, Germany, and other countries for the diagnosis and repair, which left an unforgettable impression and eternal faith on the client. IBM has not only established the highest faith of “best service”, but also consistently adhered to it and put it into practice, and hence they have become one of the most competitive companies in the world.

The management style of Japanese entrepreneurs is quite different from that of the Americans. Take the Toyota Auto Company as an example. The “Toyota spirit” of that company is universally acclaimed. “Toyota spirit” is the consciousness of a “destiny community” between labor and management and among the employees, and the working spirit of “getting water by twisting a dry towel”. In other words, they take as their ultimate aim the reduction of the production cost and the prices. The company requires that all staff have a good sense of responsibility, dignity and honor, and devote themselves to the reduction of cost and the improvement of quality. Such pursuance has made Toyota one of the most outstanding companies in the world.

In China, we had "Meng Tai spirit" in Anshan Iron and Steel Group Corporation, "the Iron Man spirit" in Daqing, and "Zhang Binggui spirit" in Beijing Wangfujing Department Store. The molding of these corporate spirits has not only produced enormous spiritual influence on and economic benefit to the enterprises themselves, but also to the whole China. Since China's reform and opening up, especially since the popularization of the corporate culture concept, quite a large number of enterprises have had outstanding success in establishing corporate cultures. Gujing Group created the corporate culture of "taking people as the foundation to achieve unity of heaven and man". "Heaven" here refers to the cause of the enterprise, and "unity of heaven and man" is the unification of the destiny of the enterprise with the destiny of the Gujing staff. Only in this way, can the enterprise be prosperous, and only with the prosperity of the enterprise, can the personal interests of the staff be guaranteed and improved. Guided by the corporate culture of "unity of heaven and man", they take as their ultimate aim not the seeking of profit, but the pursuit of "perfection". They say "the enterprise should always be a pursuer of perfection, we should not forsake perfection on any single detail, and we should present the customers with a gift that is infused with our pursuit of beauty in our hearts."

The Landao Department Store in Beijing, introduced CIS from 1993 to 1995 and creates a strategy consisting of 36 Chinese characters: "To win victory by quality products, exceptional management, good service, convenient shopping, complete functions and fine environment". The blue glass wall from roof to ground gives you a sense of tranquility in the bustling city and gets rid of your irritation. Entering the building, you will immediately feel the rich cultural atmosphere. Each counter has a name which is full of affection and culture. The counter for children's wear is named "A loving world"; for household appliances,

"A cosy home"; for photographic equipment, "Precious moments". "Every bag or every case implies love, and may they accompany you on your trip to the remotest corner of the earth" is the wish of the attendants at the counter for traveling bags and suitcases. "Friendly feelings across thousands of miles are tied by silk" is the blessing from the attendants selling silks. If it happens to rain when you are shopping at Landao, you don't have to worry. Landao will provide you with a blue raincoat, on which "tender feelings in the rain" in red characters are printed. You don't need to pay and there is no need for any deposit either. You can just return it at your convenience. Such things are not new, it is said, in foreign countries, but in China, Landao is the first to practice them. From June the 1st, 1996, 40 department stores in Beijing formed a service network providing "umbrellas embodying civilization for public use", and Landao was one of them. These 40 stores did this not to attract customers, but to encourage the city residents, through such voluntary participation and self constraint that is easily acceptable, to gradually form a public morality and social ethic that would provide convenience both to oneself and to other people. Landao Department Store stood firmly in Beijing and national commerce circles and won acknowledgement and praise from all fields of the society. Its success comes from the management idea of "promoting business with culture" and corporate culture of "amicability, harmony, surpassing and innovating".

As a matter of fact, every successful enterprise in the world has its own unique corporate culture, which is the crystallization of the national spirit and national culture. Therefore, when you see Mercedes-Benz cars and Siemens electric appliances, you see the image of German industry; when people mention Toyota and Panasonic, it reminds them of the Japanese national character and Japan's economic miracle after World War II; and an American writer says: "Coca-Cola symbolizes the United States just as much as the Statue of Liberty." Landao's corporate culture has cultivated the Landao staff, established the Landao image, and exercised influence on the life style of our society and interpersonal relationships. An enterprise which does not take the making of profit as its sole aim can still obtain maximum profit, just because it has established its own unique corporate culture and its own corporate image in the eyes of the broad customers through its quality products and good service. The relationship between the customers and the enterprise may far surpass the category of commodity and economy. Very often it marks the recognition of and aspiration for a common national sentiments.

In the process of China's economic development, there have been outmoded things, such as managing by sitting in the store, just like "standing by a tree stump waiting for more hares to come and dash themselves against it"; the seller's mentality of "a princess does not worry about getting married"; the snobbishness of "judging people solely by their appearance"; the utilitarian goals of "profit first" and "looking just at the money", etc. However, at the present time when the socialist market economy is being established, stores and enterprises have all been pushed into a highly competitive markets, and along with this process, their ideas, concepts and modes of management cannot but change, be rejuvenated and optimized so that corporate cultures with Chinese characteristics suited to the Chinese situation can be gradually established. The development of corporate cultures has become a focal point of concern of both business communities and management theorists. In 1997, the China Enterprise Culture Exchange Association was incorporated with the support of the Ministry of Culture and the Publicity Department of the Communist Party of China as well as the approval of the Ministry of Civil Affairs. The theoretical exploration into and actual development of corporate cultures are developing in China. We are certain that the corporate cultures which are cultivated in the rich and fertile soil of the Chinese culture will surely play an unfathomable role in China's economic construction and development.

Lesson 10 Culture of Time-Honored Shops

"*Laozihao*" refers to famous, long-standing firms. Such firms normally have a history of several decades or even a century, and that is why they are "time-honored". "Zihao" refers to the name of the shop. The course of a "time-honored shop" from its founding, development and prosperity to its decline, is a mirror reflecting a particular historical period and its social life. With regard to the enterprise itself, its ups and downs, and its prosperity and decline provide rich experience of both success and failure. Therefore, "time-honored shop" embodies rich social culture and corporate culture, which merit our study and reference.

Maybe nobody can give a definite figure of the "time-honored shops" that still exist in China. Beijing alone may still have over a hundred such "time-honored shops". These "time-honored shops" in Beijing are markers and components of Beijing as a historic city. In a certain sense, their development and ups and downs have reflected the development and ups and downs of Beijing itself, and their existence is part of the style and features of Beijing as an ancient capital.

During the Ming and Qing dynasties, the most bustling commercial districts of the ancient capital Beijing were Dashilanr at Qianmen and Dong'an Bazaar at Wangfujing Street.

Dashilanr runs from east to west, and it is about 300 meters long and from several meters to a dozen meters wide. Along this not too long and not too wide lane gathered nearly a hundred shops, including drugstores, footwear and headgear shops, silk and cloth shops and even theaters. Among them, quite a number were "time-honored shops" famous far and wide. These many shops, with their shop fronts next to each other, had upturned eaves which were simple but elegant, and horizontal inscribed boards and antithetical couplets which gave out the scent of brush and ink, with attendants offering polite services. There was an endless array of special products from all corners, and rare treasures both from home and abroad. From early morning when the shops opened till night, there was a tidal wave of people bustling about, from high officials and noble lords in extravagant embroidered garments to ordinary people in their rags, including people in all trades and professions, making numerous and disorderly clatters of footsteps in the street. The shops did good business and the customers were satisfied when they left.

Dong'an Bazaar at Wangfujing presented another setup. It was first developed on an abandoned drill ground exercised by the Qing Soldiers of the Eight Banners towards the end of the Qing Dynasty. At the beginning, peddlers put up their stands or cloth sheds anywhere they liked, started business when the sun rose, and closed at sunset. It was not that the authorities intended to make the place a big market, nor did the peddlers have big ambitions. But that place was a treasured place. In Beijing at that time, most of the bureaucrats, rich and powerful families, and wealthy merchants lived in the east of the city, and the not-yet-fully-shaped Dong'an Bazaar became the place where they spent extravagantly without restraint and lived a life as if drunk or dreaming. More and more foreigners came to Dongjiaominxiang and the decorated archway at Dongdan which were not far from the Bazaar, especially at the beginning of the 20th century when Beijing Hotel started its operation. The materials, spirits, and even styles that had come from abroad became a catalyst for the development of Dong'an Bazaar. Its superb location and convenient transportation enabled Dong'an Bazaar to prosper in a few years. Gradually the pattern of a big bazaar took shape, with the main, the east and the west streets crisscrossing the first, second and third roads, where shops stood like a forest and were spread all over like stars in the sky or the pieces on a chessboard. Food sold here were both *douzhi* (a fermented drink made from ground beans) and deep-fried twisted dough sticks which the common people ate sitting on the wooden benches, and Western-style food which was consumed by important government officials and celebrities in rented chambers or private rooms of hotels or restaurants. For apparel, there was a popular saying in Beijing at that time: "Rich are those who wear shoes from Jiameili, flowers from Xiangrui, and jewelry from Yameili." Jiameili Shoes, Xiangrui Florist and Yameili Jewelry were all stylish shops at that time. Men's leather shoes and ladies' high heels imported from abroad sold well here. For things of daily use, one could get everything here, from expensive, seasonal goods imported from Britain, the United States, France, Japan and Russia to things worth just a few cents, such as needles and thread, corks for thermos bottles, teacup lids, etc. All customers said it was convenient. For merrymaking, strolling around the Dong'an Bazaar was a great pleasure for old Beijingers. When "strolling around the streets", one didn't need to have a specific objective. Sometimes, "one could wear out iron shoes in fruitless searching, and yet by a lucky chance one might find the thing without even looking for it". The happiness in finding something one liked by sheer luck was beyond description. Roaming around the book fairs was an even more pleasurable thing for scholars and students. Scores of bookshops stood one after another along the Western Street, making it a long corridor for second-hand books. All the bookshelves were open and readers could take down and read any book as they liked. Even on drizzling or snowing days, you could see intellectuals' silhouettes there. Jixiang Theater was the largest theater in the inner city, and the famous Beijing opera artist Mei Lanfang once performed there. The seats there were always fully occupied by people chatting, discussing things, listening to stories, or meeting ticket friends. The open ground in the bazaar, which was over 1,000 square meters in area, was the site for folk artisans to show their skills, including *wushu*, *qigong*, vaudeville, conjuring, and monkey shows, attracting numerous spectators with their unrivaled skills. Combining shopping with merrymaking, Dong'an Bazaar was a unique market which was both old and fashionable, suited both the refined and popular tastes of both the old and young.

Dashilanr and Dong'an Bazaar were once the pride of the Beijingers, and the bustling places which both Chinese and foreign tourists looked forward to visiting. Such "time-honored shops" as Tongrentang, Ruifuxiang, Neiliansheng, Donglaishun, Daoxiangcun, and Liubiju started and developed here. The looting by soldiers and bandits and the commercial competition between shops caused the ups and downs of Dashilanr and Dong'an Bazaar, putting them through such great changes as from seas to mulberry fields. After several periods of reconstruction since the founding of the People's Republic of China, Dashilanr is as bustling as before, but the old look is barely recognizable, and the old Dong'an Bazaar is all gone with hardly any trace, because what is standing there now are luxurious modern commercial buildings. The ancient capital Beijing is becoming a modern cosmopolitan city. So far as the municipal construction is concerned, this has brought a bit of joy and a bit of regret.

In their long course of development, the "time-honored shops" have not only produced colorful scenes of genre painting, but also created splendid corporate cultures.

Among the reasons for the "time-honored shops" to remain flourishing without decline, always maintaining the glory of their gold-lettered signboards, the most important one is that they have always adhered to the principle of giving first priority to the quality of commodities.

Tongrentang Drugstore for traditional Chinese medicine has a rule that has been handed down from generation to generation, which says that "no matter how complicated the preparation process of roasting or parching is, no effort should be spared; no matter how expensive the medicinal herbs are, no inferior materials should be used." The process of preparing Chinese medicine is very complicated, and both roasting and parching are parts of the complex process. The rule is to say that no matter how complicated the process is, they should do the job with conscientious thoroughness, and never do it in a slapdash manner just to save labor. Take the simplest process of "parching" for example. If the duration and degree of heating is not enough, the expected effect can hardly be achieved; but if it is overdone, the smell and flavor would be lost, and sometimes result in the opposite effect. Chinese medicine uses natural animals or plants as its ingredients, and some materials are cheap while others are extremely expensive. Natural bezoar is more expensive than gold. When Tongrentang makes up the prescription, they "purchase the materials according to the traditional method, sparing no expense". Herbs of the same name may have very different qualities and effects because of different origins, methods of cultivation, soil and climate. Therefore, Tongrentang has all along adhered to the principle of selecting the original materials according to the prescription. For instance, they only use dried orange peel from Xinhui, Guangdong Province, Chinese angelica from Min County, Gansu, and white chrysanthemums from Hangzhou. When they are supposed to use ginseng which is 16 pieces to a catty, they never use smaller pieces that are 32 pieces to a catty, and so on and so forth. For materials that have not come from the proper origin or those that have not been picked at the right time, they would rather go without than make do with something shoddy, and never mix the inferior with the genuine. This rule of "preparing herbal medicine strictly, by the prescribed method as in the ancient times" and never doing shoddy work or using inferior materials is the key for Tongrentang to have maintained the quality and effect of the medicine they produce for more than 300 years since its founding, and also the root cause of its reputation both at home and abroad.

The management and service of these "time-honored shops" also show unique characteristics.

In the old Dong'an Bazaar, there was a sundry shop run by a couple, dealing specially in small commodities. The shop was small, but goods of every description were available. For zippers, they had them in all lengths, from one to two *cun* to two to three *chi*, providing everything one could wish for. For nipples of feeding bottles for babies, they had them in all sizes and shapes, suited to various mouth shapes of babies. When a customer came to the shop to buy something which the shop didn't have in stock, they would never say "no" to the customer, but would always say "we'll find it for you". And then they would take out a "book for items to acquire", and asked the customer to leave his or her name and address. Before long they would provide home delivery. Neiliansheng had the reputation of "making perfect-fitting boots without taking measurements". As it turned out, they kept a "record of shoes made", in which they kept a meticulous file for everyone who had come to the shop to have their shoes made, including all the details about the style, size, material and design. When a customer wanted to have shoes made for the second time, she or he only needs to send someone to leave a message. The way these "time-honored shops" treated customers was really good and extremely thoughtful.

In their management, the "time-honored shops" persist in dealing with the customers with sincerity, and adhere to business ethics. In the commercial circles of the old days, there was one popular saying that goes, "Three years may pass with no business done, but once there is business, it can last them for three years." That is to say, the common people might not know the goods of some of these "time-honored shops", or even though they knew, they couldn't afford them because of the high price. So it was not easy for these "time-honored shops" to conclude a deal, and three years might pass before they had one transaction. But once there was business, they could have handsome profit, which would last them for three years. Does this mean that they simply sat back to wait for customers to call, and then fleeced them ruthlessly? Not at all. What they depended on was their reputation and the quality of their goods. Their goods might be expensive, and they might give fixed prices with no bargaining allowed, but they sold genuine goods at a fair price, and the customer would never get inferior or shoddy goods from them. There was another saying in commercial circles of the old times, which goes, "Cheating neither the old nor the young." Huqingyutang Drugstore in Hangzhou hung in its hall a horizontal board inscribed: "No cheating", which was written by its founder Mr. Hu Xueyan himself. Hu Xueyan held,"Whether the medicine is genuine or shoddy depends only on the drug seller's heart." A sincere heart forbade cheating, which won a reputation for the business, and thus, the business became all the more prosperous.

The internal management of the "time-honored shops" is also colorful and brilliant.

Liubiju Pickles Shop in Beijing, which has a history of nearly 500 years, has two special rules. One is that it doesn't assign "the three masters" jobs in the shop—

referring to the son and son-in-law of the proprietor and the brother of his wife, thus avoiding interference from ties of blood and petticoat influence and the malpractice of appointing people by favoritism. The operation of the enterprise is flexible and the shop recruits all kinds of talented people, thus maintaining the vigor and vitality of its business activities. The second rule is that the manager has to drink "counter wine" every day. That is, after the close of the shop in the evening, the manager has to dine at the counter together with the purchasing agents, salesmen, shop attendants and accountants, chatting while eating and drinking. The topics of their conversation are within the scope of the day's business, and if there are any problems, they can be solved on the spot. This kind of "counter wine" not only enhances the relationship between the proprietor and the employees, but also offers a timely discussion of the matters concerning business.

Pockmarked Grandma Chen's beancurd in Sichuan has unique flavor. Being peppery, hot, savory, crisp, tender, delicious and fresh, it has overwhelmed numerous gourmets both from home and abroad. The ingredients and condiments of Pockmarked Grandma Chen's beancurd were quite simple. After Pockmarked Grandma Chen's beancurd became famous, imitators rose in swarms. Pockmarked Grandma's beancurd could be obtained anywhere, but none was as delicious as the genuine Pockmarked Grandma Chen's beancurd. It turned out that Pockmarked Grandma Chen had a set of secrets that she would never let out. During nearly 100 years before the founding of the People's Republic of China, the beancurd shop went through four generations. Pockmarked Grandma Chen had no son, and the shop had a female proprietor all along with the exception of 23 years in which her grandson took charge. It was the daughter who inherited the mother's enterprise, and the secret recipe was strictly guarded. Even if the shopkeeper had her stove in the hall and customers could see the whole process of her cooking, it was still the case that many could watch but few could cook. There was an old saying that goes, "When an apprentice is taught, the master will die of hunger." That is the reason why many old traditional unique skills were kept within the family, and some "time-honored shops" could maintain their unique products. That was a closed, patriarchal style of management, which was born together with the "time-honored shops" as private businesses. Such a style of management has its rationale as well as drawbacks.

After China's reform and opening up, there has emerged a commercial megatrend which is surging forward with great momentum. Many "time-honored shops" are faced with severe challenges because they have just a single product, backward production techniques, and outdated management concepts, and their traditional unrivaled skills have no successors. Neiliansheng's cloth shoes with their soles made of layers of cloth stitched together are just mementos for those who try to remember past times; Liubiju's pickled vegetables are no longer treated by young people today as top grade; and at present not very many females still fancy Pockmarked Wang's scissors which in the old days were much treasured by young girls and married young women. "Time-honored shops" need development, and they also need modernization and scientific management.

Lesson 11 Advertising and the Culture Therein (1)

Advertisements are everywhere at all times, which fill your eyes and ears whether you are reading a newspaper, listening to a radio or watching TV, walking, taking a bus, or strolling in a shop. Advertisements blot out the sky and cover up the earth; they get in through every opening; and they are omnipresent. Ads get to all streets and lanes through shop windows, signboards and slogans. They come into every household along with the radio, TV and newspapers. Advertising is an economic method, but it is also a culture which fosters the particular cultural atmosphere in modern commercial society. Everybody in present-day society, man or woman, old or young, is influenced, edified and governed by advertisements without exception.

What is advertising then? How come that it is so widespread and has such tremendous power?

In the Chinese language, advertising has the meaning of "giving extensive publicity", that is, informing the public by a certain method. In Latin, it has the meaning of "calling attention" and "inducing", that is, arousing the public to pay attention to something through the mass media, and guiding the attention to a certain direction. Knowing this characteristic of advertising, we won't have much difficulty in understanding the existence and function of advertisements.

There is a broad and a narrow sense for advertising. Its narrow sense refers to economic, or commercial advertising. Such ads specially spread information about goods and services. Its broad sense refers to non-economic ads, or ads for social public interests, which include all non-economic ads, such as government circulars, notices by cultural and mass organizations and municipal administration, and private notices of marriage, loss or looking for somebody missing. This lesson deals with commercial advertisements.

Commercial advertising serves the market of a commodity economy. Its functions can be summarized in the following five aspects:

1. Spreading information. This is the most basic function of advertising. Ads introduce to consumers such information as the quality, price, function, features, uses, maintenance and repair of the commodity in question, helping them find promptly the goods they want to buy and the places that can provide services to them.

2. Promoting sales and accelerating circulation. Westerners call commercial advertising "marketing techniques printed on paper". The basic cause for successful promotion is of course social demand. No matter how good the ad is, it doesn't help those products that do not satisfy or suit social needs. The message for Xinfei refrigerators, "A good ad is not as good as the Xinfei refrigerator itself", carries exactly that sense. However, if goods produced are not known to the public, they might become daughters that cannot be married off even though they are urgently needed by society.

3. Facilitating competition. Competition is getting fiercer with each passing

day in the market of a commodity economy. Commercial competition usually takes fierce battles in advertising as its prelude. Surely an enterprise would spare no expense in building up a great momentum with huge amounts of money spent on advertising, in order to propagate its new technology, new processing methods, and new products, thus establishing a reputation for its products and the corporate image, gaining an advantageous position for the enterprise in competition. Advertising is an important means by which an enterprise can seek survival and development in competition.

4. Guiding consumption. Along with the advancement of science and technology and the abundance of material products, new goods emerge in an endless stream, with a multitude of names for the varieties of commodities. People's social demand is also diversified. Hence, both manufacturers and consumers need "guidance for consumption". Consumers need to acquaint themselves promptly with information about commodities and services through ads, and manufacturers also need to utilize ads to guide consumers to make correct judgments and selection of goods. In a certain sense, a market is created, and consumers are created too. Such creative power comes from "guidance for consumption".

5. An enlightening function. The freedom in the buying and selling of goods determines the mode of publicity in advertising. One cannot use theoretical preaching to teach people what to buy and what not to buy. Still less can one use administrative orders to force people to buy this or that. One can only resort to the mode of appealing in order to demonstrate to consumers one's desire to sell a certain commodity, asking for their presence and patronage. One can only attain one's aim by letting them know the reasons and move them with true emotions. The mode of appealing in advertising has something in common with the mode of persuasion in art by containing a lesson in emotional influence. That is to say, advertisements always draw support from certain artistic means and forms, either interesting words or beautiful pictures, to provide people with joy or appeal in

order to trigger interest and desire to buy the objects of their appeal. Therefore, the role of advertising in exercising a subtle influence on people's feeling and thinking is by no means negligible.

Several years ago, there were two advertisements in China which received extensive criticism. One was an ad for a medicine. A child was sick and the mother said: "Injection". The child said: "No! No!" And the mother said: "Take medicine then." The child again said: "No! No!" Nothing can be done, and the mother got anxious. She knelt down and called out: "My little forebear, what do you want me to do?" At this moment, there appeared a medicine for external application. The child heard that it was not bitter and it caused no pain, and he said yes. Then both mother and child were happy. The other was an ad for an oral liquid, which said that it could develop intelligence, and taking it for a long time could turn one into a manager. Then a lovely kid in his mother's arms shouted that he wanted this oral liquid, saying, "Grandpa is a manager, Dad is a manager, and I want to be a manager when I grow up!" Wishing to become a manager is not a bad thing, but if the child asked his mother: "If one can become a manager by drinking this oral liquid, why should you force me to study every day?" How should his mother reply then?

The nature of ads should be truth without cheating. However, in present-day society in which commercial competition is getting fiercer with each passing day, false ads are becoming a more and more widespread chronic and stubborn disease which is difficult to cure. False ads roughly fall into four categories: The first is to make up a story, either by pure fabrication or by mixing the false with the true. Quite a few cases of fake improved seeds and pesticides occurred in China, which caused a reduction of output in large areas or even total crop failure. Not a few famous and excellent products and famous brands of one kind or another are fake or shoddy goods. The second is to conceal facts, e.g., withholding the truth that the commodity contains toxin or other substances that are detrimental to health, but instead propagating it as being nonpoisonous and having no side effects. The most typical cases include those of fake liquors causing deaths and of cosmetics disfiguring faces occurred several years ago. The third is to employ "fuzziness" to purposely cause misunderstanding. For instance, an ad for a furniture fair went, "Display and sell furniture with a coating of polyurethane paint, which comes from Italy." The customers thought that on sale was furniture made in Italy, but actually it was furniture made in China using Italian paint. Another kind of "fuzzy" ad is to play on words in trademarks. For instance, on the label for a lady's handbag was printed "MODE IN ITALY", which was intended to be misunderstood as "MADE IN ITALY". The fourth is bragging. In the thriving market for nutriments and tonics, ads making wild boasts can be seen everywhere, such as "a cure for all illnesses, building up vital energy and nourishing the blood, strengthening the bones and improving health, prolonging life and recovering youthful vigor, driving illness away immediately, and money returned if not effective." The more they laud it to the skies, making it extremely mysterious, the more people are taken in.

Doing false advertisement, in essence, is cheating people of their money by taking advantage of the consumption mentality of consumers. This kind of open cheating has not come to an end despite repeated prohibition. One reason is that the consumption mentality of consumers can be exploited. For instance, everybody is fond of beautiful things especially young ladies, and false ads for cosmetics take advantage of this weak point. The desire to improve health and prolong life is also common among all people, which false ads for nutriments and tonics can take advantage of. The other reason is that false ads can bring huge profit in a short time, and so the cheats take a risk in desperation.

Prize-giving sales are among the most demagogic means of advertising and propaganda by businessmen. Signs of prize-giving sales can be seen everywhere on the streets, from "buy one and get one free" to "open the bottle to get a prize". Prizes vary from USB flash drive, mobile phones, cameras, to computers, cars and luxury tour. Knowing perfectly well that it is a pie in the sky, people are still envious when they see that someone really wins the prize. Therefore, people who believe in or make a fetish of luck are getting more numerous. Managers cunningly lay traps, and consumers have their golden millet dreams. The dreamers' bubbles are burst while the proprietors reap huge profit. Some law-breaking merchants misguide consumption by employing prize-winning sales, and they have driven tens of thousands of people to foot the bills voluntarily and refuse to come to their senses.

False ads are immoral and their most severe harm lies in communicating false information to misguide consumers, thus impairing the interests of numerous consumers, and also damaging the image and long-term interest of the enterprises. Banning false ads is not just for the safeguarding of the interests of both consumers and enterprises, but also for maintaining the normal order of the commodity economy.

Lesson 12 Advertising and the Culture Therein (2)

Advertising is the product of the commodity economy. It came into being along with the emergence of commodity exchange. According to the existing data, the earliest advertisement is from 3,000 years ago excavated in an ancient city in Egypt and is now kept in the British Museum in London. Commercial advertising also has a long history in China with various forms, including the names of stores such as "1% Interest", "3-*Yuan* Shop"; pennants such as "Three Bowls and You Can't Cross the Ridge"; couplets such as those for "Casseroles" — "Our Name Has Vibrated in the Capital for Three Hundred Years; Our Flavor Prevails over North China with Delicious Boiled Pork"; and seal ads with both excellent pictures and texts such as that for "Liu Family's Skillful Needles Shop in Jinan" of Shandong Province during the Northern Song Dynasty. This seal is two by two *cun* big, with a picture of "a white rabbit pounding medicine in a mortar" carved in the middle, whose left, right and bottom are the messages: "We purchase quality steel wires to make skillful fine needles to meet the needs of big families; and give concessions to clients selling them to others. The shop is recognized by the white rabbit sign at the gate." It tells the name of the goods, the quality, preferential conditions, and also the place to buy. If this seal is printed on packaging, it becomes the trademark of the "Liu Family's Skillful Needles Shop". If printed on paper and put up on streets, it becomes poster advertising. This seal is now kept in the Museum of Chinese History. Along with the development of the commodity economy, the advertising industry became more and more active. In modern society with the commodity economy, there is an extreme abundance of material things, with large quantities of new products being turned out every day and every hour. Dazzling advertisements blot out the sky and cover up the earth, with even more multifarious ingenious and novel forms. Traditional media such as magazines, newspaper, broadcasting and television appeal to people with their large quantity of information, excellent pictures and texts, as well as vivid expression of emotions, while online advertising is in ascendance now and enjoys the most extensive influence and the fastest speed of spread.

Today's advertising, with the help of all the media, publicizes products, conveys information and promotes sales to meet people's growing needs in material and cultural life and to achieve business objectives. Such questions were raised by some people: "What would the present-day market be like without advertising?" "What would your life be like without advertising?" No doubt, people can't do without advertisements, and businesses need advertisements. The advertising industry has become one of the most active and vital industries in present-day society.

Economically developed countries have been in a leading position in modern advertising industry, whose income has been an important pillar of the national economy of these countries. The prosperity in the advertising industry in some of these countries is largely because of the fierce competition in commodity economy. People have a sentiment of horror and disgust when the first and the second world wars are mentioned. However, the marketing competition in modern shopping malls is quite intense and brutal and even a matter of life and death. In this sense, it is no second to a war in terms of its process and consequence. So people often say that the business world is like a battlefield. In the war without smoke, we are greeted by overwhelming advertising instead of shells and atomic bombs. Where commercial competitions are most fierce, the advertising industry there manifests a greater superhuman force, the entrepreneurs there demonstrate a stronger awareness of advertising, and they spare no expenses investing in the advertising industry.

There is a famous remark by Mr. Roosevelt, the former US President, "Be the president or else an advertising guy". It is said that an executive of the Coca-Cola Company in the United States came to visit China in 1984. When he came to the Fragrant Hill in Beijing, he heard that Biyun Temple had hired an artist to do painting and calligraphy on the spot for tourists. He got interested, immediately took out 200 *yuan*, and asked the artist to write something for him. The artist agreed, took the money and asked what was expected of him to write. The executive said: "Confucius said that Coca-Cola was excellent!" Look, the American entrepreneur didn't forget to advertise his product even when he was visiting a scenic spot, and he wanted to use Chinese forefather to do advertising for Coca-Cola. The artist was in a dilemma, but it wouldn't do if he did not write because he couldn't go back on his word and give the money back. So he reluctantly finished it at one go, as if seeing that all the Chinese who were looking on were scolding him with their eyes for "forgetting all moral principles at the sight of profit" and betraying his ancestor. At this moment, an advisor of the service center took up the writing brush calmly and added a few characters there. All onlookers burst out laughing the moment he finished. It turned out that the words became: "An American dreamed that Confucius said that Coca-Cola was excellent!" While the story is not verifiable, it shows the strong awareness of advertising this executive had.

The advertising industry, an important component of tertiary industry, is a new and high-tech industry which is knowledge-intensive, technology-intensive and talent-intensive. In Western countries whose economies are well developed, the advertising industry is fully mature. It has a complete and systematic theory of advertising, which incorporates economics, journalism, marketing, marketing psychology, ethics on social customs, and also such artistic categories as painting, photography, music, calligraphy, language and literature. It has advertising firms which possess many talents, advanced technology and standardized operations. In particular, those large specialized advertising agencies provide large multinational corporations with a comprehensive service including market surveys, positioning of products, advertising schemes, advertising ideas, selection of media and evaluation of advertising effectiveness, etc. Such advertising firms often become the pace setter and the pawn when a multinational corporation enters a foreign market. Coca-Cola, GTE Co., American Airlines and Nike all entrusted their advertising business to famous American advertising firms.

Despite its long history, the advertising industry in China, a developing country, lagged behind for a long time in the past. There was a considerable gap between China and developed countries in terms of advertising companies, employees and investment funds. However, since the reform and opening up, China's economic growth rate has repeatedly hit a new high and has now become the world's second largest economy, which lead to the great change in the number and quality of the advertising industry practitioners as well as advertising awareness and capital investment. With the continuous improvement of China's advertising law, the advertising industry has become more regulated and strongly curbed false advertising, unfair competition and other illegal advertising activities. The industry is thriving in China. In both traditional media and new media, the creativity and perfect presentation always impress consumers everywhere. "Let the world fall in love with things made in China", an air-conditioning advertisement of Gree, is one of the best now because of its warm words and national self-confidence. "Let the world fall in love with things made in China" is becoming a reality. High-end products made in China such as high-speed rails, electromechanical devices, ships, port containers and so on have been found in every corner of the world.

China's E-commerce has surged to be among the best in the world. Internet and big data give strong vitality to the advertising industry. Chinese products, from small commodities to large high-end products, go to the world through the Belt and Road with the help of Internet and big data. In the past, the high-quality native products in China's vast rural areas, especially in the villages deep in the mountains, were like young ladies from respectable families that lived in purdah and could not get out of the mountains. The farmers could only eat and use some of them and watch the rest rot in the fields with great pity. But now with the help of Internet advertising, the products go out of the mountains and even out of the country, and enjoy popularity and praise among people. According to the news released by China Information Network, the size of its online advertising market, which was 110 billion *yuan* in 2013, is expected to reach 285.2 billion *yuan* in 2017. With the constant innovation in China's network technology, the new media advertising industry will continue to give new impetus to the sustainable and stable development in economy.

Lesson 13 Brands and the Culture of Trademarks (1)

Every commodity has its own name, and there are as many names as there are commodities. We distinguish between different commodities by their different names. When people make purchases, they often ask: "What brand is it?" The brand name is the part of the brand that can be pronounced. A brand can be a name, a technical term, a sign, a pattern, or a combination of all the above items. The part that cannot be pronounced often constitutes the mark and the symbolic meaning of the commodity. And "trademark" may consist of the whole brand (including both the pronounceable and the unpronounceable parts) or just part of it. Once it is registered, the trademark owner acquires the exclusive right of use for a period of time and is protected by law.

A trademark is the mark which the producer and the manager give to their goods or services in order to distinguish from the goods or services provided by others. Therefore, its essential functions are to distinguish goods and services and to identify the producers and managers. It not only facilitates the consumer's selection of goods and services, but also helps to make clear the responsibility of the producers and managers. It also has a propagandizing function. In modern commodity society, a trademark is of great significance as a tool in promoting sales and winning the market. It is a powerful weapon when a commodity joins in the market competition.

When people in daily life talk about the "names" of commodities, they often mention "famous brands" and "well-known trdemarks". When a commodity becomes a "famous brand", it contains the society's evaluation of its quality and reputation, and the appraisal of its popularity. Ordinary trademarks are numerous, but "famous brands" are few. "Famous brands" are not the same as "well-known trademarks" either. "Well-known trademarks" are the outstanding ones among "famous brands". According to the Paris Convention for the Protection of Industrial Property, only those trademarks that have been considered by the competent authorities of the country of registration or country as well-known trademarks are called "well-known trademarks". When recognizing "well-known trademarks", consideration is given mainly to eight essential factors: 1) popularity and reputation of the commodity, 2) appraisal by people of the same trade both at home and abroad, 3) the area and range covered by the trademark, 4) time when the trademark was adopted, 5) number of years the trademark has been used consecutively, 6) advertising and publicity cost and their area of coverage, and the comparison with companies of the same trade, 7) its registration and use in other countries and regions, and 8) consciousness of self-protection of the trademark registrant. "Well-known trademarks" enjoy special protection by law. For instance, the protection for ordinary trademarks is to require that the same or similar trademark shall not appear on commodities of the same kind or on similar commodities. The protection for a well-known trademark is much broader, requiring that trademarks used for other types of commodities should not be the same as or similar to it. Also, ordinary trademarks are protected only in the countries where they are registered, while well-known trademarks are protected in all member countries of the Paris Convention for the Protection of Industrial Property.

The brand and trademark of a commodity is not simply a matter of a name, a sign, a symbol, or a mark. To choose a good name and to design a beautiful symbol for one's own commodity involve many factors including linguistics, aesthetics, folklore, and merchandising. The quality and reputation of a commodity cannot go without advanced science and technology, enterprise management, and marketing theory and practice. The relationship between advertising and the popularity of a commodity is the transfer of material assets into immaterial assets, which embodies the trial of strength between enterprises. In a word, a trademark is a culture which is the crystallization of the material and spiritual wealth of an enterprise. And famous brands and well-known trademarks can well be the result of efforts accumulated through dozens or even hundreds of years. Every successful enterprise in the world has its own well-known trademark. Likewise, behind every well-known trademark stands a successful enterprise, which is usually a huge, powerful and super multinational conglomerate. In present world, the economic power and the image of a country are also manifested in whether it has a bunch of well-known trademarks that are most competitive in the international markets. Such well-known trademarks as Coca-Cola, Marlboro, Sony, Toyota and Mercedes-Benz help build the image of economic powers for the United States, Japan and Germany. Therefore, when an enterprise creates a famous brand, and when a country develops and protects famous brands, they are working for the development of the enterprise and the development and prosperity of the national economy of the country.

In economically developed countries, great importance is attached to brands and trademarks. In the lesson "Corporate Culture and Corporate Image", we have already talked about the CIS strategy which emerged after World War II. The ultimate aim of the CIS strategy is to establish the corporate image and the image of its commodities. And one important component of the CIS strategy is the design and use of brands and trademarks.

Let's take Coca-Cola as an example. After launching Coca-Cola into the market, it was not popular during the first ten years and more. Later they discovered that it was because of the design of the trademark. Then a famous trademark designer created the new trademark: white letters against the background of the brunet drink, with the letters shaped into an image of the drink. From then on, Coca-Cola's reputation rose rapidly. Before entering the Chinese markets, the company racked their brains in order to give this non-alcoholic drink a name that was acceptable to the Chinese. It is the outstanding design of the Coca-Cola trademark which links closely the image of Coca-Cola in the eyes of the consumers with such psychological feelings as position, authority, confidence, cultural taste and vigor of life. In April 1986, the Coca-Cola Company announced a change of the formula that had lasted 99 years to a new formula. Once the news was spread, a great disturbance was caused, with letters of protest flying into the company like snowflakes. The company also received more than 1,500 phone calls of protest every day. Some people even went on the streets to demonstrate or started legal proceedings on the ground that Coca-Cola had become a symbol of American culture and no individual or company had the right to change it. Now Coca-Cola has been sold to the whole world, having business relationships with 195 countries and regions with an annual sale of 20 billion US dollars. In China alone, Coca-Cola company has owned 35 bottling factories, over 700 business offices and 7,000 co-sellers. Its total investment in China has exceeded 1 billion US dollars, and it has occupied 25% of the Chinese markets for soft drinks. American experts made an investigation which was to ask consumers to associate an imaginary drink with another drink, and most consumers thought of Coca-

Cola first. It was because of such a deep impression in the minds of the consumers and its broad popularity that the boss of Coca-Cola once said confidently that even if all his factories became ashes overnight, he could resume its position merely relying on the brand name of Coca-Cola. The brand value of Coca-Cola has reached 70 billion US dollars, the highest in the world. The value of this immaterial assets has far surpassed that of Coca-Cola's material assets.

In contrast to the fact that the American people do not allow Coca-Cola to change its formula, Pepsi has tried by every possible means to change its image and slogan. In 1996 Pepsi invested 500 million US dollars to start its project of designing a new "blue" image. It resolutely gave up the old package using red, white and blue colors and changed it into pure blue, making another charge against the red Coca-Cola. That was the ninth time since 1898 for Pepsi to change the mark of its product. The previous change had been in 1984, with a slogan of "choice of the new generation". This time when it changed its mark, the slogan was "to ask for more". The new "blue scheme" made Pepsi glow with new energy and raised a global "blue storm" which brought about great success for the company. *Fortune* issued on February, 2005 made an appraisal survey which showed that Pepsi has become the most esteemed company in American drinking industry for more. It finally took the place of Coca-Cola to hold the No. 1 position in America. *Financial World* in the Unites States once carried an article entitled "Commodity Brands: Which Are in Luck and Which Are out of Luck", which said: "Even though our ranking for the world's famous brands for the third year includes various kinds of companies, they have two points in common. First, their most valuable assets are their brands. Second, the value of these famous brands has never been so unstable as they are today." Therefore, "it has never been as important as today to keep a close eye on the changes in the value of these trademarks." In the past it was often the situation that if you had created a famous brand, you could benefit from it all your life, because the eternal famous brand represented the image, reputation, quality and consistency of the company. But the present situation is different. The image of a famous brand which has lasted for several decades can also lose its luster gradually. And this can be seen at any time and in any place. One can only establish one's own enterprise in an unassailable position by observing carefully the changes of the value of the brand of one's commodity, comparing them with those of the rivals, and determining wisely one's own brand strategy. It was probably out of this consideration that Pepsi has constantly renewed the image of its brand.

A famous brand is the symbol of the quality of goods, and the emblem of the reputation of the enterprise. It is the crystallization of a rich and intensive culture, the long-accumulated result of the enterprise, a powerful weapon in the market competition and the pride of the nation and the country. Only by creating and safeguarding famous brands, can an enterprise be invincible, and can the nation embark on the road towards prosperity.

Lesson 14 Brands and the Culture of Trademarks (2)

The history of China's attaching importance to brands and the use of trademarks can be traced back to the Tang Dynasty. Many time-honored shops have created a large number of famous brands. After 1926, there was a struggle between domestic goods and British goods. Before 1925, the Anglo-Swiss Condensed Milk Company produced "Flying Eagle" brand condensed milk, and dumped it in China in large quantities. Wu Baiheng, an industrialist in Wenzhou, Zhejiang Province, in order to boycott the British product, produced "Seizing a Vulture" brand condensed milk to compete with the "Flying Eagle". The design of the "Flying Eagle" brand was a flying eagle, while that of the "Seizing a Vulture" brand was a flying vulture caught by a big hand. The Anglo-Swiss company got furious because of the strong competition, and they brought a lawsuit against the "Seizing a Vulture" brand for imitating the "Flying Eagle" and demanded that the "Seizing a Vulture" brand be canceled. Wu Baiheng argued strongly on just grounds, and the Anglo-Swiss company lost the lawsuit. In 1931, the Anglo-

Swiss company proposed to pay 100,000 silver dollars to purchase the "Seizing a Vulture" brand, but Wu Baiheng did not give in. This incident proves that China has the fine tradition of creating and protecting famous brands.

However, this tradition was later somewhat lost, which was manifested mainly in the following two aspects:

1) Weak awareness of brands and trademarks. China is a major producer and exporter of commodities, and the great number of enterprises of various kinds can be imagined. But up to 1979, China only had 32,000 trademarks registered, while those of Japan and the United States numbered hundreds of thousands or even millions. After China acceded to the Madrid Agreement Concerning the International Registration of Marks in 1989, China registered just over 400 trademarks each year. In the United States, Reynolds alone has registered more than 10,000 trademarks in over 100 countries and regions. From this we can see the big gap between the number of trademarks registered in China and in the developed countries. Not a small number of enterprises tend to follow the path of "giving birth to a child first, with naming afterwards and registration last". They do not give their daughter a proper name and register her residence until she has grown into a beautiful young lady. By then as the product has become popular in the market, the opportunists have long taken a fancy to it and preempted its registration. It is not infrequent for China's famous brands to be anticipated by businessmen at home and abroad, e.g., Tongrentang and Goubuli were preempted in Japan, Qingdao Beer and Dabao in the United States, Quanjude and Wuliangye in the Republic of Korea, and Ashima and Hongtashan in the Philippines. Before 1978, a large number of the trademarks of Chinese enterprises were preempted by the Japanese; and in 1982 alone, the Australian businessmen anticipated more than 150 Chinese trademarks. According to incomplete statistics, 15% of famous Chinese trademarks were preempted in foreign countries. The enterprises whose trademarks were anticipated suffered heavy losses. Some were compelled to give up their own trademarks, and others paid large sums of money to redeem

the trademarks preempted. And it is very costly to reestablish the image of new brands.

2) Not treasuring and safeguarding the famous brands established. Since its reform and opening up, China has absorbed large amounts of foreign investment. International big consortiums have entered China one after another and formed joint ventures with the leading Chinese enterprises in certain industries. Through stockholding, they required that foreign brand names be used. Under such circumstances, some of our enterprises, either because they were driven by short-term interests or lacked awareness of famous brands, gave up their brand names in forming joint ventures.

The "Maxam" brand of cosmetics produced by Shanghai Jahwa United Co., Ltd. was once a famous brand in China with the largest sales volume. At the beginning of the 1990s, after forming a joint venture with a well-known American multinational company, the brand name of "Maxam" was given up and changed into "Ruby Johnson", and since then "Maxam" was gradually forgotten by many people. Another famous cosmetics brand "Kophenix" of Hangzhou which had one-hundred-year history was replaced by "Lansha" after the enterprise formed a joint venture with a French company. After that, the phoenix flew away and the enterprise was landed in a predicament.

China Yangzi Group is a famous refrigerator production enterprise in China, being one of its 500 biggest enterprises. It is also an experimental unit for the modern enterprise system. In 1982 it had its trademark "Yangzi" registered which was used for over ten years and cost large sums in advertising expenses. "Yangzi" thus became a well-known trademark for household electric appliances and was a household word. In 1995, Yangzi Group signed a joint-venture agreement with Bosch-Siemens Household Electric Appliances Company of Germany to form Anhui Bosch-Yangzi Refrigerator Company Ltd. According to the contract, the "Yangzi" trademark was transferred to the joint venture for 96 million RMB. The joint-venture agreement came into effect in March 1996. Since then, the refrigerators and freezers produced by the joint-venture company mostly use the trademarks of "Siemens" and "Bosch", with "Yangzi" being put on the back shelf. Thus a famous brand which had been created through hard struggle since China's reform and opening up disappeared.

There are numerous similar cases. For instance, Beijing Jeep became "Cherokee", "Jiehua" in Shanghai gave way to "Pantene". In the color TV industry, such brands as "Beijing", "Peony", "Golden Star", "Peacock", and "Red Plum" were replaced by "Samsung", "Sony", "Panasonic", and "Philips". In the soft drinks industry, nearly all factories producing carbonated drinks, including "The Arctic" in Beijing, "Zhengguanghe" in Shanghai, "Bei Si" in Shenyang, had changed their names when forming joint ventures with foreign companies and started to use foreign trademarks.

Not many people understood that a famous brand meant a good market, and that losing the trademark of the famous brand would be followed by losing the market. The popularity of a trademark is an important factor in determining the purchasing intention of consumers. This is because the consumers first notice the trademark when purchasing goods. The more popular the trademark is, and the louder and clearer the brand name becomes, the more likely the consumers will fall in love with it at first sight. The so-called "famous brand effect" means partiality, desire, and purchasing conduct for a particular brand, such as "Nike" shoes, "Apple" jeans, "Crocodile" T-shirts, "Coca-Cola" drinks, and "Marlboro" cigarettes. It has become fashionable to wear, use and eat famous brands. Famous brands have a meteoric rise in their selling prices, while the non-famous ones are as cheap as weeds. A famous brand is an important intellectual property, the most valuable immaterial assets that can be turned into actual value, and an investment made in the past for the benefit of today and tomorrow. An enterprise without its own famous brands does not have a foundation to base itself upon and does not have the motive power for development. A big country without its own famous brand products which have highly competitive ability in the domestic and international markets but has to attach itself to famous foreign brands can hardly form an independent, competitive industrial basis of its own, and therefore can hardly build itself into a genuine world economic power. To safeguard famous brands is to protect the national industry to maintain independence. An extremely obvious trend that now exists is that large multinational corporations of the developed countries, when they extend their activities to foreign markets, have developed from exporting goods and capital to exporting famous trademarks. They take this kind of immaterial assets as their share to form joint ventures with foreign enterprises, gradually swallow up these foreign enterprises, replace them, and take over the market entirely. Consequently, it is said that the war between brands is a cruel war without smoke of gunpowder.

Luckily, many knowledgeable entrepreneurs in China have awakened. They not only attach importance to the creation of famous brands, but also safeguard famous brands persistently. Panda Electronics Group would not sell its "Panda" trademark; Guangzhou Toothpaste Factory would not marry away its "Heimei"; and Yanjing Beer would not be swallowed by foreign businessmen, nor would it form a joint venture. A foreign firm would like to offer a large sum of money to buy the "Wahaha" trademark of Hangzhou, and they spoke without reservation that they were only interested in the "Wahaha" trademark but not its products, and this attempt was also rejected. Some enterprises that had lost their own brands retrieved them. "Kophenix" of Hangzhou has had a pleasant separation from its foreign partner and restored the nest for the golden phoenix; Shanghai Jahwa United Co., Ltd. has paid an annual fee of 12 million *yuan* to buy back its right to reuse the "Maxam" trademark; and "Meiling-Ariston" has cut the "Ariston" tail to use a purely Chinese brand name—"Meiling".

In a word, the trademark awareness of Chinese business circles has improved gradually. By the end of 2016, the total amount of registered trademarks in China reached over 10 million. It has become their common understanding and concerted action to implement the famous brand strategy, to create famous trademarks and to improve the competitiveness of Chinese goods on the world markets. Along with the rapid development of international trade, trademark torts and counterfeiting other people's registered trademarks have become a public hazard in the international community. The promulgation and implementation of the Chinese trademark law has further promoted the implementation of the strategy by Chinese enterprises to create famous brands and has effectively protected the registered trademarks of Chinese enterprises. Foreign businessmen are full of confidence in China's protection of intellectual property, and the number of foreign trademarks registered in China has rapidly increased. Surely, the competition between numerous famous Chinese and foreign brands in China will greatly enliven the Chinese markets and promote the development of the Chinese economy.

Lesson 15 Packaging and Its Culture

Nearly all commodities need packaging, which not only protects the commodity, but also beautifies and gives publicity to it, fulfills and even enhance its value. Good packaging can lower the production cost, reduce damage in transit and lower labor intensity and expenses. In marketing, like a silent advertisement and salesman, it appeals to people and stimulates their strong desire to buy. In consumption, it provides convenience to the customers, adds to the sense of beauty and brings about a special kind of enjoyment. Inferior packaging may increase the costs of production, be inconvenient for transportation, unable to protect the commodity, difficult to fulfill the value of the goods in sales because of lack of attraction to the customers, or cause quality goods to be sold at lower prices or put on sale at bargain shops. In modern society, while pursuing material comfort, people attach more and more importance to spiritual enjoyment, seeking the existence of beauty and a sense of aesthetics in commodities. Therefore, packaging is not simply wrapping things up, and it has surpassed the domain of commodity value. A good packaging design for commodity involves many aspects such as economics, commodity studies, linguistics, sociology, psychology, aesthetics, science and technology. It is a kind of culture, a manifestation of the level of civilization of a country.

There is a cartoon that tells the following story: A consumer buys a jar of bottled fruit, but he cannot in any way open the lid. He cannot eat the fruit, and he is reluctant to throw it away. In a fit of anger, he uses a hammer to smash the jar into pieces. This result, to the businessman means that he has not realized the use value of the commodity; and to the customer, it means that he not only has wasted the money but also is absolutely exasperated, not to mention the material comfort and spiritual enjoyment. Can there be any market for this kind of commodity in the future?

Of course, there are many good examples as well. An old lady told this story. She received a birthday gift from a friend, which was wrapped with silver gray paper dotted with red flowers, and tied with a blue ribbon in a bowknot. It really looked joyous, elegant and beautiful. Holding the gift, the old lady was filled with a strong emotion, being deeply moved by the thoughtfulness of her friend. The silver gray was a symbol of an old lady with gray hair; the dotted red flowers signified "Don't say that it is late when the sun sets, the sky is still full of the rays of evening sunlight" (from a poem by Liu Yuxi), wishing her bright and colorful later years; and the blue ribbon was soft and tranquil, revealing the mood of tranquility and simplicity which the old lady sought. From the packing of this small gift, the old lady felt the ingenious combination of the commodity and culture, a harmonious unification of the spirit and the material, and the unbroken feeling and friendship between people. No doubt, such packaging design would bring enormous economic benefit to businessmen.

Perfume is a treasure for France. The French businessmen make painstaking efforts about the perfume bottles. They could spend 100,000 francs to make a mold for a novel perfume bottle. There are anti-traditional perfume bottles, simple and artistic ones, and luxurious and exquisite ones. Of course, a lot of importance has always been attached to the femininity of the perfume packaging, and there are all kinds of perfume jewelry, such as necklaces, earrings, brooches, bracelets, hairpins and what not. Women wearing them and making swinging steps would send out a whiff of unusual fragrance. Perfume adds to women's charm, and the perfume bottles become treasured objects for which connoisseurs would empty their purses to price others out.

Of course, packaging and decoration tend to be culturally colored. Standard Oil Company of the United States, in order to design a trademark for its gas, hired experts in various fields to study the languages and customs of 55 countries. They spent 6 years and 100 thousand US dollars to make more than 10,000 designs, from which the one now in use, "EXXON", was chosen. Both Colgate toothpaste from the United States and Lion King toothpaste from Japan use red and white colors for their packaging. The difference lies in the fact that the former uses more red, the design being white letters against the red background, while the latter is the other way round. Why is there such difference between similar designs for similar goods? As it turns out, red signifies vitality in the United States, while Japan is a quietly elegant country which likes the color white and doesn't like to use too much red. They think that their national flag is the most beautiful: a red sun against the white background. A package designer should know not only aesthetics, but also sociology and folklore. He should be highly accomplished in culture if he wants the goods wrapped in packages he designs to be widely accepted.

Packaging is the clothing for commodities. There are some basic requirements for package design. To put it simply, the name of the commodity as shown on the package should be easy to understand and easy to remember. An eye-catching appearance enables the consumers to understand the commodity from the outer package. Simple and clear printing and harmonious coloring make it attractive. Date of production, name of the producer and place of production should all be clearly marked. And it should manifest the awareness of environmental protection and the spirit of innovation. In a word, good packaging should facilitate the preservation and protection of commodities, distinguish the contents, transfer information and stimulate the desire to buy.

Packaging is receiving more and more attention from entrepreneurs because it can fulfill the value of commodities and add a great deal of value to them. It is therefore a very important economic activity. The package industry has become one of the pillar industries for national economies in developed countries. The output value of the package industry in countries such as the United States and Japan accounts for a larg proportion in GNP. Germany is the world's largest exporter of packing equipment. Its packaging machinery output accounts for about 1/5 of the world's total output value. When the quality of commodities is largely the same, competition between commodities is actually one between the outer package and the decoration of commodities. On the international market, packaging of commodities embodies the cultural level of a country, and is an important means to publicize the corporate image and national image to the international market. Therefore, no countries hesitate to put in large sums of money to develop the package industry. Pushed by high-tech, package materials, equipment, design, and end products are changing with each passing day. The general trend is to lower expenses, save raw materials, reduce pollution, protect the environment, achieve rational design with durability, flexibility, and light weight so as to facilitate storage, use and transportation, increase the variety of colors and designs, and pursue aesthetic content and value so that the package can exercise the largest possible influence on the purchasing conduct of consumers.

China's culture of packaging has a distant source and a long course. *Zongzi*, which is eaten by the Chinese on the fifth day of the fifth lunar month, has a history of over 2,000 years. Up to now, it is still made of glutinous rice wrapped in bamboo or reed leaves. It is liked not only by the Chinese, but by foreigners as well. It may be said that the age-old wrapping is still refined and tasteful. In China, there is a story called "keeping the glittering casket and giving back the pearls". The story goes as follows: A businessman from the State of Chu went to sell pearls in the State of Zheng. The casket used for the pearls was made of precious wood and inlaid with pearls, jade and precious stones, really gorgeous and exquisite. When a man from the State of Zheng saw this, he loved the casket too much to part with it. He offered a large sum to buy it. But he only kept the casket and returned the pearls to the businessman from the State of Chu. This story was kept in a book by Han Fei, a thinker in the Warring States Period. Of course, it was meant as a metaphor for making the wrong choice. But if we see it from a different perspective, we cannot but admire the awareness of package and the level of packing design and manufacture of our ancestors.

But when it came to modern times, the awareness of packaging of the Chinese seemed to have waned. "Much is the meat in the steamed stuffed bun, but it is not in the folds." "Disheveled hair and a dirty face do not hide the ethereal color and celestial fragrance." Such ideas as attaching more importance to the inner quality while neglecting the outlook are shown everywhere. The famous Maotai Liquor didn't attract any attention at the beginning because of its shabby bottle. Later, at an international fair abroad, only when the bottle was broken intentionally by the exhibiter, and the special fragrance came out, did it find favor with the masses. Qingdao Beer is limpid, with fine, pure and dense foam, and a mellow and fresh taste, being in no way inferior compared with famous brand foreign beers. But at the beginning, because of its poor packaging, it could hardly be seen on the American market. Even it was sold somewhere, the first grade beer was sold at an inferior price. Famous and precious Chinese quality porcelain and furniture, as they were wrapped with rice straw, scraps of paper in wooden cases, the rate of breakage and damage in transit was astonishingly high. Irrational packaging which was not shockproof, dampproof, rustproof, antiseptic, or waterproof resulted in deterioration, damage or even total loss of the goods. Up to the beginning of the 1990s, the direct economic losses caused by inferior packaging amounted to more than 10 billion RMB a year in China.

Great costs and fierce market competition have aroused the awareness of packaging of Chinese entrepreneurs. China's package industry has witnessed rapid development in recent years. The total output value of China's packing industry was 7.2 billion *yuan* in 1980, and it reached 114.5 billion in 1995. It has reached nearly 2 trillion *yuan* in 2016, ranking second in the world. After several decades of development, China's package industry has established a modern package industry system with relatively modern technology and equipment and complete category focusing on paper, plastic, glass, metal, packaging and printing, and packaging machinery. It basically meets the needs of domestic consumption and commodity export, and plays a significant role in protecting goods, facilitating logistics, promoting sales, and helping consumption. It is expected that by 2020, China's package industry will become a new industry featuring high technological content, good economic efficiency, low resource consumption, less environmental pollution and good use of human resources.

生词总表

Vocabulary List

A

生词	拼音	课号
埃及	Āijí	12
爱不释手	àibúshìshǒu	15
安分守己	ānfèn-shǒujǐ	1
安危	ānwēi	1
谙熟	ānshú	5
昂贵	ángguì	10
奥秘	àomì	9

B

生词	拼音	课号
八仙过海，各显神通	bāxiān-guòhǎi, gè xiǎn shéntōng	1
把握	bǎwò	1
霸主	bàzhǔ	13
白眼	báiyǎn	3
摆脱	bǎituō	1
败坏	bàihuài	8
败诉	bàisù	14
斑驳陆离	bānbó-lùlí	4
版权	bǎnquán	4
伴随	bànsuí	7
邦	bāng	7
包裹	bāoguǒ	15
包含	bāohán	13
保养	bǎoyǎng	11
报酬	bàochóu	4
抱负	bàofù	3
抱怨	bàoyuàn	4
背负	bēifù	3
碑帖	bēitiè	6
背景	bèijǐng	4
被迫	bèipò	14
奔驰	Bēnchí	13
奔走	bēnzǒu	5
本固根深	běngù-gēnshēn	1
本末倒置	běnmò-dàozhì	1
本质	běnzhì	13
逼上梁山	bīshàng-liángshān	5
比赛	bǐsài	4
闭门羹	bìméngēng	8
弊病	bìbìng	10
弊端	bìduān	10
壁垒	bìlěi	3
避讳	bìhuì	8
匾额	biǎn'é	10
变革	biàngé	2
标记	biāojì	13
标签	biāoqiān	8
标志	biāozhì	1
标准	biāozhǔn	9
别有加饶	bié yǒu jiā ráo	12
别致	biézhì	5
彬彬有礼	bīnbīn yǒulǐ	10

濒临	bīnlín	3
波动不定	bōdòng bú dìng	13
波澜壮阔	bōlán-zhuàngkuò	1
博大精深	bódà-jīngshēn	6
博得	bódé	6
博物馆	bówùguǎn	5
不料	búliào	13
不速之客	búsùzhīkè	8
哺育	bǔyù	8
不乏	bùfá	15
不苟言笑	bùgǒu yánxiào	8
不期而至	bùqī'érzhì	8
不忍	bùrěn	15

C

才华	cáihuá	5
财大气粗	cáidà-qìcū	1
财富	cáifù	13
财团	cáituán	14
参与	cānyù	6
惨重	cǎnzhòng	14
仓廪	cānglǐn	7
沧桑	cāngsāng	10
藏匿	cángnì	7
测定	cèdìng	12
策划	cèhuà	5
层出不穷	céngchū-bùqióng	6
曾经	céngjīng	9
插曲	chāqǔ	4
产权	chǎnquán	4
产业	chǎnyè	4
产值	chǎnzhí	1
阐释	chǎnshì	5
昌盛	chāngshèng	1
敞开	chǎngkāi	6
倡导	chàngdǎo	2
唱片	chàngpiàn	5
唱戏	chàngxì	6
朝圣	cháoshèng	6
沉浮	chénfú	7
陈旧	chénjiù	10
成熟	chéngshú	12
呈现	chéngxiàn	4
承包制	chéngbāozhì	4
乘虚而入	chéngxū ér rù	11
程度	chéngdù	12
程序	chéngxù	5
痴梦黄粱	chīmèng huángliáng	11
冲击	chōngjī	7
充沛	chōngpèi	8
崇高	chónggāo	9
抽身	chōushēn	1
筹集	chóují	5
丑	chǒu	5
处世	chǔshì	7
触讳	chù huì	8
矗立	chùlì	10
揣摩	chuǎimó	5
传递	chuándì	11
传感技术	chuángǎn jìshù	3
传说	chuánshuō	4
闯荡江湖	chuǎngdàng jiānghú	3

创始	chuàngshǐ	10
创意	chuàngyì	12
创造	chuàngzào	2
纯粹	chúncuì	4
唇枪舌剑	chúnqiāng-shéjiàn	8
醇和	chúnhé	15
慈	cí	7
此起彼伏	cǐqǐ-bǐfú	6
匆忙	cōngmáng	9
从容	cóngróng	12
从事	cóngshì	3
从业	cóngyè	12
粗俗	cūsú	3
催化剂	cuīhuàjì	1
脆弱	cuìruò	3
存亡攸关	cúnwáng yōuguān	12
存在	cúnzài	1
措施	cuòshī	6

D

搭台	dātái	6
达官显贵	dáguān xiǎnguì	10
大家闺秀	dàjiā guīxiù	12
大肆	dàsì	14
大体	dàtǐ	15
大展宏图	dà zhǎn hóngtú	7
代理	dàilǐ	12
带头	dàitóu	14
待价而沽	dàijià'érgū	4
诞生	dànshēng	6
淡泊	dànbó	15
淡薄	dànbó	14
荡然无存	dàngrán wú cún	10
档案	dàng'àn	6
导致	dǎozhì	3
盗版	dàobǎn	4
道教	Dàojiào	6
登台	dēngtái	6
抵抗	dǐkàng	4
抵押	dǐyā	9
抵制	dǐzhì	14
典雅	diǎnyǎ	10
电子商务	diànzǐ shāngwù	12
殿堂	diàntáng	2
鼎盛	dǐngshèng	3
定额	dìng'é	9
定位	dìngwèi	12
东山再起	dōngshān-zàiqǐ	13
董事	dǒngshì	3
动机	dòngjī	5
动之以情	dòng zhī yǐ qíng	11
斗笠	dǒulì	4
毒素	dúsù	11
独霸	dúbà	14
断送	duànsòng	8
对联	duìlián	12
多元化	duōyuánhuà	1
咄咄逼人	duōduō-bīrén	8
惰性	duòxìng	7

E

遏制	èzhì	12

鳄鱼	Èyú	14
耳坠	ěrzhuì	15

F

发财	fācái	8
发迹	fājì	3
发掘	fājué	12
发育	fāyù	1
法院	fǎyuàn	13
烦躁	fánzào	9
反映	fǎnyìng	10
犯禁	fànjìn	8
范畴	fànchóu	9
方兴未艾	fāngxīng-wèi'ài	12
放弃	fàngqì	13
飞鹰	Fēiyīng	14
非法	fēifǎ	5
蜚声中外	fēishēng zhōngwài	6
肥沃	féiwò	2
匪	fěi	10
翡翠	fěicuì	15
费尽心机	fèijìn xīnjī	13
分庭抗礼	fēntíng-kànglǐ	1
吩咐	fēnfù	3
纷纷	fēnfēn	1
氛围	fēnwéi	2
粉碎	fěnsuì	15
愤怒	fènnù	8
风度	fēngdù	3
风流	fēngliú	15
风貌	fēngmào	10
风气	fēngqì	8
封闭	fēngbì	1
凤凰	fènghuáng	14
奉献	fèngxiàn	8
否认	fǒurèn	4
符号	fúhào	13
幅度	fúdù	15
腐蚀	fǔshí	8
付诸东流	fùzhū-dōngliú	5
负面	fùmiàn	7
附加值	fùjiāzhí	2
复制	fùzhì	4
富甲天下	fù jiǎ tiān xià	1
覆盖	fùgài	13

G

概括	gàikuò	11
尴尬	gāngà	8
感恩节	Gǎn'ēn Jié	7
感慨	gǎnkǎi	5
感染	gǎnrǎn	11
高跷	gāoqiāo	6
高尚	gāoshàng	3
高雅	gāoyǎ	2
稿酬	gǎochóu	4
疙瘩	gēda	10
格局	géjú	1
根基	gēnjī	14
更新	gēngxīn	9
工具	gōngjù	9
公告	gōnggào	11
公害	gōnghài	14
公开	gōngkāi	5

公约	gōngyuē	13
功利	gōnglì	9
恭敬	gōngjìng	8
共识	gòngshí	2
构成	gòuchéng	13
估量	gūliáng	9
古典	gǔdiǎn	9
古朴	gǔpǔ	10
蛊惑	gǔhuò	11
故步自封	gùbù-zìfēng	7
故意	gùyì	11
故障	gùzhàng	9
故作姿态	gù zuò zītài	2
关节	guānjié	8
关卡	guānqiǎ	1
关注	guānzhù	9
观念	guānniàn	1
观赏	guānshǎng	2
官僚	guānliáo	10
官衔	guānxián	8
贯穿	guànchuān	6
光彩	guāngcǎi	6
光纤技术	guāngxiān jìshù	3
广博	guǎngbó	5
广义	guǎngyì	11
归功于	guīgōng yú	1
归宿	guīsù	9
规范	guīfàn	2
规矩	guīju	10
过渡	guòdù	7

H

含蓄	hánxù	8
翰墨	hànmò	10
航天	hángtiān	2
毫无疑问	háo wú yíwèn	12
豪华	háohuá	4
豪门	háomén	10
耗资	hàozī	15
和谐	héxié	8
哄堂大笑	hōngtáng-dàxiào	12
弘扬	hóngyáng	6
呼唤	hūhuàn	3
呼吁	hūyù	4
户口	hùkǒu	14
华贵	huáguì	6
化验	huàyàn	6
画饼	huà bǐng	11
画廊	huàláng	5
怀旧	huáijiù	10
环节	huánjié	2
唤醒	huànxǐng	4
焕发	huànfā	13
皇历	huángli	8
黄道吉日	huángdào-jírì	8
幌子	huǎngzi	11
灰烬	huījìn	13
挥霍	huīhuò	10
回避	huíbì	8
毁容	huǐróng	11
汇集	huìjí	10
会诊	huìzhěn	9
绘画	huìhuà	4

J

机关	jīguān	13

精致	jīngzhì	15
竞价	jìngjià	15
敬佩	jìngpèi	3
敬业	jìngyè	2
迥然不同	jiǒngrán bù tóng	2
窘迫	jiǒngpò	5
酒精	jiǔjīng	13
局限	júxiàn	5
据理力争	jù lǐ lìzhēng	14
聚会	jùhuì	7
聚居	jùjū	10
聚酯漆	jùzhī qī	11
决策	juécè	9
决定	juédìng	2
军事	jūnshì	2

K

开阔	kāikuò	6
楷模	kǎimó	1
抗议	kàngyì	13
考察	kǎochá	2
考证	kǎozhèng	12
苛求	kēqiú	8
恪守	kèshǒu	3
肯定	kěndìng	4
空虚	kōngxū	3
恐惧	kǒngjù	12
控股	kònggǔ	14
口齿伶俐	kǒuchǐ línglì	5
口蜜腹剑	kǒumì-fùjiàn	3
酷爱	kù'ài	8
夸张	kuāzhāng	1
狂热	kuángrè	8
馈赠	kuìzèng	7
捆扎	kǔnzhā	15
困境	kùnjìng	14
阔佬	kuòlǎo	4

L

捞一把	lāo yì bǎ	1
劳民伤财	láomín-shāngcái	6
劳务	láowù	11
老少咸宜	lǎoshào-xiányí	10
乐而忘返	lè ér wàng fǎn	6
乐天知命	lètiān-zhīmìng	1
累赘	léizhui	7
雷厉风行	léilì-fēngxíng	4
类似	lèisì	8
冷宫	lěnggōng	14
礼尚往来	lǐshàngwǎnglái	7
礼仪	lǐyí	7
礼乐	lǐyuè	7
理论	lǐlùn	9
理念	lǐniàn	9
理由	lǐyóu	13
历程	lìchéng	10
连锁	liánsuǒ	9
连续	liánxù	13
联想	liánxiǎng	13
联谊会	liányì huì	2
廉耻	liánchǐ	7
脸谱	liǎnpǔ	4
炼乳	liànrǔ	14
良苦用心	liángkǔ yòngxīn	15

恼怒	nǎonù	14
内涵	nèihán	8
能耐	néngnai	8
霓虹灯	níhóngdēng	2
你死我活	nǐsǐ-wǒhuó	12
年限	niánxiàn	13
酿造	niàngzào	6
捏造	niēzào	11
宁静	níngjìng	9
凝聚力	níngjùlì	2
宁缺毋滥	nìngquē-wúlàn	10
浓厚	nónghòu	6
浓郁	nóngyù	6
糯米	nuòmǐ	15

O

偶数	ǒushù	8

P

拍卖	pāimài	2
排头兵	páitóubīng	12
派头	pàitóu	7
判断	pànduàn	11
盼望	pànwàng	7
庞大	pángdà	1
抛售	pāoshòu	15
炮制	páozhì	10
泡影	pàoyǐng	11
培养	péiyǎng	2
培育	péiyù	4
配方	pèifāng	10
烹调	pēngtiáo	10
蓬勃	péngbó	4
蓬头垢面	péngtóu-gòumiàn	15
偏爱	piān'ài	4
偏好	piānhào	14
偏见	piānjiàn	1
骗取	piànqǔ	11
拼搏	pīnbó	7
贫乏	pínfá	2
贫穷	pínqióng	1
频繁	pínfán	5
品德	pǐndé	3
平衡	pínghéng	8
评价	píngjià	13
凭吊	píngdiào	6
破产	pòchǎn	9
铺天盖地	pūtiān-gàidì	11
朴素	pǔsù	15
普遍	pǔbiàn	1
普及	pǔjí	2

Q

欺负	qīfu	1
欺诈	qīzhà	11
奇货可居	qíhuò-kějū	4
奇迹	qíjì	9
旗帜	qízhì	6
企图	qǐtú	14
启事	qǐshì	11
启用	qǐyòng	14
迄今	qìjīn	6
弃政从商	qì zhèng cóng shāng	1
契约	qìyuē	4

R

软件	ruǎnjiàn	2
锐利	ruìlì	13
瑞雪霏霏	ruìxuě fēifēi	10
偌大	ruòdà	4
箬叶	ruòyè	15

S

三教九流	sānjiào-jiǔliú	10
散发	sànfā	15
桑榆	sāngyú	15
丧失	sàngshī	7
傻气	shǎqì	7
闪烁	shǎnshuò	4
擅长	shàncháng	5
赏心乐事	shǎng xīn lè shì	10
上诉	shàngsù	13
奢侈	shēchǐ	10
奢华	shēhuá	15
舍本逐末	shěběn-zhúmò	1
涉及	shèjí	2
身份	shēnfèn	8
身先士卒	shēnxiānshìzú	8
神乎其神	shénhūqíshén	11
神话	shénhuà	4
神圣	shénshèng	2
神通广大	shéntōng guǎngdà	5
审计	shěnjì	3
审美	shěnměi	5
甚至	shènzhì	2
渗透	shèntòu	5
生产力	shēngchǎnlì	5
生机勃勃	shēngjī bóbó	1
声明	shēngmíng	11
声情并茂	shēngqíng-bìngmào	12
声势	shēngshì	11
圣迹	shèng jì	6
盛典	shèngdiǎn	6
剩余	shèngyú	1
失落	shīluò	7
石碑	shí bēi	6
时尚	shíshàng	14
实践	shíjiàn	9
实力	shílì	2
实体	shítǐ	5
实现	shíxiàn	5
实业	shíyè	14
矢志不渝	shǐ zhì bù yú	9
使命	shǐmìng	1
示威	shìwēi	13
世俗	shìsú	6
市政	shìzhèng	11
势利	shìlì	9
事宜	shìyí	3
试点	shìdiǎn	14
视觉	shìjué	9
视野	shìyě	6
嗜好	shìhào	4
收藏	shōucáng	2
手镯	shǒuzhuó	15
守株待兔	shǒuzhū-dàitù	9
书籍	shūjí	2
疏远	shūyuǎn	8
赎回	shúhuí	14

顽症	wánzhèng	11
危害	wēihài	11
威风	wēifēng	1
微不足道	wēibùzúdào	8
微量	wēiliàng	6
微缩	wēisuō	6
围绕	wéirào	1
唯利是图	wéilìshìtú	9
唯一	wéiyī	9
维持	wéichí	7
维护	wéihù	11
维修	wéixiū	9
委托	wěituō	12
娓娓动听	wěiwěi dòngtīng	11
文盲	wénmáng	2
文明	wénmíng	1
文凭	wénpíng	7
文章	wénzhāng	15
闻名遐迩	wénmíng xiá'ěr	10
问津	wènjīn	4
污染	wūrǎn	15
无偿	wúcháng	8
无孔不入	wúkǒng-búrù	11
无聊	wúliáo	3
无奈	wúnài	15
无限	wúxiàn	6
无与伦比	wúyǔlúnbǐ	4
武林高手	wǔlín gāoshǒu	6
舞台	wǔtái	1
舞文弄墨	wǔwén-nòngmò	3
物流	wùliú	15
物质	wùzhì	1
误解	wùjiě	3

X

熙熙攘攘	xīxī-rǎngrǎng	10
喜庆	xǐqìng	15
戏剧	xìjù	4
细节	xìjié	9
细雨蒙蒙	xìyǔ méngméng	10
狭义	xiáyì	11
掀	xiān	13
现货	xiànhuò	5
现象	xiànxiàng	2
陷阱	xiànjǐng	11
陷入	xiànrù	14
羡慕	xiànmù	7
相对	xiāngduì	12
相沿成习	xiāngyán chéng xí	6
镶嵌	xiāngqiàn	15
祥和	xiánghé	8
向往	xiàngwǎng	9
象征	xiàngzhēng	9
逍遥	xiāoyáo	3
消耗	xiāohào	15
消遣	xiāoqiǎn	4
消失	xiāoshī	14
硝烟	xiāoyān	14
晓之以理	xiǎo zhī yǐ lǐ	11
孝	xiào	7
肖像	xiàoxiàng	6
效率	xiàolǜ	9
效应	xiàoyìng	6
协会	xiéhuì	9

协调	xiétiáo	8
谐音	xiéyīn	8
心不在焉	xīnbúzàiyān	3
心甘情愿	xīngān-qíngyuàn	5
心理学	xīnlǐxué	2
心灵	xīnlíng	3
心切	xīnqiè	8
心意	xīnyì	7
心醉神迷	xīn zuì shén mí	5
欣喜	xīnxǐ	10
欣欣向荣	xīnxīn-xiàngróng	9
信函	xìnhán	3
信念	xìnniàn	9
信任	xìnrèn	5
信条	xìntiáo	7
信心十足	xìnxīn shízú	13
兴旺	xīngwàng	12
星罗棋布	xīngluó-qíbù	10
行政	xíngzhèng	11
形态	xíngtài	1
形象	xíngxiàng	2
兴致勃勃	xìngzhì bóbó	8
胸针	xiōngzhēn	15
雄厚	xiónghòu	3
修养	xiūyǎng	3
嗅觉	xiùjué	5
栩栩如生	xǔxǔ rú shēng	4
轩然大波	xuānrán dàbō	13
喧嚣	xuānxiāo	9
玄之又玄	xuánzhīyòuxuán	11
悬挂	xuánguà	6
旋转	xuánzhuǎn	4
绚丽	xuànlì	6
学历	xuélì	7
学派	xuépài	9
学识	xuéshí	3
血缘	xuèyuán	10
熏陶	xūntáo	2
寻找	xúnzhǎo	1
循规蹈矩	xúnguī-dǎojǔ	7
循环	xúnhuán	7

Y

压抑	yāyì	7
严重	yánzhòng	8
沿用	yányòng	13
眼馋	yǎnchán	11
眼花缭乱	yǎnhuā-liáoluàn	12
演说	yǎnshuō	2
厌恶	yànwù	12
赝品	yànpǐn	10
腰缠万贯	yāochánwànguàn	3
遥控	yáokòng	3
遥远	yáoyuǎn	6
要素	yàosù	13
业余	yèyú	4
依附	yīfù	14
依靠	yīkào	2
一贯	yíguàn	13
一见钟情	yíjiàn-zhōngqíng	14
一窍不通	yíqiào bùtōng	3
一致	yízhì	14
遗风	yífēng	3
遗失	yíshī	11

遗忘	yíwàng	14
一挥而就	yì huī ér jiù	12
一鸣惊人	yìmíng-jīngrén	5
一丝不苟	yìsī-bùgǒu	2
屹立	yìlì	13
异彩纷呈	yìcǎi fēnchéng	1
异常	yìcháng	6
逸稿	yìgǎo	2
意境	yìjìng	15
意识	yìshí	1
意味着	yìwèizhe	9
意志	yìzhì	4
毅然	yìrán	13
阴险	yīnxiǎn	3
姻亲	yīnqīn	2
寅	yín	5
引导	yǐndǎo	9
引人入胜	yǐnrén-rùshèng	12
隐蔽	yǐnbì	5
隐瞒	yǐnmán	11
隐私	yǐnsī	7
印章	yìnzhāng	12
迎亲	yíngqīn	8
应付	yìngfù	3
硬件	yìngjiàn	2
永恒	yǒnghéng	4
涌动	yǒngdòng	15
优化	yōuhuà	9
优秀	yōuxiù	4
优裕	yōuyù	7
优越	yōuyuè	7
悠久	yōujiǔ	12
犹豫	yóuyù	2
游戏	yóuxì	11
友	yǒu	7
有机可乘	yǒujīkěchéng	11
有口皆碑	yǒukǒu-jiēbēi	9
有声有色	yǒushēng-yǒusè	6
诱导	yòudǎo	11
诱发	yòufā	7
愉悦	yúyuè	2
愚人节	Yúrén Jié	7
与生俱来	yǔshēng-jùlái	10
雨后春笋	yǔhòu-chūnsǔn	7
欲望	yùwàng	11
鬻	yù	3
渊博	yuānbó	3
元素	yuánsù	6
原动力	yuándònglì	14
原子弹	yuánzǐdàn	12
源源不断	yuányuán bú duàn	6
源远流长	yuányuǎn-liúcháng	6
远见卓识	yuǎnjiàn zhuóshí	6
愿望	yuànwàng	1
约束	yuēshù	9
孕育	yùnyù	1

Z

杂沓	zátà	10
栽培	zāipéi	10
宰割	zǎigē	1
赞赏	zànshǎng	15
赞扬	zànyáng	1
赞助	zànzhù	5

遭到	zāodào	14
造就	zàojiù	10
造型	zàoxíng	2
责备	zébèi	12
增添	zēngtiān	6
增值	zēngzhí	4
展望	zhǎnwàng	6
展现	zhǎnxiàn	1
崭新	zhǎnxīn	6
战略	zhànlüè	1
绽开	zhànkāi	8
掌柜	zhǎngguì	10
障碍	zhàng'ài	8
折射	zhéshè	7
哲学	zhéxué	3
珍惜	zhēnxī	14
真相	zhēnxiàng	11
震惊	zhènjīng	6
征订	zhēngdìng	4
挣扎	zhēngzhá	3
整理	zhěnglǐ	6
整饰	zhěngshì	6
正比	zhèngbǐ	2
证券	zhèngquàn	5
政府	zhèngfǔ	11
支配	zhīpèi	11
支柱	zhīzhù	15
枝繁叶茂	zhī fán yè mào	1
知晓	zhīxiǎo	13
执迷不悟	zhímí-búwù	11
执着	zhízhuó	5
直言不讳	zhíyán-búhuì	14
职业	zhíyè	3
纸屑	zhǐxiè	15
咫尺天涯	zhǐchǐ-tiānyá	7
制冷	zhìlěng	14
制约	zhìyuē	5
质问	zhìwèn	8
治安	zhì'ān	6
治世	zhì shì	7
秩序	zhìxù	11
智力	zhìlì	2
中介	zhōngjiè	5
中庸	zhōngyōng	7
终极	zhōngjí	13
重本抑末	zhòng běn yì mò	1
重视	zhòngshì	9
周密	zhōumì	6
周期	zhōuqī	4
诸侯	zhūhóu	1
逐渐	zhújiàn	4
主持	zhǔchí	8
主管	zhǔguǎn	13
住宅	zhùzhái	7
贮存	zhùcún	15
注入	zhurù	12
注视	zhùshì	13
驻足	zhùzú	6
祝福	zhùfú	9
专业	zhuānyè	4
转轨	zhuǎnguǐ	5
转化	zhuǎnhuà	1
转折	zhuǎnzhé	1
装备	zhuāngbèi	15

追溯	zhuīsù	14
准则	zhǔnzé	9
卓越	zhuóyuè	5
资本	zīběn	5
资产	zīchǎn	13
资格	zīgé	5
资源	zīyuán	2
子	zǐ	5
自发	zìfā	6
自豪	zìháo	9
自给自足	zìjǐ zìzú	1
自觉	zìjué	9
自命清高	zìmìng qīnggāo	3
自食其言	zìshí-qíyán	12
宗法	zōngfǎ	10
踪迹	zōngjì	10
踪影	zōngyǐng	15
租赁制	zūlìnzhì	4
阻碍	zǔ'ài	8
组成	zǔchéng	10
醉生梦死	zuìshēng-mèngsǐ	10
尊严	zūnyán	3
作坊	zuōfang	6
作风	zuòfēng	10
作业	zuòyè	9